Traumdeutung
und
Traumsymbole

Traumdeutung

und

Traumsymbole

von Werner Bogun
und Norbert Straet

Zum gleichen Thema ist bei Bassermann bereits erschienen:
Träume und was sie bedeuten (ISBN 3-8094-0076-9)

Der Text dieses Buches entspricht den Regeln
der neuen deutschen Rechtschreibung.

Die Deutsche Bibliothek – CIP-Einheitsaufnahme

Bogun, Werner:
Bassermann-Lexikon Traumdeutung / von Werner Bogun
und Norbert Straet. Ill. von Norbert Lösche. –
Niedernhausen/Ts. : Bassermann, 1997
  ISBN 3-8094-0335-0
  NE: Straet, Norbert:

ISBN 3 8094 0335 0

Umschlaggestaltung: Elisabeth Berthauer
Titelbild: nach einem Foto von F. Rink und S. Kleeberg, Wiesbaden-Naurod
Zeichnungen: Norbert Lösche
Layout: Lohse-Design, Büttelborn
Redaktion: Sylvia Winnewisser

Die Ratschläge in diesem Buch sind von Autoren und Verlag sorgfältig erwogen und
geprüft, dennoch kann eine Garantie nicht übernommen werden. Eine Haftung der
Autoren bzw. des Verlags und seiner Beauftragten für Personen-, Sach- und Vermö-
gensschäden ist ausgeschlossen.

Satz: FROMM MediaDesign GmbH, Selters/Ts.
Gesamtkonzeption: Bassermann'sche Verlagsbuchhandlung,
D-65527 Niedernhausen/Ts.

817 2635 4453 6271

Inhalt

Einleitung

Auf unserer Erde sind es wohl die australischen Urein-
wohner, die sogenannten Aborigines, die auf die längste
Geschichte zurückblicken können. Erst in letzter Zeit
wurden Funde gemacht, die es möglich erscheinen lassen, dass ihre Kultur mehr als 150 000 Jahre alt ist. Allgemein weiß der Durchschnittsmensch wenig über ihr
Denken. Aber von einem Element ihrer Kultur haben
doch schon viele gehört, das ist die sogenannte Traumzeit. Für einen Menschen unserer Kultur ist es kaum
wirklich zu verstehen, was dies uralte Volk wirklich mit
Traumzeit meint. Aber so viel ist klar, am Beginn der
Zeiten waren die Menschen durch ihre Träume mit der
ganzen Natur verbunden, die aus den Träumen der
Schöpfer entstand.

Auch andere, später entstandene Völker und Religionen suchten ihren Ursprung aus Träumen herzuleiten.
Nach einer alten indischen Vorstellung ist die ganze
Welt nur ein Traum Brahmas, des Schöpfergottes. In der
Ilias und der Odyssee des Homer, des ältesten griechi-
schen Schriftstellers, sprechen die Götter durch Träume
zu den Menschen. Im Alten Testament offenbart sich
Gott Abraham und Jakob in Träumen. Im Neuen Testa-
ment berichtet Matthäus von den Träumen des Joseph.
Welche Religion man auch anschauen mag, den Islam,
den Buddhismus und zahllose andere – immer spielen
Träume eine bedeutende Rolle und sind oft sogar der
Anlaß für die Entstehung der Religion und damit auch
der Kulturgeschichte eines Volkes.

**Viele Völker such-
ten ihren Ursprung
aus Träumen her-
zuleiten**

Seitdem es Menschen gibt sind sie fasziniert und
manchmal auch erschreckt von den Bildern, die ihnen
jede Nacht während des Schlafes „erscheinen". Wissen-

schaftler versuchen seither zu erforschen, wie es zu den Bildern im Traum kommt und was sie zu bedeuten haben. Das Rätsel ist immer noch nicht ganz gelöst: Jede Nacht verlieren wir unser Bewusstsein, schlafen ein und finden uns plötzlich in einer fremden, gleichzeitig aber auch bekannten Welt wieder. Alles, das, was wir aus dem Wachzustand kennen, kommt dort vor, doch seltsam verändert. Aber auch Neues erleben wir im Traum, besuchen fremde und bizarre Landschaften, in denen wir uns doch fast vertraut bewegen können, treffen Menschen, die wir nie gesehen haben oder werden von Fabeltieren verfolgt. Nach besonders intensiven Träumen kann es dann schon mal passieren, dass wir beim Erwachen für einen Moment nicht wissen, was nun Traum und was Wirklichkeit ist.

Einen großen Teil unseres Lebens verbringen wir in dieser zweiten Wirklichkeit. Aber was bedeutet sie uns? Manche Völker betrachteten die Geschehnisse während des Traums als genauso real wie das wache Leben. Schlug man zum Beispiel im Traum seinen Nachbarn, musste man genauso Sühne tun, als ob man ihn in Wirklichkeit angegriffen hätte.

Träume galten als Sprache der Götter

Bei den Ahnen unserer Kultur, also bei Ägyptern, Juden und Griechen, glaubte man, dass der Träumende die Welt der Götter betritt und von ihnen dort Offenbarungen erhält. Man erlangte so im Schlaf Weisheit, erfuhr die Zukunft oder wurde von Krankheiten geheilt. Da Träume aber auch sehr fremd sein konnten, war es oft schwierig, die Sprache der Götter richtig zu verstehen. Manche Menschen hatten eine größere Begabung zum Deuten als andere und dadurch entstand schon vor langer Zeit der Beruf des Traumdeuters, der meist von Priestern ausgeübt wurde. In der Kunst der Deutung Erfahrene waren aber selten und nicht alle Menschen konnten jemanden befragen, wenn ihnen ihre Träume unverständlich blieben. Man begann also, Traummotive und ihre Deutungen zu sammeln und aufzuschreiben. Eines der ältesten erhaltenen Traumlexika stammt von dem Griechen Artemidor, der im 2. Jahrhundert n. Chr. lebte. Man versuchte damals schon, auf eine wissenschaftliche Art an die Träume heranzugehen. Man beobachtete, was im wirklichen Leben nach einem Traum geschah und nahm dann an, dass der Traum dies vorhergesagt hatte. Träumte zum Beispiel jemand, dass ein Mensch zum zweiten Mal starb, und daraufhin kam ein Mensch mit gleichem oder ähnlichem Namen ums Leben, so nahm man an, dass diesem Traum immer so ein Todesfall folgen müsse. Leider ist die Sache nicht so einfach. Die Traumbücher mussten verändert, immer mehr erweitert werden und doch gelang es nicht, einen einheitlichen Schlüssel für die Deutung aller Bilder zu finden. Wegen der vielen Fehler begannen schließlich die Gebildeten, die Beschäftigung mit dieser Kunst für reinen Aberglauben zu halten. Beim einfachen Volk blieb zumindest das Wissen erhalten, dass Träume doch mehr als nur Schäume sind.

Zu Beginn dieses Jahrhunderts begann dann die Zeit der wissenschaftlichen Erforschung der Träume durch Sigmund Freud und C. G. Jung. Diese Forscher und ihre Schüler konnten zumindest einige der Rätsel lösen und die Deutung auf eine solidere Grundlage stellen. Aber viele Fragen bleiben trotzdem noch offen, um nur zwei zu nennen: Gibt es Träume, die die Zukunft vorhersagen? Was geschieht eigentlich bei Klarträumen (luziden Träumen)?

Mit Beginn des 19. Jahrhunderts begann die wissenschaftliche Erforschung der Träume

Auch durch die neuen Entdeckungen wurde es nicht viel einfacher, die Träume zu deuten. Aber man weiß jetzt zumindest, warum dies so schwierig ist.
Rund um die Erde teilen alle Menschen eine Vielzahl von Traumbildern miteinander. Ein Inder kann genauso

von einem alten Mann, einem Haus oder einer Kuh träumen wie ein Norweger. Aber schon bei der Deutung der Kuh wird es schwierig. Für den Inder ist sie ein heiliges Tier, für den anderen der Lieferant von Milch und Steaks. Man kann zu Recht vermuten, dass auch im Traum für beide das Bild eine etwas andere Bedeutung haben wird. Und in der Tat bestand die große Entdeckung am Beginn des 20. Jahrhunderts darin, dass man feststellte, Träume werden nicht von den Göttern, sondern von den Träumenden nach bestimmten Regeln gemacht (wie diese Regeln aussehen, lesen Sie in den nachfolgenden Kapiteln, die Ihnen einen kleinen Einblick verschaffen werden). Die Trauminhalte entstehen aus den individuellen Erfahrungen und Erinnerungen des Träumenden und sie spiegeln seine Hoffnungen, Ängste, Probleme und Fähigkeiten wider.

Traumdeutung ist also eine höchst individuelle Kunst. Träumt ein Wirt von einer Schänke, so bedeutet das sicher etwas ganz anderes, als wenn ein Abstinenzler das tut. Oft ist es auch ein Unterschied, ob ein junger oder ein alter Mensch träumt, ein verheirateter oder lediger und so weiter.

Jeder Traum ist eine ganz individuelle Aussage des Unbewussten

Sie sehen, wie schwierig es ist, ein Lexikon der Traummotive zu erstellen wie das vorliegende. Es gibt zum Glück aber genug Ähnlichkeiten bei den Menschen einer Kultur, so dass so ein Lexikon hilfreich sein kann. Sie dürfen die vorgeschlagenen Deutungen aber nicht zu streng anwenden. Es sind nur Vorschläge, die Ihre Fantasie in die richtige Richtung lenken sollen. Oft gibt es auch grundsätzlich verschiedene Möglichkeiten, ein Motiv zu deuten. Dann kann nur der ganze Traum im Zusammenhang und in Verbindung mit Ihrer jetzigen Lebenssituation eine zutreffende Deutung ermöglichen. Diese kann dann von der Vorgeschlagenen manchmal deutlich abweichen. Trotzdem wird Ihnen dies Büchlein eine Hilfe sein, wenn Sie sich der Welt Ihrer Träume widmen wollen.

Gestatten Sie ein Wort zum Abschluss: Die Beschäftigung mit seinen Träumen kann überaus hilfreich und heilsam für die Seele sein. Es gibt aber Fälle, wo Sie sich nicht alleine in Ihre nächtliche Welt stürzen sollten. Sollten Sie häufig von bösen Alpträumen geplagt werden oder ernstere Schwierigkeiten mit Ihrem Leben haben, so kann Traumdeutung auf eigene Faust auch Schaden anrichten. Sie sollten dann die Hilfe eines erfahrenen Psychologen hinzuziehen.

Die Wissenschaft vom Schlafen und Träumen

Im Jahre 1953 veröffentlichten die Physiologen Eugene Aserinsky und Nathaniel Kleitman aus Chicago die Ergebnisse ihrer Forschungen über Traum und Schlaf. Sie hatten entdeckt, dass es während des Schlafes Perioden gibt, in denen sich die Augen schnell bewegen. Diese Phasen bezeichneten sie als REM-Phasen (REM = Rapid Eye Movement = Schnelle Augenbewegungen). Sie hatten ebenfalls herausgefunden, dass die Atemhäufigkeit während der REM-Phasen zunahm und der Blutdruck stieg. Wurde jemand während dieses Zeitraumes geweckt, konnte dieser sehr häufig berichten, dass er geträumt hatte. Statistisch war das bei 90 Prozent der Fall, beim Aufwachen aus einer Nicht-REM-Phase konnten weniger als 60 Prozent diese Angabe machen. (In welchem Schlafstadium noch Träume auftreten können, lesen Sie weiter unten.) Bezüglich der Schlafphasen haben die Forscher mehrere Modelle entwickelt. Ein sehr gebräuchliches unterscheidet vier Schlafphasen und die REM-Phase.

Das bekannteste Schlafmodell spricht von vier Schlafphasen und einer REM-Phase

In der ersten Phase (I) entspannen sich die Muskeln des Körpers und der Einschlafende meint oft zu schweben, er döst. Die Augenbewegung ist langsam und es ist möglich, dass vor dem inneren Auge lebhafte Bilder erscheinen. Während dieser Phase kann es zu einem kurzfristigen Zucken des Körpers kommen.

Danach beginnt die zweite Schlafphase (Phase II). Das Elektroenzephalogramm (die Messung der Gehirnströme) zeigt, dass die schnellen und zackigen Alphawellen, die das Gehirn erzeugt, in die regelmäßigen Thetawellen übergehen. Diese zweite Schlafphase dauert höchstens zehn Minuten. Das EEG (Elektroenzephalogramm) in dieser weist als Muster zwei Bilder der Hirnstromwellen auf: 1. schnelle, aufeinanderfolgende Spindeln, die anzeigen, dass das Gehirn sehr aktiv ist. 2. Die sogenannten K-Komplexe; hierbei bilden die Wellen ein Bild von steilen Spitzen und Tälern. Die meisten Personen, die während dieser Phase geweckt werden, behaupten oft, überhaupt nicht geschlafen zu haben. Zum Wecken aus dieser Phase ist ein einfacher Reiz nötig.

15 bis 30 Minuten später werden die Spindeln und K-Komplexe zu langsamen Deltawellen. Hier beginnt der Tiefschlaf. Viele Forscher unterteilen den Tiefschlaf in zwei Phasen (mitteltiefer Schlaf, Phase III und tiefer Schlaf, Phase IV). Aus den Schlafphasen III und IV ist es recht schwer jemanden zu wecken. Der Geweckte fühlt sich oft benommen und verwirrt und hat ein großes Bedürfnis schnell wieder einzuschlafen. Der Übergang zwischen den einzelnen Phasen ist fließend, was bedeutet, dass die Wellen nicht abrupt aufhören, sie verändern sich beziehungsweise schwächen erst allmählich ab.

Etwa 90 Minuten nach dem Einschlafen beginnt die erste REM-Phase mit den oben beschriebenen Symptomen. Offenkundig träumt der Schläfer. Die erste REM-Phase ist relativ kurz (10 bis 15 Minuten). Im Laufe der Nacht nimmt die Länge dieser Perioden aber zu, so dass sie bis zu 60 Minuten dauern können. Der Nicht-REM-Schlaf wird dementsprechend kürzer. Träume treten auch in Schlafphase II (leichter Schlaf) auf. Im Durchschnitt hat der Mensch fünf REM- oder Traumphasen pro Nacht. Daraus ergeben sich folgende Zahlen (sie unterscheiden sich je nach Forscher, sind aber trotzdem beeindruckend): Der Mensch hat während seines Lebens 136 000 bis 150 000 Träume und verbringt gesamt

Der Mensch hat während seines Lebens bis zu 150 000 Träume

gesehen zwischen vier und sechs Jahre im Traumzustand. Untersuchungen verschiedener Forscher liefern außerdem sehr starke Hinweise darauf, dass der REM-Schlaf sowohl für die körperliche wie für die seelische Gesundheit eine herausragende Bedeutung hat.

Es gibt verschiedene Theorien darüber, warum es körperlich notwendig ist zu träumen. Eine Theorie lautet, dass Träume zur Regeneration des Gehirngewebes nötig seien. Einer anderen Theorie zufolge wird das Gehirn im Wachzustand mit einem Übermaß an Informationen gefüttert, so dass es die Gefahr der Überlastung gebe. Im Laufe des Traumes soll nun das Gehirn die tagsüber aufgenommenen Daten analysieren und bei Bedarf jede Menge Informationen schnell löschen. Wichtige Informationen sollen aber weiterhin gespeichert bleiben. Träume haben demnach also die Funktion, das Gehirn aufzuräumen.

Sigmund Freud

Sigmund Freud wurde 1856 in Freiberg/Mähren (im heutigen Tschechien) geboren und starb 1939 in London, wohin er 1938 emigrieren mußte. Freud hat Medizin mit dem Schwerpunkt Neurologie studiert. Nach dem Ende seines Studiums arbeitete er einige Jahre in der Forschung. Im Laufe der Jahre wurde seine finanzielle Situation aber immer schlechter, deshalb eröffnete er in Wien eine Arztpraxis. Zu der Zeit hatte Freud einige Frauen als Patientinnen, die an einer Krankheit litten, die als Hysterie bezeichnet wurde. Diese Patientinnen zeigten eine Anzahl von Symptomen, denen offenkundig keine körperlichen Ursachen zu Grunde lagen. So hatten sie unbestimmte Schmerzen, nervöse Zuckungen und zum Teil waren Gliedmaßen gelähmt. Da diese Art von Krankheit fast ausschließlich bei Frauen auftrat, glaubten viele Mediziner, dass sie mit der Gebärmutter zusammenhinge. Der Name Hysterie leitet sich von

Sigmund Freud erforschte das Wesen der menschlichen Psyche

dem griechischen Wort für Gebärmutter ab. Im Laufe
der Zeit setzte sich bei Freud die Erkenntnis durch, dass
die Hysterie seelische Ursachen haben müsse. Er glaubte
die Ursachen der Symptome in einem verdrängten, seelischen Schmerz zu finden. Sehr bald erkannte er, dass
der Traum Erinnerungen an Ängste und unterdrückte
Gefühle enthält, die in ihm oft in bildhafter und symbolischer Sprache auftreten. Freud fand heraus, dass Träume seelische Verletzungen heilen können, die sonst unter Umständen zu seelischen Erkrankungen führen.
Trotzdem gelang es Freud eine lange Zeit nicht, eine all-
gemeingültige Traumtheorie zu formulieren, bis ihn am
24. Juli 1895 die Erkenntnis überkam.
Freud saß auf der Terrasse des Schlosses Bellevue in
Wien und dachte über einen seiner Träume der letzten
Nacht nach. Er hatte eine Patientin namens Irma, die
an Hysterie litt und bei deren Behandlung er nicht wei-
terkam. Sie hatte sich auf den Landsitz der Familie
zurückgezogen. Tags zuvor hatte Freud einen Kollegen
mit Namen Otto getroffen, der Irma besucht hatte. Dieser erzählte ihm, dass sich Irmas Symptome gebessert
hätten, sie aber trotzdem noch weit davon entfernt sei,
geheilt zu sein. Freud empfand dies als einen versteck-
ten Vorwurf. In seinem Traum hatte Irma Freud nun
aufgesucht und hatte ihm berichtet, dass sie starke Hals-,
Magen- und Leibschmerzen habe. Freud untersuchte sie
im Traum und fand merkwürdige Geschwüre im Mund
und im Rachen. Er holte einen Kollegen zu seiner Unterstützung, der Irma ein weiteres Mal untersuchte. Otto
kam auch hinzu und gemeinsam diskutierten sie über
diese seltsame Krankheit. Das Resultat dieses Ge-
spräches war, dass sie heraufanden, dass Irmas Erkrankung in einem ursächlichen Zusammenhang mit einer
Injektion stand, die Otto ihr mit einer nicht sterilisier-
ten Spritze verabreicht hatte. Soweit Freuds Traum.
Während er noch weiter über ihn nachdachte, kam ihm
die Erkenntnis, dass in diesem Traum Freuds Rache an

**Nach Freud wer-
den im Traum see-
lische Zustände,
Ängste und Wün-
sche offenbar**

Otto dargestellt wurde, der am Tag zuvor Freuds medizinische Kompetenz in Frage gestellt hatte. Außerdem rächte er sich auch noch an Irma, die sich, nach Freuds Ansicht, seiner Therapie entzog.

Der Traum dient der Wunscherfüllung – so lautete bald der Leitsatz der Freudschen Traumtheorie. In den folgenden zehn Jahren widmete sich Freud fast ausschließlich der Traumanalyse. In diesen Jahren analysierte er mehr als 1 000 Träume und arbeitete seine Traumtheorie aus. 1899 erschien sein bahnbrechendes Buch „Die Traumdeutung". Nach Freuds Theorie gibt es im Menschen zwei Bereiche, die sich gegenüber stehen – das Lustprinzip und das Realitätsprinzip.

Die Lust konzentriert sich im Menschen auf drei Bereiche, den Mund (orale Lust), den Analbereich (anale Lust) und den Genitalbereich. Diese drei Lustbereiche stehen auch mit bestimmten Phasen der menschlichen Entwicklung in Verbindung. Beim Kleinkind herrscht die orale Lust vor, ihm bereitet alles Lust und Vergnügen, was mit Saugen oder Lutschen zu tun hat. Darauf folgt die Phase der analen Lust. Alles, was mit der Entleerung des Darms in Verbindung steht, ist lustbesetzt und hat, auch bei einem Erwachsenen, der diese Zeit nicht erfolgreich abgeschlossen hat, eine herausragende Stellung. Schließlich endet diese Entwicklung in der genitalen Phase. In ihr wird die Lust aus dem natürlichen Funktionieren der männlichen oder weiblichen Geschlechtsorgane gewonnen.

Freud sah das Handeln des Menschen von zwei Prinzipien beherrscht: dem Lustprinzip und dem Realitätsprinzip

Dem Lusttrieb oder Lustprinzip steht das Realitätsprinzip entgegen. Es sorgt dafür, dass sich der Mensch an die Wirklichkeit und die herrschende Moral anpasst. Das Realitätsprinzip dient der Selbsterhaltung des Menschen. Es weist die Teile des Lustprinzips und der Sexualität in ihre Schranken, die den Menschen gefährden können, da ihr Verlangen quasi grenzenlos ist und sie somit die moralischen Grundbegriffe der Gesellschaft bedrohen.

Beim Menschen stehen sich also der Trieb der Selbsterhaltung, die Akzeptierung der gesellschaftlich bedingten moralischen Normen und der nach permanenter
Lusterfüllung strebende Sexualtrieb in einer Art Kampf
gegenüber. Nach der Ansicht Freuds hat dieser Sexual-
oder Lusttrieb nun eine heikle Zielrichtung. Die Lust
des Jungen oder Mädchens richtet sich zuerst auf den
gegengeschlechtlichen Elternteil. Der Junge wünscht
demnach sexuellen Verkehr mit der Mutter und dem
Vater, der ihn dabei behindert, den Tod. Das Mädchen
entwickelt andererseits sexuelle Gefühle für den Vater
und beginnt die Mutter aus diesem Grund zu hassen.
Freud nannte dieses Verhalten den „Ödipuskomplex".
Ödipus ist eine Figur aus der griechischen Mythologie.
Seine Eltern waren Laios, König von Theben, und dessen Frau Iokaste. Da die Ehe mit Iokaste kinderlos war,
fragten sie das Orakel in Delphi um Rat. Das Orakel
sagte Laios, das Kind, welches Iokaste gebären würde,
würde ihn töten. Daraufhin verstieß er Iokaste, die darüber so erbost war, dass sie Laios betrunken machte und
verführte. Neun Monate darauf wurde Ödipus geboren.
Laios entführte ihn, durchbohrte seine Füße mit einem
Nagel und setzte den Säugling in der Wildnis aus. Ein
korinthischer Schafhirte fand das Kind und brachte es
zum König von Korinth, an dessen Hof Ödipus aufwuchs und wie der Sohn des Königs behandelt wurde.
Eines Tages verspotteten ihn seine Freunde, weil er keine Ähnlichkeit mit seinen vermeintlichen Eltern hatte.
Ödipus geriet ins Nachdenken und befragte das Orakel
von Delphi. Dies antwortete ihm: „Du wirst deinen Vater töten und deine Mutter heiraten." Ödipus erschrak
und beschloss nicht wieder nach Hause zurückzukehren,
weil er die Worte des Orakels auf seine angeblichen Eltern in Korinth bezog. Auf einer Passhöhe zwischen
Delphi und Daulia traf er seinen richtigen Vater Laios,
der ihm in strengem und rüdem Ton befahl, ihm, dem
Höherstehenden, den Weg freizumachen. Ödipus ant-

**Dem Griechen
Ödipus prophezeite
das Orakel: „Du
wirst deinen Vater
töten und deine
Mutter heiraten"**

wortete, dass er nur die Götter und seine Eltern als höhergestellt betrachte. Verärgert befahl Laios seinem Wagenlenker weiterzufahren. Dabei verletzte ein Wagenrad Ödipus am Fuß. Wutentbrannt tötete dieser daraufhin den Wagenlenker mit seinem Speer. Dann packte Ödipus Laios, warf ihn auf die Straße und peitschte auf die Pferde ein, so dass sie davonliefen und Laios zu Tode schleiften.

Laios war auf dem Weg nach Delphi gewesen, um herauszufinden, wie man Theben von dem Ungeheuer der Sphinx befreien könnte, die Theben bedrohte. Denn die Sphinx stellte jedem, der nach Theben wollte, die Frage: „Welches Wesen, das nur eine Stimme hat, hat manchmal zwei Beine, manchmal drei, manchmal vier und ist am schwächsten, wenn es die meisten Beine hat?" Wer dieses Rätsel nicht lösen konnte, wurde von ihr getötet und gefressen. Als Ödipus sich Theben näherte, traf er auch auf die Sphinx und sie stellte ihm die bewußte Frage. Ohne lange nachzudenken, gab Ödipus ihr die Lösung des Rätsels. Sie lautete: der Mensch. Als Säugling kriecht er auf allen Vieren, in seiner Jugend steht er auf zwei Füßen und im hohen Alter stützt er sich auf einen Stock.

Nachdem er sie von der Sphinx befreit hatte, riefen die dankbaren Thebaner Ödipus zum König aus. Er heiratete Iokaste, die Witwe des verstorbenen Königs, ohne zu wissen, dass es seine leibliche Mutter war. Als die Wahrheit bekannt wurde, erhängte sich Iokaste, Ödipus wurde wahnsinnig und blendete sich mit einer Nadel seines Gewandes.

Freud interpretierte nun diese Geschichte so: Der Sohn möchte sexuellen Verkehr mit seiner Mutter, hat innerlich den Wunsch, den Vater zu töten. Über diese unbewussten Wünsche gibt der Traum Auskunft.

Das Inzestmotiv, verbunden mit dem „Ödipuskomplex", ist die Basis der Freudschen Traumdeutung, denn nach Freuds Meinung versuchen sich die in das Unbewusste

verdrängten sexuellen Wünsche im Traum durchzusetzen. Dementsprechend unterscheidet Freud zwischen of-
fenkundigen und verborgenen Trauminhalten. Den of-
fenkundigen Inhalt des Traums nennt er „Traumfassade". Sie verdeckt den unbewussten Inhalt des Traumes,
damit der Mensch nichts von jenen antisozialen und
amoralischen Wünschen erfährt, die von den mächtigen, unkontrollierbaren Trieben genährt werden. Zwischen der Traumfassade und ihren unbewussten Inhalten gibt es eine Instanz, die verhindert, dass diese ins
Bewusstsein dringen, die Traumzensur. Sie schützt das
Bewusstsein gegen die mächtigen, bösen, sexuellen
Wünsche, außerdem gegen Rache- und Todesgedanken.
Diese unterbewusste Wirklichkeit gelangt nun durch die
Träume in kaschierter Form an die Oberfläche, und es
ist die Aufgabe der psychoanalytischen Therapie – so
heißt die von Freud geschaffene Form der Psychothera-
pie – die wahren Inhalte freizulegen und zu deuten. Der
Widerstand gegen die Zensur wird hierbei auf den The-
rapeuten übertragen. Nach Freuds Lehre setzt der Traum
Wünsche in Bilder um. Der Wunsch und der damit ver-
bundene innere Ablauf wird verschlüsselt und durch ein
Symbol oder eine symbolische Handlung ausgedrückt.
Demnach ist das meiste, was man in seinen Träumen
sieht, zum Beispiel Bäume, Schornsteine, Dolche,
Schwerter, Vögel, Häuser etc. ein getarntes Bild für die
weiblichen und männlichen Geschlechtsorgane und deren Funktion.

Dadurch, dass der Traum das Verlangen und die Wünsche des Unbewussten verbirgt und mildert, stellt er
sich nach Freud in den Dienst des Schlafes. In seinem
Buch „Traumdeutung" schreibt er: „Die Gewalt der
Triebe würde uns wecken, der Traum aber beschwichtigt
sie und schafft ihnen einen Ausweg im Symbol. Da der
Angsttraum den Schlaf unterbrechen kann, darf er
außerhalb der so verallgemeinerten Wunschtheorie
bleiben. Da reicht offenbar das Wunschschema, das ja

Nach Freud gibt es offenkundige („Traumfassade") und verborgene Trauminhalte, die das Unbewusste hütet

Bei der Deutung von Träumen wird die Methode des „freien Assozi-ierens" angewandt

aus der Sprache des Bewusstseins stammt, nicht mehr aus."

Bei der Deutung des Traumes bedient sich der Psychoanalytiker der Methode des „freien Assoziierens". Nachdem der Patient die Traumfassade erzählt hat, also die Geschichte, die er im Traum erlebt hat, ermutigt der Therapeut den Träumenden über die mit dem Traum zusammenhängenden Gedanken und Gefühle zu sprechen. Dies verrät den unbewussten Hintergrund. Der Therapeut achtet darauf, was der Patient sagt oder verschweigt. Die Ideen des Patienten mögen oft unsinnig oder bedeutungslos erscheinen, aber nach einiger Zeit kann der Therapeut erkennen, was der Patient verheimlichen will, welche unangenehmen Gefühle oder Erlebnisse er unterdrückt. Das Gespräch darüber soll dann eine Art Reinigung der Seele herbeiführen und so den Patienten in die Lage versetzen, seine eigenen seelischen Probleme zu erkennen. Das Bewusstwerden dieser Schwierigkeiten ist gleichzeitig auch der Beginn ihrer Lösung.

Carl Gustav Jung

C. G. Jung wurde 1875 in Kesswill in der Schweiz geboren und starb im Jahre 1961 in Küsnacht. Sein Vater war protestantischer Pastor und seine Mutter beschäftigte sich intensiv mit dem, was man Spiritismus oder Okkultismus nennt, also vor allem Seancen (Beschwörung der Geister Verstorbener), Tischrücken oder Hellsehen.

Während seines ganzen Lebens spielten in Jungs Leben Träume eine wichtige Rolle. Dies begann schon während seiner Kindheit, in der er häufig von Angst- oder Alpträumen geplagt wurde. Träume beeinflussten auch die Handlungen in seinem Wachleben. So entschloss er sich nach einem Traum, Naturwissenschaften (Medizin) und später Psychiatrie zu studieren. 1900

Carl Gustav Jung

wurde er Assistenzarzt an einem Krankenhaus in Zürich und begann sich mit dem Seelenleben und den Träumen der Patienten intensiv auseinanderzusetzen.
1903 stieß er auf Sigmund Freuds Buch „Die Traumdeutung", das einen nachhaltigen Eindruck auf ihn machte. Hier fand er Bestätigungen und Anregungen für seine Arbeit mit Träumen. Er setzte sich mit Freud in Verbindung und wurde im Laufe der Jahre ein enger Mitarbeiter Freuds und Anhänger seiner Lehre. Im Laufe der Zeit jedoch entfernte sich Jung immer mehr von Freuds

C. G. Jung begann seine psychoanalytische Karriere als Anhänger der Thesen Freuds

Lehren. Für Freud war die Mehrzahl der Träume der Ausdruck einer seelischen Störung. Dem konnte Jung nicht zustimmen. Für ihn waren Träume nützlich und dienten der Gesundung und Gesunderhaltung der Seele. Ebenso bereitete ihm im Laufe der Zeit Freuds These, dass es die Macht der Sexualität sei, die allen Träumen zu Grunde liege, zunehmend Schwierigkeiten.

Die Widersprüchlichkeit beider Ansichten führte zu einer Entfremdung zwischen Jung und Freud. Der Dogmatismus Freuds bezüglich der Rolle der Sexualität in der menschlichen Psyche und vor allem im Traum führte 1913 zum endgültigen Bruch zwischen beiden. Auf dem Psychoanalysekongress 1913 stellten sich sowohl Freud wie auch Jung zur Wahl für den Vorsitz der Psychoanalysegesellschaft; Jung gewann die Wahl. Danach gingen die Wege beider endgültig auseinander, obwohl beide Männer erheblich unter diesem Bruch litten. Jung wurde depressiv und trug sich sogar mit Selbstmordabsichten. In der Folge war es ihm sieben Jahre nicht möglich seine Arbeit auf normale Art und Weise fortzusetzen, stattdessen malte er Bilder, die seine quälenden Träume zum Inhalt hatten. Über Freuds Befinden in dieser Zeit ist wenig bekannt. 20 Jahre später nannte er den Bruch und den Verlust der Freundschaft und Mitarbeit Jungs einen entsetzlichen Verlust.

Worin liegen nun die Hauptunterschiede der Methode Jungs zu der Freuds? Für Jung ist der Traum der alleinige Gegenstand der Deutung. Bei der von ihm geschaffenen Methode spielen die „freien Assoziationen" wie bei Freud so gut wie keine Rolle. Den Unterschied mag dieses klassische Beispiel verdeutlichen: Ein Mann träumt von einem Apfel. Nach der Vorgehensweise Freuds assoziiert er etwa folgendermaßen: Apfel, Birne, Dirne, Sexualität. Jung dagegen würde eher Wert darauf legen, was der Apfel ganz konkret in dem Traum für eine Bedeutung hat.

Jung stellte dem Unbewussten des Einzelnen das „kollektive Unbewusste" gegenüber

Die unwichtigen Vorstellungen und Assoziationen sollen bei der Analyse des Traumes so weit wie möglich ausgeschlossen werden. Die Deutung soll ganz nahe am eigentlichen Traum sein. Sie soll den Traum umkreisen, der das Zentrum der Interpretation darstellt. Ein Zentralbegriff der Jungschen Theorie ist das „kollektive Unbewusste" (siehe Seite 24). Unter dem Unbewussten versteht er den Teil der Psyche, zu dem man keinen bewussten Zugang hat. So steht man zum Beispiel in einer Telefonzelle und eine ganz bestimmte Telefonnummer will einem nicht einfallen, obwohl man sie gestern noch gewusst hat. Man hat sie vergessen oder anders ausgedrückt, sie ist im Unbewussten „verschwunden". Etwas, das aus dem Bewusstsein verschwunden ist, ist damit nicht verloren, es besteht noch weiter.

Das Unbewusste besteht also zum Teil aus Bildern, Gedanken, Eindrücken etc., die unser Bewusstsein beeinflussen oder beeinflusst haben, aber aus den unterschiedlichsten Gründen (Angst, Bedrohung, Verdrängung, vermeintliche oder reale Unwichtigkeit usw.) im Unbewussten „abgelegt" wurden. Dieser Prozess geschieht unkontrollierbar von unserem Verstand und ist eigentlich ein völlig normaler Vorgang. Die Bilder oder Ähnliches haben beispielsweise ihre Wichtigkeit verloren, da wir von ihnen durch etwas Neues abgelenkt wurden. Trotzdem bestehen diese Vorstellungen weiter, meist ist es nur nicht möglich sie je nach Bedarf wieder hervorzurufen. Manches kann plötzlich und spontan hervorbrechen, wenn wir zum Beispiel eine bestimmte Musik hören, einen besonderen Duft riechen oder einen bekannten Geschmack wieder auf der Zunge spüren. Eine Erinnerung tritt auf oder wie aus heiterem Himmel überkommt uns ein bestimmtes Gefühl, das wir uns so einfach nicht erklären können.

Eine andere Situation ist der Traum. Das Wachbewusstsein ist ausgeschaltet, die Schranke zwischen Bewusstem und Unbewusstem hebt sich und gibt uns Einblick in

Das „kollektive Unbewusste" enthält Mythen-, Sagen-, Märchen-Symbole der Menschheit, die „unbewusst" überliefert werden

die Schatzkammer (oder auch die Hölle) des Unbewussten. Neben dem persönlichen Unbewussten gibt es eben nach Jung auch noch das „kollektive Unbewusste", eine Art des Unbewussten, das vor allem sogenannte religiöse Bilder und Symbole enthält. Diese Vorstellungen sind allen Menschen gemein, da sie auf den frühesten Träumen, den Märchen, Mythen und kreativen Fantasien der Menschen beruhen.

Während der Entwicklung der Menschheit wurden verschiedene Erlebnisse und Erfahrungen gemacht, die auf die eine oder andere Weise erhalten geblieben sind. Ein Teil hiervon ist in das kollektive Unbewusste gelangt und wird „unbewusst" von Generation zu Generation in den Mythen und Märchen weitervermittelt. Durch die großen Mythen der Menschheit und in den Träumen des Einzelnen können sich nun diese Vorstellungen einen Weg in das Bewusstsein bahnen. In den Träumen tauchen solche Symbole häufig auf, wenn sich der Mensch in einer Lebens- und Sinnkrise befindet. So kann der Traum dem Menschen eventuell einen Hinweis darauf geben, wie er sich verhalten soll.

Eng verbunden mit dem Jungschen Begriff des kollektiven Unbewussten ist der der Archetypen. Jung erklärt sie so: Den Körper des Menschen kann man als eine Art von Museum der Organe darstellen, die alle eine ganz eigene Entwicklungsgeschichte haben. Für die Psyche gilt dementsprechend Gleiches. Nichts im Körper wie im Geist existiert ohne Geschichte. Diese Geschichte spielt sich auch nicht bewusst ab. Der „alte" Teil des Geistes ist die Basis unserer heutigen Psyche. Diesen Teil nennt er „Archetyp" oder „Urbild". Laut Jung werden aber diese Bilder nicht vererbt, sondern der Archetyp ist die angeborene Möglichkeit jedes Menschen, die Bilder zu schaffen. Im Einzelnen und je nach Person können die Archetypen recht unterschiedlich sein, das ihnen zu Grunde liegende Grundmuster ist aber immer gleich.

Jung glaubte, dass jeder Mensch „Urbilder" (Archetypen) in sich trägt, die er sich selbst geschaffen hat

Da die Menschen sich von ihren Ursprüngen immer mehr entfremdet haben, sind sie meist sehr ratlos, wenn diese Archetypen in ihren Träumen auftauchen. Hier setzt nun die Arbeit des Analytikers Jungscher Prägung ein. Ihm sollte es gelingen diese Urbilder zu entschlüsseln. Dies setzt voraus, dass er sich intensiv mit den Mythen, Sagen und Legenden der Völker auseinandergesetzt hat, denn hier kann er vieles entdecken, was diesen Archetypen entspricht. Auch das Studium der Kulturen sogenannter primitiver Völker kann ihm darüber Aufschlüsse geben, da diese sich noch nicht so weit von ihren Ursprüngen entfernt haben, wie der hochzivilisierte Mensch des ausgehenden 20. Jahrhunderts. Träume, in denen Archetypen auftreten, sind aber laut Jung nicht die Regel. Sie tauchen auch nur im Rahmen von großen und entscheidenden Problemen auf. Es ist so, als ob die Psyche dem Menschen durch den Traum einen Weg zur Lösung oder Heilung geben will.

In den letzten Jahren erfreuen sich die Theorien Jungs zunehmender Beliebtheit. Schuld daran ist der Esoterik- und Psychoboom. Dabei wird seine Lehre leider oft verkürzt und verfälscht. Obenstehendes Kapitel kann seine Lehren auch nur sehr kurz anreißen, aber eine genauere Darstellung würde den Rahmen des Buches sprengen. Manches an Jungs Ideen mag befremdend und unverständlich klingen, aber Jung arbeitete, obwohl er einerseits ein äußerst fantasiebegabter Mensch war, nach strengen wissenschaftlichen Kriterien und versuchte jede seiner Spekulationen durch umfangreiche Studien zu erhärten.

Der Klartraum (Luzides Träumen)

In den letzten Jahren hat der Begriff des Klarträumens (Fachbegriff: luzides Träumen) für Traumforscher, Psychologen und interessierte Laien immer mehr an Bedeutung gewonnen. Unter einem Klartraum versteht man

Beim luziden Träumen weiß man im Traum, was man träumt

einen Traum, bei dem man weiß, dass man träumt. Man liegt im Bett, schläft, beginnt zu träumen und erinnert sich daran, eingeschlafen zu sein.

Den Begriff „luzides Träumen" schuf der Amerikaner Frederik van Eeden in den sechziger Jahren. Das Wort „luzid" leitet sich aus dem aus dem Lateinischen stammenden Wort „Luzidität" (Klarheit) ab.

Plötzlich kommt einem während des Traumes der Gedanke, „ich träume", denn das, was man sieht oder empfindet, ist anders als die Wahrnehmung hiervon im Wachzustand. Etwas Unwahrscheinliches geschieht, man trifft zum Beispiel einen Verstorbenen, man fliegt ohne Flügel, spaziert auf dem Meeresgrund etc. Oft geschieht das luzide Träumen aber auch ohne dass der Träumende es richtig bemerkt. Man realisiert einfach „ich träume". Menschen, die luzide Träume gehabt haben, schwärmen von dieser Erfahrung. So eröffnet sie zum Beispiel neue Wege der Auseinandersetzung mit Problemen und setzt in vielen Fällen schöpferische Energie frei. Viele sind begeistert von einer Erfahrung, die sich jenseits der Schranken der Wirklichkeit, wie wir sie kennen, abspielt. Man kann in seinem luziden Traum tun und lassen, was man immer schon wollte, aber aufgrund natürlicher oder moralischer Grenzen nicht konnte.

Luzides Träumen kann spontan auftreten, es lässt sich aber auch erlernen

Es gibt verschiedene Abstufungen der Intensität des luziden Träumens. Die höchste Stufe ist die, dass man sich bewusst ist, dass alle Erlebnisse sich im Geist beziehungsweise im Traum abspielen. Man braucht keine Gefahren zu fürchten, da man im Bett liegt und weiß, man wird bald aufwachen. Auf der niedrigsten Stufe nimmt man vielleicht bis zu einem gewissen Grad nur wahr, dass man träumt, da etwas Ungewöhnliches geschieht. Diese Bewusstheit reicht nicht aus, um zu der Klarheit zu gelangen, dass die Menschen, die man trifft, Traumbilder sind. Luzides Träumen kann spontan auftreten, es lässt sich aber auch bis zu einem gewissen Um-

fang lernen. Hierbei gibt es vor allem zwei Methoden, den Realitätstest und die von Stephen LaBerge geschaffene Mnemonic Induction of Lucid Dreams (Mnemotechnische Herbeiführung von luziden Träumen), MILD abgekürzt.

Der Realitätstest

Machen Sie mehrmals am Tag folgende Übungen – je häufiger und gründlicher Sie diese machen, desto größer ist die Erfolgsrate:

1. Schreiben Sie einen Text auf ein Blatt Papier, das Sie immer mit sich herumtragen oder haben Sie immer eine Armbanduhr bei sich. Um den Realitätstest zu machen, lesen Sie nun mehrmals am Tag den Text oder sehen Sie auf Ihre Uhr und lesen die Uhrzeit. Schauen Sie dann weg und wieder zurück und beobachten Sie, ob sich die Buchstaben oder das Zifferblatt verändern. Wenn eine Veränderung eintritt, ist es höchstwahrscheinlich, dass sie träumen. Haben Sie daran Ihre Freude. Ändert sich nichts, träumen Sie nicht.

2. Sind Sie sicher, dass Sie nicht träumen, stellen Sie sich folgende Frage: „Ich träume allem Anschein nach nicht, wie wäre es aber, wenn ich es täte?" Stellen Sie sich so konzentriert und intensiv wie möglich vor, dass Sie träumen. Versuchen Sie sehr genau, dieses Traumgefühl mittels Ihres Vorstellungsvermögens zu erschaffen. Versuchen Sie dieses Gefühl aufrechtzuerhalten.

3. Denken Sie dann an etwas, das Sie gerne während Ihres nächsten luziden Traumes machen möchten, zum Beispiel fliegen. Stellen Sie sich weiter vor, dass Sie jetzt träumen und dass Sie versuchen diesen Plan in Ihrem nächsten luziden Traum in die Tat umzusetzen.

Diese Methode des Realitätstests führt vor allem bei Anfängern häufig zum Erfolg.

Wer den Realitätstest öfter durchführt, wird bald luzid träumen können

Die Mnemonic Induction of Lucid Dreams (MILD) Methode

1. Lernen Sie, sich so vollständig wie möglich an Ihre Träume zu erinnern. (Näheres hierzu finden Sie in dem Abschnitt „Wie man mit seinen Träumen umgehen und arbeiten kann".) Um diese Methode erlernen zu können müssen Sie recht gut in der Lage sein, sich so vollständig wie möglich an einen Traum zu erinnern. „Programmieren" Sie Ihren Verstand darauf, dass Sie nach einem Traum aufwachen und sich an ihn erinnern.

2. Wenn Sie nach einem Traum wieder einschlafen wollen, sagen Sie sich vor dem Einschlafen: „Das nächste Mal, wenn ich träume, will ich mich daran erinnern, dass ich träume". Versuchen Sie zu fühlen, wie das wirklich ist. Denken Sie an nichts anderes. Falls Ihre Gedanken abschweifen, bringen Sie sie konsequent immer wieder zu diesem Motiv zurück.

3. Versuchen Sie gleichzeitig, sich vorzustellen, dass Sie sich wieder in dem Traum befinden, aus dem Sie gerade aufgewacht sind (oder in einem anderen Traum, den Sie vor kurzem hatten, falls Sie sich nicht an den Traum erinnern können, aus dem Sie aufgewacht sind). Der Unterschied ist, dass Sie hierbei erkennen, dass es ein Traum ist. Achten Sie auf Anzeichen für einen Traum. Wenn Ihnen dies gelungen ist, sagen Sie zu sich, „ich träume" und fahren Sie mit Ihrer Fantasie fort. Stellen Sie sich vor, dass Sie den Plan für Ihren nächsten luziden Traum in die Tat umsetzen. Führen Sie diese Fantasie bis zu dem Punkt fort, an dem Sie sich vergegenwärtigen, dass Sie träumen.

4. Wiederholen Sie 2. und 3. bis Ihre Absicht fest eingeprägt ist. Dann schlafen Sie wieder ein. Falls Sie spüren, dass während des Einschlafens Ihre Gedanken beginnen abzuschweifen, wiederholen Sie die Übung bis das letzte, an was Sie vor dem Einschlafen denken, ist, dass Sie sich daran erinnern wollen wahrzunehmen, wenn Sie sie das nächste Mal träumen.

Im Klartraum können Sie die Handlung beeinflussen oder sogar selbst bestimmen

LaBerge schuf diese Methode, während er an seiner Dok-
torarbeit an der Stanford University in den USA arbeitete.
Laborversuche haben gezeigt, dass es mit ihrer Hilfe möglich ist die Zahl der luziden Träume zu erhöhen.
Erwähnenswert ist in diesem Zusammenhang auch noch
eine Methode zur Herbeiführung luzider Träume, die der
amerikanische Anthropologe Carlos Castanede angeblich
von einem indianischen Schamanen gelernt hat. Man soll
sich vor dem Einschlafen intensiv vornehmen, im Traum
auf seine Hände zu sehen. Gelingt einem dies nach mehr
oder weniger langer Übungszeit, soll man auch luzide Träume haben können. Ein häufiges Problem, mit dem der luzide Träumende vor allem zu Beginn konfrontiert wird, ist
das vorzeitige Aufwachen. Aus diesem Grund erfahren
viele Menschen auch überhaupt nicht, was es heißt, luzid
zu träumen. Sie nehmen allenfalls einen Bruchteil von all
dem wahr, da sie direkt nach dem Beginn dieser Traumphase wach werden. Es gibt zwei Tricks, die vor allem dabei helfen sollen, nach dem Anfang eines luziden Traumes
weiterzuschlafen.
1. Bleiben Sie in Ihrem Traum ruhig. Versuchen Sie die
Aufregung zu unterdrücken, die sich einstellt, wenn man
bemerkt, dass man luzid träumt, und konzentrieren Sie
sich verstärkt auf den Traum. Dann wachen Sie nicht auf.
2. Dieser Trick wird angewandt, wenn man das Gefühl bekommt, dass die Traumbilder schwächer und unschärfer
werden, sie sich mehr der Wirklichkeit annähern. Hierbei
hilft das sogenannte Im-Kreis-Drehen: Sobald Sie spüren,
dass der luzide Traum nachlässt, beginnen Sie, sich in
Ihrem Traumkörper wie ein Kreis zu drehen. Schwindelge-
fühle können sich in diesem Zustand nicht einstellen, da
Ihr realer Körper ja weiterhin im Bett liegt. Während dieses Herumdrehens denken Sie folgendes: „Das nächste,
was ich sehe, wird ein Traumbild sein." Wenn Ihnen nach
dem Drehen immer noch nicht bewusst ist, dass Sie träumen, machen Sie einfach mal den Realitätstest (siehe
Seite 26).

Auch mit Hilfe technischer Geräte lassen sich luzide Träume herbeiführen

Heute gibt es auch eine Reihe von Geräten, die den Menschen dabei helfen sollen luzide Träume zu haben. Das einfachste ist eine Art Tonbandgerät, das dem Schlafenden, sobald die Traumphase oder REM-Phase beginnt, sagt: „Du träumst". Diese Apparatur beruht auf der Beobachtung, dass wir Geräusche, die wir während des Schlafes hören, in unsere Träume „einbauen". Die Hoffnung ist nun, dass uns während der Traumphase diese Stimme erreicht und uns daran erinnert, dass wir träumen. Andere Gerätschaften, die bei der Herbeiführung luzider Träume nützlich sein sollen, sind das DreamLight und der NovaDreamer. Beide wurden in den Laboratorien der Stanford Universität in Amerika geschaffen. Im Laufe der Forschungen wurde entdeckt, dass Menschen eher auf einen optischen Reiz zur Herbeiführung luzider Träume reagieren, als auf einen akustischen. Die Geräte bestehen aus einer Art von leichter Brille, die während der Nacht getragen wird. In dieser Brille ist ein Sensor, der an Hand der Augenbewegungen feststellt, ob man sich im Tiefschlaf befindet oder träumt. Wird festgestellt, dass man träumt, sendet die Brille eine Art Blitz, die bei dem Träumenden die Erkenntnis hervorrufen soll, dass er träumt. Das geht nur, wenn man im Wachzustand gelernt hat, was dieser Stimulus bedeutet. Man muss also vorher intensiv üben und sich genau einprägen, was dieser Blitz bedeutet. Da liegt wahrscheinlich auch das Problem dieser Apparate. Der an luziden Träumen interessierte Mensch muss schon einiges an Erfahrung im Hinblick auf Traumerinnerung und Traumarbeit haben, ehe ihm diese Geräte nutzen. Laut Forschungen des Lucidity Institutes in den USA sollen Geräte wie DreamLight die Anzahl der luziden Träume in etwa verdreifachen, so lautet jedenfalls das Ergebnis ihrer Forschungen. In Verbindung mit der MILD-Methode (siehe oben) sollen die Resultate sogar noch besser sein.

Das luzide Träumen ist im Grunde ein altes Wissen der Schamanen

Ob nun mit technischen Hilfsmitteln oder ohne, luzides Träumen ist sicherlich das faszinierendste Abenteuer, das wir im Schlaf haben können. In letzter Konsequenz ist das luzide Träumen auch nichts Neues, denn eigentlich ist dies den Schamanen vieler Völker rund um den Erdball vertraut. Oft begeben sie sich in einen Zustand, der dem des luziden Träumens entspricht, um etwa Visionen zu erlangen oder um zu heilen.

Wie man mit seinen Träumen umgehen und arbeiten kann

Um überhaupt etwas mit seinen Träumen anfangen zu können, ist es notwendig, ein positives Verhältnis zu ihnen zu haben. Was ist damit gemeint? Man sollte seine Träume für wichtig halten und darauf bedacht sein, dass sie eine große Bedeutung im Leben erhalten. Wenn man abends ins Bett geht, sollte man sich auf die Träume freuen, die man im Laufe der Nacht haben wird. Die Beschäftigung mit den Träumen der vorangegangenen Nacht sollte zu keiner lästigen Aufgabe werden. Sie soll Spaß machen, Interesse und Neugier wecken. Träume sind ein Ausdruck der Psyche und des Unbewussten, die uns wichtige Hinweise über uns und über unsere Beziehungen zu anderen Menschen geben können. Zuweilen kann ein Traum auch einen Weg aufzeigen, wie ein Problem zu lösen ist. Aus diesem Grund gibt es im eigentlichen Sinne keine banalen und einfältigen Träume. Es mag sein, dass manche uns zu Beginn so erscheinen. Wenn wir uns aber einige Zeit später wieder mit diesen Träumen beschäftigen, fällt uns vielleicht ihr Sinn und ihre tiefere Bedeutung ein. Jeder Mensch hat natürlich auch seine eigene Traumsprache. Dieses Lexikon kann daher nur Anregungen geben, wie ein Traumsymbol gedeutet werden kann. Wichtig ist aber letzten Endes die Einstellung des Träumenden zu dem Traum, seine Gedanken und Gefühle, die ihn dabei bewegen. Und Sie sollten stets daran denken: Jeder Traum ist wichtig, selbst wenn die Erinnerung an ihn noch so verschwommen und unvollständig ist. Viele werden jetzt si-

Jeder Traum ist wichtig, auch wenn es Ihnen nicht so erscheint oder Sie ihn fast vergessen haben

cher sagen: „Schön und gut, aber ich kann mich so gut wie überhaupt nicht an meine Träume erinnern, wie soll ich dann mit ihnen arbeiten können?" Man kann bis zu einem gewissen Grad lernen, sich besser an seine Träume zu erinnern. Dann sollte man einige Regeln vor dem Einschlafen beachten.

Regeln zum Umgang mit Träumen

1. Nehmen Sie alle Ihre Träume ernst.
2. Gehen Sie nicht zu Bett, wenn Sie übermüdet sind, sondern zu einem früheren Zeitpunkt, sonst sind die Erinnerungen an die Träume oft unscharf und unvollständig.
3. Vermeiden Sie den Konsum von Alkohol, Drogen oder Medikamenten wie Schlaftabletten. Diese haben negative Auswirkungen auf die Traumphasen und auf die Erinnerung an die Träume.
4. Viele Traumtherapeuten empfehlen, vor dem Zubettgehen noch kurz aufzuschreiben, womit man sich während des Tages beschäftigt hat, seien es nun Gefühle, Ideen etc. Diese Aufzeichnungen können später bei der Deutung der Träume hilfreich sein.
5. Wenn Sie im Bett liegen, entspannen Sie sich, gehen Sie in Gedanken durch Ihren Körper und versuchen Sie, Verspannungen in Ihren Muskeln zu erspüren und wenn nötig aufzulösen. Atmen Sie ruhig und entspannt. Wer Autogenes Training beherrscht, kann dies einsetzen. Sind Sie dann ruhig und entspannt, sagen Sie sich eine Formel wie die folgende: „Ich freue mich auf meine Träume und werde mich am nächsten Morgen an sie erinnern". Versuchen Sie, sich intensiv auf diese Formel zu konzentrieren, der Körper sollte aber weiter entspannt bleiben. Die Formel sollte jedoch möglichst der letzte Gedanke vor dem Einschlafen sein.
6. Führen Sie ein Traumtagebuch? (siehe Seite 33).
7. Sprechen Sie gegebenenfalls mit einem Partner über Ihre Träume, zum Beispiel beim Frühstück. Oft fällt einem dabei manches zu den Träumen wieder ein.

Das Traumtagebuch

Allein die Tatsache, dass man sich intensiver mit seinen Träumen beschäftigt, führt in vielen Fällen schon zu einer Belebung des Traumlebens. Das mit Abstand wichtigste Instrument bei der Erforschung der Träume ist das Traumtagebuch. Mit ihm schafft man sich sein ureigenstes Mittel für die Erkundung der eigenen Traumwelt.

Wie führt man nun ein Traumtagebuch? Als Erstes legt man sich einen Schreibblock und ein Schreibgerät in Griffweite neben das Bett. Man sollte die Seite vorher datieren. Stattdessen kann man auch ein Diktiergerät oder einen Kassettenrekorder verwenden. Am besten erinnert man sich an einen Traum, wenn man von alleine aufwacht, denn dies geschieht meistens nach einer Traumphase. Bleiben Sie ruhig im Bett liegen und halten Sie die Augen weiter geschlossen. Versuchen Sie, den Traum noch einmal vor Ihrem inneren Auge zu sehen. Bewegen Sie sich so wenig wie möglich. Halten Sie die Augen weiter geschlossen, greifen Sie nach dem Block und dem Schreibgerät und versuchen Sie mit geschlossenen Augen, den Traum aufzuschreiben. Dies ist zugegebenermaßen nicht gerade einfach und erfordert ein wenig Übung. Etwas einfacher ist es, wenn Sie ein Aufzeichnungsgerät benutzen. Bei den meisten Menschen ist es aber so, dass sie geweckt werden, zum Beispiel von einem Wecker. Verhalten Sie sich in dem Falle aber genauso, als ob Sie von alleine aufwachen. Machen Sie keine ruckhaften Bewegungen und springen Sie vor allem nicht plötzlich aus dem Bett, denn dies ist der sicherste Weg, seinen Traum zu vergessen. Viele Menschen empfinden es als hilfreich, wenn ihnen der Partner nach (oder beim) Wecken die Frage stellt: „Was hast Du gerade geträumt?"

Beim Aufzeichnen ist es wichtig, sich nur auf den Inhalt des Traumes zu konzentrieren, also nicht über ihn nachzudenken. Dies geschieht zu einem späteren Zeitpunkt. Bewerten Sie erstmal nichts. Zeichnen Sie alles auf. Nichts

Mit einem Traumtagebuch können Sie bald schon Ihre Träume selbst entschlüsseln

Am besten ist es, wenn Sie den Traum gleich nach dem Aufwachen aufschreiben oder -malen

ist unwichtig. Versuchen Sie auch nicht, den Fluss der Traumbilder zu unterbrechen. Lassen Sie sich Zeit! Denken Sie nie, „das werde ich behalten". Das ist ein Irrtum. Nichts vergisst man so schnell wie einen Traum. Es gibt keinen Traum und sei er auch noch so albern, der es nicht verdient aufgezeichnet zu werden.

Im Laufe des Tages nehmen Sie nun die Notizen und tragen sie in Ihr Traumtagebuch ein. Versuchen Sie, den Traum so detailliert wie möglich niederzuschreiben. Schmücken Sie ihn aus. Wenn Symbole oder Bilder auftauchen, malen Sie diese. Falls Sie dazu in der Lage sind, Ihren Trauminhalten auf eine andere Art und Weise Ausdruck zu geben, zum Beispiel durch Skulpturen, Musik etc., tun Sie dies. Oftmals fällt einem im Laufe des Tages ein Fetzen eines Traumes wieder ein. Notieren Sie sich dies kurz, und fügen Sie es dann später in Ihr Traumtagebuch ein. Geben Sie dem Traum einen Namen oder Titel. Oftmals kann dies die Erinnerung an den Traum noch verstärken. Schieben Sie die Eintragung des Traumes nicht auf die lange Bank. In diesem Falle zahlt sich Selbstdisziplin aus.

Wem das alles zu mühselig und umständlich ist, wird Schwierigkeiten damit haben, sich an seine Träume zu erinnern. Andere hingegen werden in den allermeisten Fällen erfahren, dass ihr Traumleben farbiger, interessanter und informativer wird. Die aktive Auseinandersetzung mit den Träumen zahlt sich somit aus.

Wie gehe ich nun mit den Eintragungen in meinem Tagebuch um? Zuerst einmal vergleicht man sie mit den Aufzeichnungen, die man über den vergangenen Tag gemacht hat. Dabei sollte man auf Ähnlichkeiten und Entsprechungen achten und dies notieren. Wenn sich schon eine Reihe Traumaufzeichnungen angesammelt haben, liest man sich diese aufmerksam durch und achtet dabei auf Symbole, Bilder und andere Traummotive, die häufig auftauchen. Dies schreibt man heraus und versucht das „freie Assoziieren", das heißt man schreibt auf, was einem spon-

Welche Symbole kehren immer wieder in Ihren Träumen? Versuchen Sie mit ihnen das freie Assoziieren

tan und ohne großes Nachdenken zu einem bestimmten Symbol einfällt. Bitte denken Sie hierbei wirklich nicht groß nach, der Einfall, den Sie zuerst haben, ist der, der zählt. Später können Sie dann in diesem Traumlexikon nachsehen, ob Sie dort weitere Anregungen zu diesem Bild oder Symbol finden. Die Symboldeutungen des Buches sind als Vorschläge für die Deutung zu verstehen, sie stellen keine definitiven Interpretationen dar.

Eine andere Vorgehensweise, die bei der Interpretation eines Traumes sehr hilfreich sein kann, ist das Rollenspiel oder Psychodrama. In diesem Falle übernimmt oder „spielt" man alle Personen, Gegenstände und Orte, die in dem Traum vorkommen, denn alles, was im Traum passiert, reflektiert einen Teil des eigenen Ichs. Ist man zum Beispiel im Traum mit einem alten Auto durch eine Eiswüste zu einem riesigen, kahlen Berg gefahren, würde das Vorgehen im Rahmen eines Psychodramas folgendermaßen aussehen. Man „ist" zuerst das Auto, dann die Eiswüste und zum Schluss der kahle Berg. Im Klartext heißt das also, man stellt sich mit Hilfe seiner Fantasie intensiv das fahrende Auto, die Eiswüste etc. vor. Dann schreibt man auf oder diktiert, was man als dieser Gegenstand empfindet. Entscheidend sind nur die eigenen Gedanken hierzu, auch wenn sie einem im Nachhinein unsinnig vorkommen. Das ist die einzige Regel, die es dabei gibt. Mit Personen macht man dies genauso. Man kann auch seine Träume zum Beispiel mit Familienmitgliedern nachspielen. Dabei kann man sehr viel über den Traum lernen, man muss nur seine Fantasie gebrauchen. Zugegebenermaßen ist diese Methode nicht gerade einfach und manchem erscheint sie sicher auch albern, vor allem, wenn es sich um das Darstellen von Dingen handelt. Ihren Ursprung hat diese Methode der Traumdeutung vor allem in der Gestalttherapie.

Bei der Traumdeutung kann auch ein selbstgespieltes „Psychodrama" hilfreich sein

Aal In der Regel ist er ein Symbol für das männliche Geschlechtsorgan; zudem kann er auch für Geschmeidigkeit und Schnelle stehen.

Aas Alles Tote deutet auf einen überwundenen Lebensabschnitt, eine längst erledigte Aufgabe hin. Wird das Bild von sehr unangenehmen Gefühlen begleitet, sollten Sie prüfen, ob Sie wirklich die Vergangenheit losgelassen haben, wenn nicht, steht es an.

Abbild Wenn man im Traum sein eigenes Abbild sieht, ist das in der Regel kein gutes Vorzeichen. Eine wichtige Entscheidung steht unter einem schlechten Stern, Sie möchten es eigentlich nicht selber tun oder zumindest noch länger darüber nachdenken. Der Traum kann aber auch einfach nur etwas mit Ihrem Äußeren zu tun haben. Möchten Sie es ändern?

Abbruch Sie handeln gegen Ihre eigenen Interessen, Ihren Lebensplan. Vielleicht haben Sie Ihre Bedürfnisse und Triebe verdrängt, die sich auf diese Weise Luft machen. Wird das Bild von freudigen Gefühlen begleitet, so leben Sie nicht entsprechend Ihren Wünschen und Fähigkeiten und sollten sich auf eine grundlegende Veränderung vorbereiten.

Abend Meistens ein Symbol für den Lebensabend. Man kann die Früchte seines Lebens genießen; Probleme lösen sich auf oder verlieren an Bedeutung, Sorgen finden ein gutes Ende.

Abendrot Es ist das Zeichen, dass die Sonne versinkt und die Nacht herbeikommt. Die Zeit ist vorbei, einen Plan zu verwirklichen, vielleicht glaubt Ihr Unbewusstes, eine Hoffnung abschreiben zu müssen. Prüfen Sie genau, ob Sie wirklich noch mit ganzer Seele zu einem Vorhaben stehen.

Abendstern Die Venus als astrologischer Planet der Liebe deutet meist auf angenehme Ereignisse. Im Dunkel der Nacht strahlt ein Licht und gibt neue Hoffnung. Erlauben Sie sich romantische Gefühle, suchen Sie ein neues Ziel, das Leben hält vielleicht eine Überraschung für Sie bereit.

Abenteuer Im Leben kann sich plötzlich etwas verändern. Normalerweise deutet es auf eine Wendung zum Guten hin. Geben Sie Ihrem Leben mehr Abwechslung, prüfen Sie, wo sich Langeweile und Routine breitgemacht haben. Etwa auch in Ihrer Beziehung?

Abfall Abfall bedeutet, dass sich etwas in Ihrem Leben ändern muss. Vorsicht und Aufmerksamkeit sind aber nötig, damit man nicht über das Ziel hinausschießt. Dieses Traumsymbol kann aber auch je nach Zusammenhang bedeuten, dass Sie an einem unerwarteten Ort etwas Wertvolles finden oder eine Erfahrung machen, die sich unerwartet als positiv herausstellt.

Abführmittel Spielen im Traum Abführmittel eine Rolle, so steht der Träumende unter einem großen seelischen Druck. Schlechte Gefühle und Gedanken belasten ihn. Er möchte die Konflikte gerne lösen.

Der Bauch, genauer das Verdauungssystem und die Gedärme, haben eine starke Beziehung zum menschlichen Gefühlsleben.

Abgrund Ein Traum, in dem ein Abgrund auftaucht, gibt normalerweise einen Hinweis darauf, dass sich Schwierigkeiten und Probleme ankündigen. Stürzt man nicht in den Abgrund, so hat man gute Aussichten ohne nennenswerte Blessuren mit den Schwierigkeiten fertig zu werden. Auf jeden Fall sollte man besonders vorsichtig bei neuen Unternehmungen sein.

Abhang Sie fühlen sich den Anforderungen des Lebens nicht ganz gewachsen und haben Angst, sich eine Blöße zu geben. Ihre innere Stärke dürfte aber ausreichen, um die Schwierigkeiten zu überwinden.

Abkommen Schließt man im Traum ein Abkommen, so heißt das, es bestehen sehr gute Aussichten dafür, dass ein Streit beigelegt wird.

Ablehnung Träumt man von einer Ablehnung, so kann dies oft eine Bedeutungsverlagerung bedeuten. In diesem Falle heißt das also, dass man von anderen Menschen sehr freundlich aufgenommen wird. Unbewusst fürchtet man die Zurückweisung. Der Traum lässt einen diesen unangenehmen Fall im Voraus erleben, um ihn zu „bannen", nach dem Motto: nachdem ich das schon erlebt habe, kann es ja nur besser werden.

Abnormität Stellt man im Traum eine Abnormität an sich fest, so heißt dies, dass bestimmte Wesensarten als deformiert oder unterentwickelt angesehen werden. dem Träumenden ist dringend angeraten, sich damit intensiv auseinanderzusetzen. Achten Sie genau darauf, was im Traum an Ihnen verändert war und in welcher Form diese Veränderungen auftraten.

Abschied Verabschiedungsszenen haben allgemein eine gute Bedeutung, da jeder Abschied in der Regel die Freude auf ein Wiedersehen beinhaltet. Erstmal bedeutet Abschied aber die Trennung von Personen oder Gefühlen beziehungsweise Verhaltensweisen.

abschirren (ein Pferd oder anderes Reittier) Da das Pferd im Traum Kraft und Energie symbolisiert, weist das Abschirren darauf hin, dass diese nun freigesetzt werden. Entsprechend ist das auf die Eigenschaften anzuwenden, die andere Reittiere (→ Esel, → Kamel) symbolisieren. dem Träumenden steht all dies nun zur Verfügung, er hat sich von äußeren oder inneren Hemmungen und

Einschränkungen befreit. Nun sollte er darauf achten, dass er die neu erworbenen Energien auch sinnvoll nutzt.

Abstieg Wenn Sie mit sicherem Schritt den Berg hinabsteigen, deutet das auf neue Ideen, die Sie in Ihrem Alltagsleben verwirklichen können. Stolpern Sie aber oder fallen sogar, dann ist Ihr Leben in Unordnung geraten. Ihr Selbstbewusstsein scheint Schaden genommen zu haben. Aber keine Angst, die Probleme sind nur vorübergehend und werden von Ihnen sicher bald überwunden werden können.

Abstinenz Träume, in denen man etwas zurückweist, geben Auskunft über die Moral und die Normen, nach denen man lebt. Weist man Alkohol zurück, so deutet dies darauf hin, dass man Angst hat seine Hemmungen zu verlieren und aus der Rolle zu fallen.

Absturz Ein Absturz im Traum kann bedeuten, dass man etwas Wichtiges und Wertvolles verliert. Man ist unachtsam gewesen und muss deshalb die Konsequenzen tragen. Meist bezieht sich das auf geistige Ideen und Vorstellungen.

Abszess Ein störendes Problem muss schleunigst beseitigt (geheilt)

werden, ehe sich daraus Schlimmeres entwickelt. Wie bei vielen Traumsymbolen kann der Abszess auch eine positive, gegenteilige Bedeutung haben, so wird zum Beispiel angezeigt, dass man bald wieder gesund wird, wenn man krank ist.

Abt Das Zusammentreffen mit einem Abt im Traum kann eine zweifache Bedeutung haben. Zum einen kann sich eine Krankheit ankündigen, zum anderen kann man eine Person treffen (oder ein Buch oder Ähnliches finden), welche einem einen wichtigen, lang erwarteten Rat geben kann.

Abtei Ein Ort der Ruhe und Entspannung. Der Träumende findet den lang erwarteten Frieden. Andererseits kann eine Abtei im Traum aber auch darauf hindeuten, dass sich in ihm eine Tendenz zur Weltflucht entwickelt.

Abtreibung Träumt man von einer Abtreibung, so bezieht sich der Traum fast immer auf den Lebenspartner. In der Regel stimmt etwas mit seinen/ihren Gefühlen nicht. Vielleicht kündigt sich aber auch eine Krankheit an.

Acht Träume, in denen die Zahl Acht allein oder im Zusammenhang auftaucht, weisen auf eine glückliche Situation hin, da die Acht als eine Glückszahl gilt. Im übertragenen Sinne kann die Acht auch eine Warnung darstellen, also eher im Sinne von Achtung oder achtgeben verstanden werden.

Acker Wichtig ist der Zustand des Ackers: ist er öde, so warten Aufgaben auf Sie, die Sie längere Zeit in Anspruch nehmen werden. Ein gut bestellter Acker zeigt eine fruchtbare Phase an. Ist er verwildert, so haben Sie versäumt, sich um wichtige und grundlegende Dinge Ihres Lebens zu kümmern.

Adam Wenn in einem Traum der biblische Adam auftaucht, so ist dies in erster Linie als ein Hinweis auf den eigenen Vater zu verstehen. Da Adam sich auch verführen ließ und in den Apfel biss und als Folge hiervon zusammen mit Eva aus dem Paradies vertrieben wurde, kann Adam auch die körperlich sinnliche Seite des Träumenden symbolisieren, die im Gegensatz zum geistigen Leben (Paradies) steht.

Adler Ein Traum, in dem ein Adler in den Lüften auftaucht, ist als ein Glückstraum zu verstehen. Der Adler steht für Mut, Stolz, Würde. Er ist auch ein Symbol für schnelles, zielstrebiges Vorgehen, Freiheit und Ungebundenheit. Seit dem Alter-

Adler

tum ist der Adler auch ein Symbol der Luft und des Geistes. Einen Adler im Traum zu fangen kündigt jedoch Verluste und Sorgen an.

Admiral Der Admiral verkörpert eine Person, die den Kurs angibt und einem sagt, wo es im Meer des Lebens langgeht; er gibt Hinweise über den Kurs, der einzuschlagen ist. Der Admiral ist im Traum also eine sehr wichtige Person und sein Auftauchen ist positiv zu bewerten.

Adoption Nach landläufiger Meinung soll ein Traum, in dem eine Adoption auftaucht, Hinweis darauf geben, dass jemand in der nächsten Umgebung Probleme hat und dass der Träumende ihm helfen sollte.

Adresse Schreibt man im Traum eine Adresse oder sieht eine deutlich vor sich, ist äußerste Vorsicht angesagt, denn dies ist oft eine Warnung vor sich abzeichnenden Geldproblemen. Außerdem kann eine Adresse im Traum einen Hinweis darauf geben, dass sich ein inneres seelisches Problem seinen Weg nach außen bahnt. Es kann aber auch bedeuten, dass Sie Kontakt zu jemandem aufnehmen sollen, der auf eine Nachricht von Ihnen wartet.

Ägypten Trotz jahrhundertelanger Forschung erscheint den meisten Menschen Ägypten immer noch als ein rätselhaftes Land. Im Traum kann es die dunklen, unbekannten Kräfte des Unbewussten darstellen. Da Ägypten auch mit Magie in Verbindung gebracht wird, kann ein Traum über dieses Land auch der Hoffnung Ausdruck verleihen, dass Probleme auf übernatürlichem Weg gelöst werden sollen. Da in Ägypten der Totenkult der wichtigste Bestandteil der Religion war, kann ein Traum über dieses Land auch ein Versuch der Psyche sein, sich mit dem Problem des Todes positiv auseinanderzusetzen.

Ähren Ein Feld voll wogender Ähren zeigt, dass Sie sehr zufrieden sind mit dem, was Sie erreicht haben. In Garben gebunden weisen sie auf Geselligkeit und angenehme Treffen. Eine einzelne kann darauf hinweisen, dass neue Pläne in Ihnen reifen, und ein glücklicher Zufall mag Ihnen zu Hilfe kommen.

Affe Ein Affe, der im Traum auftaucht, kann mehrere Bedeutungen haben. Er kann für einen Menschen stehen, den man für albern, grob und unkultiviert hält. Der Affe kann auch als eine Warnung vor unvorhergesehenen Problemen gesehen werden. Wegen seiner Ähnlichkeit mit dem Menschen kann man den Affen im Traum auch als eine Vorform des Menschen ansehen. Betrachtet man den Traum unter diesem Gesichtspunkt, könnte man ihn als eine Art Aufforderung an den Träumenden verstehen, endlich ein verantwortungsbewusster Mensch zu werden.

Afrika Wenn Afrika in einem Traum auftaucht, so steht es meist für eine Art von Hilfe, die man von dieser oder jener Richtung nicht erwartet hat. Oder es symbolisiert die dunklen Teile der Seele, um die Sie sich kümmern sollten. Andererseits kann ein Traum von oder über Afrika auch anzeigen, dass sich der Träumende nach einem einfachen Leben jenseits der Zivilisation sehnt, nach Veränderung seiner derzeitigen Lebenssituation.

Agonie → Schmerz

Akademie Eine Akademie im Traum steht einerseits für systematisches Lernen und deutet auf eine Weiterentwicklung hin. Auf der anderen Seite kann sie aber auch auf Fesseln hinweisen, die den Träumenden daran hindern, sein schöpferisches Potential frei zu entfalten. Vielleicht steckt er zu sehr in einem engen Korsett von Denkgewohnheiten und Vorurteilen, das ihn jetzt behindert.

Akazie Eine Akazie im Traum ist ein Symbol der Hoffnung und des Neuanfangs. In der Mythologie der Freimaurer wächst beispielsweise auf dem Grab ihres ersten, ermordeten Großmeisters Hiram Abiff eine Akazie – ein Symbol dafür, dass die Ideen des Meisters weiterleben und seine Arbeit fortgeführt werden wird.

Akne Ein Akne übersätes Gesicht weist auf mangelndes Selbstbewusstsein und Hemmungen hin. Häufig deutet Akne im Traum auch darauf hin, dass man sich selbst ablehnt und anderen gegenüber unsicher ist.

Akrobat Treten im Traum Akrobaten auf und vollführen ihre Kunststücke, so kann dies ein Hinweis auf ein nahendes Unheil oder Unglück sein, vor allem dann, wenn das Kunststück misslingt. Man bewegt sich dann unter Umständen auf unbekanntem Gebiet. Akrobaten können aber auch den eigenen Wunsch nach Perfektion andeuten und das Gefühl der Selbstsicherheit.

Albatros (Vogel) Der Albatros ist sicherlich kein sehr häufiges Traumsymbol. Trotzdem sollte er nicht unerwähnt bleiben. Der Vogel Albatros gehört eindeutig zu den Glückssymbolen. Er kündigt eine Verbesserung der Lage an und bringt frohe Kunde. Die Deutung dieses Symbols stammt aus der Seefahrt, wo das Auftauchen des Albatros für die Seeleute ein gutes Omen bedeutete.

Alchemist Falls ein Alchemist in einem Traum auftaucht, so hat er eine herausragende Bedeutung. Er kann dem Träumenden Hinweise darauf geben, wie etwas Schlechtes (ein alchemistisches Symbol hierfür ist zum Beispiel Blei) zu etwas Gutem (symbolisiert durch Gold) werden kann. Ein geistiger Prozess wird sich wahrscheinlich hin zum Positiven wandeln.

Alkohol Alkohol ist in unserem Kulturkreis häufig in Zusammenhang mit Geselligkeit zu sehen. So wird Alkohol im Traum als Mittel zur Förderung der Geselligkeit und zur Überwindung von Hemmungen betrachtet. Alkoholkonsum im Traum kann ein Hinweis darauf sein, dass man seine Hemmungen überwinden soll und dass man sich mehr für andere Menschen öffnen soll. Vielleicht sollte man sein Dasein als Eigenbrötler überdenken. Alkohol im Traum kann aber auch meinen, dass man die Dinge zu „nüchtern" sieht. Natürlich kann ein Traum, in dem Alkohol eine Rolle spielt, auch eine Warnung vor einer eventuell bestehenden Suchtgefahr sein.

Alligator Im Traum ist der Alligator als eine Warnung vor Feinden zu verstehen, die einem nach dem Leben – hier ist im übertragenen Sinne fast immer etwas Geschäftliches gemeint – trachten. Der Alligator oder das Krokodil im Traum kann auch als Ausdruck der Angst vor dem Unbewussten angesehen werden. Der Alligator liegt meist in Ufernähe auf der Lauer nach Opfern, um sie plötzlich und ohne Vorwarnung anzugreifen. Viele Menschen haben Angst, dass die Kräfte aus dem Unbewussten sie plötzlich überfallen (fressen) und sie so in ernsthafte seelische Krisen bringen können. Deshalb ist ein Alligatortraum als eine Aufforderung zu verstehen, sich aktiver mit dem auseinanderzusetzen, was im Unbewuss-

ten verborgen ist und was man verdrängt, also nicht wissen will.

Aloe Diese bittere Pflanze mit den spitzen Blättern deutet meist auf eine Enttäuschung hin. Eine Freundschaft oder Liebesbeziehung scheint auf die Probe gestellt zu werden. Sie befürchten Kummer oder gar eine Trennung.

Altar Ein Traum, in dem ein Altar eine Rolle spielt, hat nicht unbedingt eine direkte religiöse Bedeutung. Der Altar symbolisiert aber stets eine Opfersituation. Man opfert zum Beispiel eigene Wünsche und Bedürfnisse, um etwas Höheres und Edleres zu erlangen, innere Reife oder mehr Verantwortungsbewusstsein. Das Opfer hat also eine eindeutig positive Bedeutung. Ein Altartraum kann auch andeuten, dass man etwas Persönliches zum Wohle der Allgemeinheit opfern muss.

Alter Mann, alte Frau Wenn im Traum Alter und alte Menschen auftauchen, so ist dies zuerst einmal positiv zu verstehen, denn beides steht für Lebenserfahrung und Weisheit. Eine alte Frau ist oft ein Archetyp (→ Jung) für die Erdmutter und die schöpferische Kraft der Natur. Der alte Mann verkörpert oft die reine Kraft des Geistes, die sich über

Jahrhunderte bei den Menschen ausgebildet hat. Der Träumende ist also dieser Kraft sehr nahe. Die alten Menschen im Traum können auch Eigenschaften des Träumenden darstellen oder seine Angst vor einer schlimmen Krankheit, wenn man im Traum Angst vor dem Alter hat.

Amboss Der Amboss symbolisiert, dass Sie viel harte und schwere Arbeit in die Verwirklichung Ihrer Pläne investieren müssen. Sie müssen eben etwas tun, dann werden Sie Glück haben. Jeder ist seines Glückes Schmied. Selbstmitleid ist

fehl am Platze, auch wenn Sie damit Ihre Schuldgefühle ausgleichen wollen.

Ambulanz Der Träumende „schreit" nach Hilfe. Er möchte, dass seine Pläne schleunigst in die Tat umgesetzt werden. Darin liegt aber auch eine Gefahr. Durch Hast und Ungeduld kann er sich alle Wege verbauen.

Ameise Die Ameisen symbolisieren starke Geschäftigkeit und Umtriebigkeit. Traumdeuter, die nach der Methode von C. G. Jung vorge-

Amsel

hen, vertreten gelegentlich die Auffassung, dass Ameisenträume auf Störungen des vegetativen Nervensystems hinweisen.

Amerika Da Amerika immer noch bei vielen als das Land der unbegrenzten Möglichkeiten in jeder Hinsicht gilt, steht es für Wagemut, Fortschritt und finanzielle Erfolge. Entweder bedeutet der Traum, dass man mit Mut und Ausdauer ans Ziel gelangt oder er gibt einen Hinweis darauf, dass der Träumende ein zu ausgeprägtes Bedürfnis nach Geld, Erfolg und anderen materiellen Werten hat.

Amsel Nach altüberlieferter Deutung steht die Amsel im Traum als Zeichen eines freudigen Ereignisses. Unter Umständen verkündet die Amsel aber auch eine schlechte Nachricht. Manche halten die Amsel auch für ein archetypisches Symbol des Todes. (→ Jung)

Amulett Der Träumende muss wahrscheinlich bald eine Entscheidung von großer Tragweite treffen. Das Amulett weist aber darauf hin, dass die richtige Wahl sicher getroffen werden wird, denn es wehrt üble Einflüsse ab.

Amputation Im Traum ein Körperteil zu verlieren ist ein deutliches

Signal, das Sie warnen soll. Sie werden ernsthaft behindert, Ihre Ziele zu verfolgen. Irgend etwas schränkt Ihre Handlungsfreiheit ein, vor allem, wenn Sie eine Hand verloren haben. Fehlt Ihnen ein Bein, dann haben Sie Ihren Standpunkt verloren und sind sich nicht mehr sicher, ob Sie Ihre Ziele weiter verfolgen sollten.

Ananas Man wird bei seinen Unternehmungen etc. Erfolg haben, der einem dann dabei hilft, das Leben von der angenehmen Seite zu sehen, und es zu genießen. Eine süße Ananas bedeutet auch sexuellen Genuss.

Anarchie Wenn Sie von Anarchie träumen, befinden Sie sich vielleicht auf dem Weg zu einer neuen Lebenseinstellung. Im Moment erscheint noch alles chaotisch, aber bald wird sich aus dem Chaos eine neue Ordnung ergeben. Andere, eher negative Deutungen lauten so: Bei diesem Traumsymbol ist höchste Vorsicht geboten. Jemand will Sie zu einer geschäftlichen Transaktion überreden, die auf sehr wackeligen Füßen steht. Vorsicht auch bei Glücksspielen.

Anfall Hat man im Traum einen Anfall (zum Beispiel einen epileptischen), so lässt sich dies als ein Anzeichen dafür deuten, dass der Träumende seine Sexualität unterdrückt (Orgasmusangst). Statt des Fließens des Orgasmus und der Entspannung und Loslösung findet eine Art krampfartiger Anfall statt. Der Träumende sollte lernen loszulassen, in jeder Situation. Der Anfall im Traum kann auch auf ein bestehendes gesundheitliches Problem hinweisen. Wenn Sie dieser Meinung sind, sollten Sie bald einen Arzt aufsuchen.

Angel Eine Angel im Traum besagt, dass etwas, was man sich vorgenommen hat, schiefgehen wird. Andere Deutungen sehen in der Angel ein Instrument, um seelisches Gleichgewicht zu erlangen und seine Wünsche zu erfüllen.

Angriff Dies kann ein Hinweis darauf sein, dass die Aggressivität unterdrückt wird. Der Träumende sollte lernen, seine Aggressivität in produktive Bahnen zu lenken. Auf jeden Fall sollte der Träumende sich im Wachzustand fest vornehmen, sich zu wehren, wenn er persönlich angegriffen wird.

Angst Spürt man im Traum Angst, so deutet dies an, dass man einer Situation nicht gewachsen ist. Es kann Angst vor bestimmten Dingen sein, die eine Entsprechung im Wachsein

haben (Arztbesuch, Prüfung) oder es sind tiefsitzende Ängste. Die Rahmenhandlung des Traumes kann Aufschluss darüber geben, wovor man Angst hat. Es ist wichtig, sich im Traum der Angst zu stellen und nicht vor ihr davonzulaufen. Daraus kann man lernen, was die Ursache der Angst ist. Tauchen im Traum häufig Ängste auf, so sollte man einen Psychotherapeuten aufsuchen!

Anker Ein Anker kann bedeuten, dass man irgendwo festgehalten wird, vor allem, wenn er sich im Traum nicht lösen lässt. Es sind entweder überkommene Normen und Vorstellungen oder Beziehungen zu anderen Menschen, die nicht als übermäßig glücklich angesehen werden und aus denen man meint gar nicht oder sehr schwer herauszukommen.

Anklage Wenn Sie jemanden anklagen, sind Sie unentschlossen und wissen nicht recht, wie Sie sich entscheiden sollen. Sie müssen sich Ihren Zwiespalt offen eingestehen. Werden Sie angeklagt, haben Sie Angst, etwas unwissentlich falsch gemacht zu haben. Stehen Sie zu Ihrer Unsicherheit und reden Sie darüber. Natürlich kann dieses Motiv auch einen Streit mit einem Bekannten oder Berufskollegen widerspiegeln.

Anruf Ein Mensch Ihrer Umgebung scheint Ihren Rat oder Ihre Aufmerksamkeit zu brauchen. Anscheinend haben Sie sich etwas zu sehr zurückgezogen. Sie sollten mehr auf Ihre Freunde eingehen. Vielleicht meldet sich aber auch irgendeine Seite in Ihnen, die Sie längere Zeit vernachlässigt, ein Wunsch, den Sie unterdrückt haben. Denken Sie über andere Bilder in diesem Traum nach, um sich Gewissheit zu verschaffen.

Ansprache Halten Sie im Traum eine Ansprache, so kann das bedeuten, dass es Ihnen im wirklichen Leben an echten Ansprechpartnern fehlt. Der Träumende verfügt über ein großes Mitteilungsbedürfnis, das er im Wachzustand nicht stillen kann. Gemeint kann auch das Gegenteil sein: sich mehr mitzuteilen.

anspucken Wird ein Freund oder Bekannter in Ihrem Traum angespuckt, dann scheint Ihre Beziehung von Missgunst und Feindschaft bestimmt zu sein. Ist es jedoch ein Fremder, den Sie anspucken, kann das bedeuten, dass Sie die Achtung vor sich selbst verloren haben.

Ansteckung Steckt man sich im Traum an, so befürchtet man oft, dass man in zu engen Kontakt mit anderen Menschen tritt. Auf diese Weise könnte man von ihnen abhängig und damit durch sie „infiziert" werden. Übertragen gesehen kann der Traum bedeuten, dass Sie sich von anderen zu stark beeinflusst fühlen, ob nun positiv oder negativ hängt davon ab, wie Sie sich bei diesem Traum gefühlt haben.

Anstrich Der Anstrich symbolisiert den äußeren dünnen Firnis oder die Maske, hinter der sich der Träumende verbirgt. (Sie kennen sicher die Redensart: Der Lack ist ab.) Unser wahres Wesen liegt dicht unter der Oberfläche, die wir unseren Mitmenschen präsentieren. Unter ihr versuchen wir unsere tieferen Gefühle, Neigungen und Wünsche zu verbergen. Achten Sie auf den Zustand der Farbe. Blättert sie ab, dann fürchten Sie, sich eine Blöße zu geben. Ist sie frisch, dann ist es Ihnen noch einmal gelungen, Ihr Image aufrechtzuerhalten.

Antrag Erhält man im Traum einen Antrag, so ist Umsicht geboten, denn allem Anschein nach hat jemand vor, den Träumenden für eine bestimmte Sache zu begeistern, die er eigentlich nicht will. Stellt man selbst den Antrag, will man Kontaktaufnahme.

Apfel Der Apfel ist ein Archetyp (→ Jung), der gemeinhin Liebe und

Verführung symbolisiert. Aus dem Zusammenhang der jüdischen beziehungsweise christlichen Religion kann der Apfel bedeuten, dass der Träumende leicht verführbar ist. Somit hat ein Traum von Äpfeln auch sexuelle Bedeutung.

Apotheke Mit Krankheit hat das Bild im Allgemeinen nichts zu tun. Vermutlich droht aber Geldverlust. Ihre Pläne waren schlecht durchdacht, weil Sie sich selbst gegenüber nicht ganz ehrlich waren.

Appetit Entwickelt man im Traum Appetit, so ist dies als ein Hinweis auf eine innere Leere zu verstehen, die unbedingt gefüllt werden will. Welche Art der „Füllung" gebraucht wird, ob sexuell, geistig, seelisch oder religiös, sollte der Träumende sich selbst fragen, wenn der Traum darüber keine Auskunft gibt.

Applaus Wird einem im Traum applaudiert, so kann dies heißen, dass man im wirklichen Leben die nötige Anerkennung vermisst oder gerade in einer Phase der Unzufriedenheit steckt. Manche Traumdeuter halten Applaus auch für ein Anzeichen heraufdämmernden Ärgers.

Araber Tauchen im Traum verstärkt Araber oder andere Orientalen auf, so kann dies symbolisieren, dass man mit seinem Liebesleben unzufrieden ist und abwechslungsreicher gestalten will.

Arche Sie kann andeuten, dass man sich im wirklichen Leben heimat- und schutzlos fühlt und einen Ort der Geborgenheit und Sicherheit sucht. Nach C. G. Jung steht die Arche für den mütterlichen Schoß.

Arena Die Arena ist ein Ort der Auseinandersetzung, im Traum vor allem der Auseinandersetzung mit den Kräften der Seele und des Unbewussten. Dem Träumenden wird ein fester Rahmen geboten, in dem dies stattfinden kann. Die Parole lautet kämpfen und nicht ausweichen, sich den Kräften stellen, auch wenn sie im Anfang vielleicht Angst machen. Erfolg ist sicher. Wichtig ist stets der Zusammenhang, in dem die Arena auftaucht.

Arm Der Arm steht für Aktivitäten, er symbolisiert die Fähigkeiten des Schaffens und des Zerstörens. Auf den Einklang zwischen beidem soll geachtet werden. Träume vom Verlust eines oder beider Arme, weisen auf eine Behinderung der Fähigkeit zur Lösung von Problemen hin. Im Volksglauben soll dies auch Krankheit oder Tod eines Familienangehörigen bedeuten.

Armband Im Allgemeinen zeigt Schmuck Freude und Harmonie an. Tragen Sie das Armband im Traum am Handgelenk, kann das auf Unzufriedenheit hinweisen, vor allem wenn er aus Gold ist. Sie fühlen sich unfrei und gebunden. Verzierungen oder Bilder können aber eine andere Deutung nötig machen.

Armbanduhr Überwiegt im Traum der Eindruck des Teuren und Edlen, so sind Sie unzufrieden mit Ihrem Leben. Sie haben das Gefühl, Ihre Zeit gut genutzt zu haben. Stand hingegen die Bewegung der Zeiger im Vordergrund, so deutet das auf Versäumnisse. Vielleicht denken Sie zuwenig über Ihr Leben nach und darüber, was eigentlich Ihr innerstes Streben ist.

Armut Armut im Traum bezieht sich fast immer auf den Geist oder die Seele. Der Träumende beschäftigt sich zu viel mit Unwichtigem und Sinnlosem. Seinen Gedanken fehlt es an Vielfalt und Reichtum; gelegentlich ist er auch äußerst unsicher in seinem Verhalten. Menschliche Qualitäten wie Anteilnahme und Mitgefühl sind beim Träumenden eventuell unterentwickelt.

Arzt Da Ärzte in unserer Gesellschaft hoch angesehen sind, sind sie im Traum immer von positiver Bedeutung. Der Arzt ist ein verständnisvoller und unter Umständen auch weiser Ratgeber. Zudem symbolisiert er die Person, die den Körper und die Seele heilt, manchmal verkörpert er auch einen weisen Vater. Körperlich betrachtet kann ein Arzttraum auch bedeuten, dass Sie eine Krankheit ausbrüten.

As Wenn man im Traum die Spielkarte As sieht, so ist dies ein Hinweis auf eine Wendung hin zu einer Entscheidung. Etwas sehr Wichtiges kündigt sich an. Bei dieser Entscheidung hat der Träumende aber die besseren Karten.

Asche Asche ist Symbol des Vergänglichen, Rückstand von etwas, das einmal loderte (ein Gefühl, Interesse usw.). Träume, Pläne, Ideen usw. werden sich zerschlagen, zum Teil dadurch, dass man bei der Vorbereitung nicht sorgfältig genug vorgegangen ist. Im Positiven kann Asche aber auch bedeuten, dass man persönlich reifer aus ihr emporsteigt.

Asket Die Bedürfnisse des Körpers werden unterdrückt. Die materielle Welt beginnt für den Träumenden an Bedeutung zu verlieren. Der Traum kann eine Warnung sein und gleichzeitig empfehlen, mehr auf das Unbewusste zu hören.

Astern Diese Blume wird gern den Toten zum Grab gebracht. Sie haben (unbewusst) Angst um Ihre Gesundheit oder die von Freunden. Vielleicht haben Sie Anzeichen von Störungen wahrgenommen, ohne dass es Ihnen klar wurde. Seien Sie in dieser Beziehung etwas aufmerksamer in der nächsten Zeit.

Asthma Die Lebensumstände zwängen den Träumenden ein und nehmen ihm im wahrsten Sinne des Wortes die lebensnotwendige Luft. Ein deutlicher Hinweis darauf, dass es dringend notwendig ist, sein Leben zu überprüfen und gegebenenfalls zu ändern. Kann aber auch der Hinweis auf eine tatsächliche asthmatische Erkrankung sein.

Astrologe Der Träumende sucht einen Menschen, der ihm den Weg aus seinen verworrenen Lebensumständen zeigt. Statt sich intensiv mit sich selber und seinen Problemen auseinanderzusetzen, sucht er einen Ratgeber, der ihm diese Arbeit abnimmt. Erst wenn man bereit ist, sich selbst zu bemühen und die Verantwortung dafür zu übernehmen, dann kann ein verantwortungsbewusster Astrologe helfen, sich besser kennenzulernen.

Auferstehung Nach einer Zeit großer Schwierigkeiten können Sie nun aufatmen. Die Hindernisse sind überwunden und es geht sicher wieder aufwärts. Vielleicht bezieht sich der Traum auch auf einen nahen Freund oder Verwandten.

aufhängen Dabei zuzusehen soll nach alter Deutung Unglück bedeuten. Geschieht es aber einem selbst, soll es Glück und öffentliche Ehrungen bringen. Wird ein Bild aufgehängt, so sucht man eine neue Leitlinie für sein Leben. Natürlich ist es von größter Bedeutung, was auf dem Bild dargestellt wird. Das Aufhängen von Wäsche kann Mühsal und Plage anzeigen. Im Traum wird eine heile und reine Welt gesucht, die es doch nicht gibt.

Aufregung Sind Sie im Traum übermäßig aufgeregt, so kann das bedeuten, dass die Aussichten für die Verwirklichung Ihrer Pläne sehr gut stehen.

Aufruhr Ihr Leben ist in Unordnung geraten. Haben Sie revoltiert oder sind andere an der Unruhe schuld? Gehen Sie im luziden Traum (siehe Seite 25) auf die feindlichen Kräfte zu und suchen Sie Verständigung. Es ist wichtig festzustellen, mit was oder mit wem Sie sich im Widerspruch befinden.

aufspießen Wenn der Träumende in seinem Traum aufgespießt wird, so hat dies eindeutig eine sexuelle Natur. Bei Männern kann sich so die Angst vor Homosexualität zeigen, bei Frauen die Angst vor dem Geschlechtsakt.

Auge In traditionellen Deutungen stehen Augen für die Seele, sie sind der Spiegel der Seele. Auge im Traum weist also – je nach Traumzusammenhang – auf einen bestimmten Seelenzustand hin. Sind die Augen etwa in ihrer Funktion beeinträchtigt, kann das bedeuten, dass Sie ein Problem nicht „sehen". Da das Auge ja eigentlich ein Symbol der Wahrnehmung ist, lässt es sich auch als Neugierde und Wissensdurst deuten.

Augenarzt Dies steht dafür, dass dem Träumenden von jemandem oder etwas die Augen geöffnet werden sollen, da sein Standpunkt zu ungenau (unscharf) ist.

Ausbruch → Eruption

ausgraben Ein verdrängtes oder unterdrücktes Gefühl sucht seinen Weg in das Bewusstsein, teils weil der Träumende unbewusst oder auch bewusst dabei hilft.

Aussatz Hat man im Traum mit Aussätzigen zu tun, so leidet man zumeist unter dem Gefühl, von seiner Umwelt nicht geliebt zu werden. Dies kann sich aber auch auf innere Vorgänge beziehen. Körper und Geist befinden sich nicht im Einklang. Der Geist herrscht vor und verachtet den Körper, den er als abstoßend, befleckt und schmutzig empfindet. Alte Traumbücher lassen diese Deutung aber nur gelten, wenn man die Krankheit an anderen sieht. Hat man selbst Aussatz, so zieht man damit alle Blicke auf sich. Für Arme bedeutet dies, dass man zu Ansehen und Ehren kommt. Reichen verspricht es hohe politische Ämter, in denen sie vom Volk gesehen werden.

Ausschlag Nach alten Quellen sagt er größere Geldgewinne voraus. Eigentlich ist die Haut aber das Organ, mit der wir die Welt erspüren. So deutet das Motiv eher darauf hin, dass Sie sich Ihrer Rolle oder Ihres Benehmens nicht ganz sicher sind, vielleicht Minderwertigkeitsgefühle haben. Es scheint nicht zu stimmen im Umgang mit Ihren Mitmenschen. Denken Sie darüber nach, ehe das Problem größer wird. Oft werden solche Traumbilder auch von wirklichen Hauterkrankungen verursacht und haben dann keine tiefere Bedeutung.

Auster Die Auster ist das klassische Symbol für Verschlossenheit und Verschwiegenheit, deswegen versteht sich diese Deutung fast von selbst. Da sich in der Auster auch oft eine Perle findet, illustriert die Traumauster auch die Redeweise „rauhe Schale, weicher Kern". Da die Auster auch als ein Mittel zur Steigerung der männlichen Potenz gilt, steht sie also auch mit dem Bereich der Sexualität in Verbindung. Als ein Archetypus lässt sich die Auster auch als ein Symbol für das weibliche Geschlechtsorgan deuten, die verschlossene Auster als Zeichen der Jungfräulichkeit.

Auto Das Auto ist sicher ein sehr vielschichtiges Traumsymbol. Es steht zum Beispiel für Freiheit, Beweglichkeit, Unabhängigkeit, aber auch für ein Statussymbol und Luxus. Die Fähigkeit das Auto im Traum zu steuern, steht dafür, dass man sein Leben in die eigenen Hände nehmen will, dass der Träumende die Richtung, in der es sich entwickelt, selbst bestimmt. Der Wunsch nach Veränderung in jeder nur möglichen Hinsicht kann auch durch das „Traumauto" dargestellt werden. Je nach dem Traumzusammenhang kann das Auto aber auch bedeuten, dass der Träumende vor Problemen oder Ähnlichem flieht.

Axt Sie kann ein Instrument der Macht und Gewalt, der Aggressivität, der Triebe darstellen. Dann

Auto

können drastische und grundsätzliche Entscheidungen anstehen. Wichtig ist dabei, welche Arbeiten Sie mit der Axt ausführen. Steht im Traum aber mehr die Form der Axt im Vordergrund, müssen Sie nach-

denken, woran Sie diese erinnert. Das Leben könnte in dieser Zeit tiefere Einsichten für Sie bereithalten. Besteht die Axt aus zwei halbmondförmigen Klingen, so bedeutet dies eine innige Liebesbeziehung.

Baby Oft symbolisiert ein Baby den Wunsch nach einem solchen. Ein Baby im Traum kann auch für den Beginn von etwas Neuem stehen. Es kann aber auch sein, dass sich der Träumende unsicher und verlassen fühlt. Dann kann dieser Traum signalisieren, dass er Sicherheit und Geborgenheit sucht.

Bacchus Er ist der römische Gott des Weines und der kreativen Kräfte der Natur. Sollte er im Traum auftauchen, so verheißt er eine Zeit, in der Vergnügungen ein große Rolle spielen werden.

Bach Da Wasser generell mit Gefühlen in Verbindung steht, kann ein Bach darauf hindeuten, dass sich ein anfänglich kleines Gefühl zu einem großen entwickeln kann. Entscheidend ist auch die Beschaffenheit des Wassers: klares Wasser verheißt Gutes, trübes Wasser eher Unerfreuliches. Unruhiges Wasser warnt vor neuen Vorhaben. Sie könnten schiefgehen.

Bäcker Der Bäcker symbolisiert eine Person, die über die Fähigkeit der Umwandlung verfügt. Er schafft lebensnotwendige Dinge aus quasi toter Materie. Der Bäcker im Traum steht also für einen Ratgeber oder neue schöpferische Impulse. Aus einer alten, verfahrenen (toten) Situation entsteht etwas Wichtiges und Neues.

Backofen Der Backofen im Traum ist gleichzusetzen mit Veränderung und der Möglichkeit, dass etwas Altes zu Neuem verschmolzen wird.

Bad Nimmt man im Traum ein Bad, so ist dies in der Regel ein rituelles Bad, das heißt man reinigt nicht den Körper, sondern den Geist. Das Üble, Schlechte und Hinderliche wird abgewaschen. Häufig tauchen Träume über das Baden in Zeiten geistigen Umbruchs auf.

Bär Im europäischen Kulturkreis wird der Bär meist mit den weiblichen Kräften der Natur in Verbindung gebracht. Durch seine braune Farbe signalisiert er engen Kontakt mit der Erdmutter. Bei den Germanen war die Bärin zum Beispiel auch die Königin der Wälder. So steht der Bär im Traum etwa für eine alles dominierende Mutter. Oft ist der Bär im Märchen ein verwunschener Prinz, der auf Erlösung wartet. Akzeptiert der Träumende die dunkle, weibliche Seite der Sexualität, der Teil, der ihm Angst macht, so kann er zu einem befriedigenderen Sexualleben kommen. Deshalb sind Bärenträume für Männer bedeutender als für Frauen. Bei Frauen liefert

ein solcher Traum oft einen Hinweis darauf, ihre Sexualität voll auszuloten, damit diese nicht zu fremdbestimmt ist. Das Symbol des Bären ist somit auch ein Archetyp. (→ Jung)

Bagger Sie räumen gründlich auf, aber Sie haben die Sache im Griff. Graben Sie ein Fundament, so richten Sie gerade Ihr Leben neu ein. Reißen Sie ein Haus ab, dann müssen Sie sich noch von altem Ballast befreien, vor allem von alten Ideen und Anschauungen.

Bahnhof Ganz offensichtlich erwartet Sie etwas Neues, eine Verän-

Bär

derung Ihrer Lebenssituation. Die Situationen, in denen Sie sich befinden, sind ausschlaggebend.

Bahre Nach alter Deutung soll es finanzielle Veränderungen, vor allem Erbschaften, vorhersagen, wenn man von einer Tragbahre träumt. Tragen Sie die Bahre? Vielleicht sorgt Sie eine zu große Verantwortung. Oder Sie sollten Ihren Freunden helfen. Liegen Sie jedoch auf ihr, so fühlen Sie sich geborgen und sicher, wenn der Traumzusammenhang nichts anderes nahelegt.

Balken Schleppt man im Traum einen schweren Balken, so belasten den Träumenden schwere Probleme.

Balkon Er steht oft für Erotik, vor allem die weibliche Brust. Verdrängen Sie Ihre Sexualität? Andererseits steht er auch für Ihren Kontakt mit Berufskollegen und Bekannten. Stehen Sie auf dem Balkon? Wie fühlen Sie sich dort? Halten Sie Ausschau nach neuen Bekanntschaften? Oder wollen Sie sich einfach nur zeigen?

Ball (Kugel) Der Ball ist ein Symbol für Ganzheit. Innen- und Außenwelt befinden sich im Augenblick in harmonischer Ausgeglichenheit. Eine wichtige Zeit steht an, die es zu nutzen gilt. Mit dem

Ball spielen deutet auf eine günstige Wendung hin; wird man dagegen von einem Ball getroffen, könnte das ein Hinweis auf bevorstehende Schicksalsschläge sein.

Ball (Tanz) Im Augenblick stehen die Chancen für eine gute und harmonische Kommunikation mit anderen Menschen gut. Vielleicht erfahren Sie sogar bald wichtige Neuigkeiten.

Ballast Schleppt man im Traum Ballast mit sich herum, belastet man sich mit unnötigen Problemen oder hat falsche Freunde.

Ballett Wenn man im Traum eine Ballettvorführung sieht, so deutet das an, dass es sicherlich von großem Vorteil sein kann, in Situationen, die in nächster Zeit anstehen, seinen spontanen Gefühlen freien Lauf zu lassen.

Ballon Ein Ballon, der im Traum zu sehen ist, weist auf den schönen, aber leeren Schein der Dinge hin. Sie schweben vielleicht über der Realität mit Ihren Plänen oder verschaffen sich mit dem durch die Lüfte gleitenden Ballon einen guten Überblick. Platzt der Ballon, macht sich aufgestauter Ärger frei.

Banane Ein geradezu klassisches Symbol für männliche Sexualität; der Verzehr einer Banane kann beim Mann die Angst vor Impotenz symbolisieren.

Bandit Der Bandit (und zwar der im klassischen Sinne und nicht der moderne Gangster) taucht im Traum oft als Symbol für jugendliche, ungestüme männliche Sexualität auf.

Band Der Träumende hat sich in jemanden verliebt und möchte mit ihm/ihr eine Beziehung eingehen. Es kann aber auch sein, dass er sich in seiner Bewegungsfähigkeit eingeengt fühlt.

Bank (Geldinstitut) Banken stehen im Traum in erster Linie für Macht und Einfluss. Im übertragenen Sinne kann der Traum von einer Bank aber auch darauf hinweisen, dass man nur schwer den Zugang zu bestimmten Gefühlsregionen erlangt, da diese sicher unter Verschluss gehalten werden.

Bank (Sitzgelegenheit) Steht für Ruhe, Beschaulichkeit, Erholung beziehungsweise den Wunsch danach. Allein auf einer Bank sitzen zeigt vielleicht den Wunsch nach einer neuen Beziehung.

Bankett In der Regel ist der Traum von einem Bankett ein gutes Zeichen und deutet ein glückliches und harmonisches Zusammensein mit Freunden und Bekannten an. Andererseits kann ein Bankett aber auch die Bedeutung haben, dass man mit seiner Umwelt zu steif Umgang pflegt, hierbei also Spontaneität fehlt.

Banknoten Sie sollten vorsichtig mit Ihrem Geld umgehen. Geben Sie nicht so viel aus, es könnte Schwierigkeiten geben. Ihnen drohen Verluste, die sowohl seelischer wie geistiger Art sein können. Achten Sie daher auf den Traumzusammenhang.

Banner Banner waren die Abzeichen der Ritter. Anscheinend haben Sie ein großes Selbstbewusstsein und sind sich Ihrer Sache sehr sicher. Sie sind bereit zu kämpfen. Ist es aber das Banner von jemand anderem, so fühlen Sie sich von seiner Macht bedroht. Vielleicht steht Ihnen aber nur jemand in schwieriger Lage zur Seite.

Bar Besucht man im Traum eine Bar, so kann dies auf einen Mangel an Vergnügungen im wirklichen Leben hinweisen. Zudem wird die Unterhaltung eher außerhalb der Familie und der eigenen vier Wände gesucht.

barfuß Geht man im Traum barfuß, so sucht man vielleicht wieder den Kontakt zur Erde, zum Ursprünglichen. Auch kann man dies als einen Hinweis darauf verstehen, dass man seine Instinkte nicht vernachlässigen sollte, denn je nach Umstand können sie dem Träumenden nützliche Hinweise liefern.

Barometer Sieht man im Traum ein Barometer, so ist dies eine Warnung vor der eigenen Wankelmütigkeit. Außerdem kann es ein Hinweis darauf sein, dass man innerlich unter Druck steht.

Bart Er steht für Überlegenheit und Unabhängigkeit, bei Männern für Kraft und Potenz. Er verleiht Würde und Autorität. Wird er abgeschnitten, so fühlt man sich nicht anerkannt und missachtet, fürchtet Kräfteverlust und Impotenz. Ein bärtiger Mann, der im Traum erscheint, verheißt kommendes Glück.

Bastard Der Bastard steht für jene Seite der Seele des Träumenden, die sich nicht an gesellschaftliche Normen und Regeln gebunden fühlt. Der Träumende steht zwischen beiden – der Welt der gesellschaftlichen Regeln und der der Anarchie. Wie verhält sich der Bastard? Wenn er im Traum eine aktive Rolle spielt, dann ist der Träumende nicht mehr

bereit, sich bedingungslos anzupassen. Ist er passiv, dann fühlt sich der Träumende gut aufgehoben in seinem normalen Leben.

bauen Sie müssen darauf achten, was Sie bauen und wie Sie dabei vorgehen. Auf jeden Fall sind Sie mit der Lösung eines kleineren oder größeren Problems beschäftigt. Der Bau eines Hauses betrifft Ihr ganzes Leben. Gehen Sie umsichtig an die Aufgabe heran? Haben Sie im Traum den Überblick oder fühlen Sie sich überfordert? Ihre Antwort sagt Ihnen einiges über Ihr Alltagsleben. Bricht ein Bau zusammen, kann das Misserfolge bei bestimmten Vorhaben bedeuten.

Bauer Ein Bauer, der im Traum auftritt, besagt, dass das, was der Träumende plant, wahrscheinlich von Erfolg gekrönt sein wird, da er alles durchdacht hat und es auf einer soliden Basis steht. Der Bauer steht auch für die Naturseite des Träumenden. Für einen Stadtbewohner verkörpert der Bauer im Traum auch die Sehnsucht nach dem einfachen Leben auf dem Land oder wenigstens nach dem, was er dafür hält. Der Träumende wird der Zivilisation überdrüssig.

Baum Der Baum im Traum ist ein weitverbreitetes Symbol für die

Baum

Kraft und Energie der Natur. Im Traum kann das innere Wachsen des Träumenden gemeint sein. Der Baum ist auch ein Archetyp für das Leben (Lebens-/Stammbaum), entsprechend symbolisiert sein Zustand den Ihres Lebens. Der Träumende soll vielleicht durch diesen Traum daran erinnert werden, dass er sich mehr um die Natur kümmern, sie mehr achten soll. Der Zustand des Baumes ist weiterhin entscheidend für die Trauminformation. Wer im Traum zum Beispiel einen Baum fällt, den kann Unglück erwarten.

Bedienung Wenn Sie im Traum bedient werden, erwarten Sie wohl bald eine Verbesserung Ihrer Lage. Bedienen hingegen Sie, so müssen Sie wohl eine Weile hinter den Wünschen anderer zurückstehen.

Begräbnis Oft hängt der Traum von einem Begräbnis mit dem meist unbewussten Wunsch zusammen, eine bestimmte Person solle sterben. Es kann aber auch sein, dass symbolisch etwas zu Grabe getragen wird, zum Beispiel ein Wunsch, eine Idee oder ein Plan. Das Begräbnis ist dann eher so etwas wie eine Durchgangsphase auf dem Weg zu einem neuen Leben.

Behörde In irgendeiner Sache sind Sie hilflos und den Umständen ausgeliefert. Ganz gleich, ob Sie im Recht sind oder nicht, Ihre Pläne lassen sich nur sehr schwer durchsetzen.

Beifall Klatschen Sie Beifall, so scheinen Sie ehrlich von etwas begeistert zu sein. Dann winken Ihnen schöne Stunden. Empfangen Sie jedoch Beifall, so ist Vorsicht geboten. Wünschen Sie mehr Anerkennung, dann sind Sie empfänglich für falsche Schmeicheleien.

Beil Alte Traumbücher sagen, dass ein liegendes Beil dem Träumenden Anerkennung bringt. Andererseits kann es auch bedeuten, dass alte Hoffnungen besser aufgegeben werden sollten. Das Beil in der eigenen Hand zu halten sollte hingegen zur Vorsicht mahnen. Es droht Misserfolg. (→ Axt)

Bein Die Beine dienen der Fortbewegung und verschaffen uns einen sicheren Stand auf dem Boden. Beine im Traum können darauf hinweisen, dass für den Träumenden die Gefahr besteht sich in seinen Fantasien zu verlieren, den Boden unter den Füßen zu verlieren. Da uns die Beine auch einen sicheren Stand und Halt bieten, können sie auch ein Hinweis auf die Familie sein, mit der es unter Umständen zu Problemen kommen kann. (→ Fuß)

Bekenntnis Legt man im Traum ein Bekenntnis ab, ist dies ein Zeichen dafür, dass man mit sich selbst uneins ist. Man hat eigene Fehler eingesehen und möchte nun möglichst schnell mit sich ins Reine kommen. Möglicherweise sperrt man sich noch etwas gegen das Bekenntnis.

Beleidigung Wird jemand im Traum beleidigt, so kann dies auf einen Streit mit einem Freund oder Ähnlichem hindeuten, der sich abzeichnet. Bei einem solchen Traum ist Vorsicht im Umgang mit Mitmenschen geboten, grundsätzlich aber auch die Beziehung wichtig, in der die Menschen im Traum zueinander stehen. Massive Beleidigung bedeutet Aggressivität.

Benzin Benzin ist eine hochexplosive und extrem feuergefährliche Flüssigkeit. Ein Traum, in dem Benzin eine Rolle spielt, kann ein Hinweis darauf sein, dass die Gefühle des Träumenden so unterdrückt wurden, dass sie kurz vor der Explosion stehen, ein kleiner Funke genügt.

Ein solcher Traum ist eine Aufforderung, mit seinen Gefühlen ins Reine zu kommen.

Berg Ein Berg in einem Traum weist zuerst einmal auf ein Hindernis im Leben des Träumenden hin, das er überwinden muss. Befindet er sich im Traum auf dem Gipfel des Berges, so wird er in absehbarer Zeit in der Lage sein, seine Situation zu überblicken. Da Berge in vielen Religionen (zum Beispiel Judentum, Christentum, Hinduismus) eine große, wenn nicht zentrale Rolle spielen, kann ein „Traumberg" auch bedeuten, dass den Träumenden eine tiefe religiöse oder philosophische Erkenntnis erwartet.

Bergwerk Bergwerk symbolisiert die seelische Verfassung. Ein Bergwerk im Traum zeigt an, dass man schon begonnen hat sich mit den Inhalten seines Unbewussten auseinanderzusetzen, nur muss die Ar-

Berg

beit mit Fleiß und Energie fortgesetzt werden, damit das „Gold" gefunden werden kann. Je nach Gefühl im Traum und Zustand des Bergwerkes sind seelische Ausgeglichenheit oder Selbstversunkenheit beziehungsweise Verstörtheit gemeint.

Berühmtheiten Träumen Sie von Stars, kann das darauf hindeuten, dass Sie mit Ihrem Leben unzufrieden sind. Vielleicht fühlen Sie sich übergangen und missachtet und glauben, Sie hätten im Leben mehr verdient. Das Gleiche gilt, wenn Sie träumen, selbst ein Star zu sein. Wachen Sie gelegentlich auf.

Beruhigungsmittel Der Konsum von Beruhigungsmitteln im Traum hat eigentlich die gleiche Bedeutung wie im Wachzustand. Ein Fortlaufen vor Problemen, ein scheinbares Sich-in-Sicherheit-Wiegen, Verdrängung.

Beschneidung Wenn Männer von der Beschneidung träumen, ist dies im Freudschen Sinne ein klassischer Ausdruck der Kastrationsangst, des Verlustes der Männlichkeit. Es kann aber auch bedeuten, dass der Träumende sich zunehmend von der materiellen, sinnlichen Welt, hin zur geistigen Welt (oder dem, was er dafür hält) entwickelt. Welche Gefühle verbinden Sie mit dem Traum? Auch das kann Aufschluss über die Traumbedeutung geben.

Besen Der Besen ist ein Putzgerät, deshalb symbolisiert er im Traum ein Saubermachen der Seele, kann aber auch andeuten, dass Sie ein bestimmtes Problem lösen sollen. Altes, Nutzloses und Ungünstiges wird weggefegt. Der Besen kann auch für das männliche Glied stehen. Da Besen auch mit Hexerei und Zauberei in Verbindung gebracht werden (Hexenbesen), kann ein Besen im Traum auch ausdrücken, dass man zur Lösung der eigenen Problematik auf magische, übernatürliche Hilfe hofft.

Besessenheit Dies ist im Traum ein deutlicher Hinweis darauf, dass fixe Ideen oder Zwangsvorstellungen vom Träumenden so stark Besitz ergriffen haben, dass sie ihn schon bis in den Schlaf verfolgen. Sie sollten fachärztliche Hilfe in Anspruch nehmen. Vielleicht deutet Ihr Unbewusstes aber auch nur an, dass Sie sich zu sehr geltenden Normen und Regeln unterwerfen und dadurch in Ihrer Entfaltung behindert werden.

Bestattungsunternehmer Man weigert sich davor, eine unangenehme Aufgabe zu übernehmen und delegiert diese an andere. Dies ist ein

Hinweis auf mangelndes Selbstverantwortungsgefühl.

Besuch Hier ist äußerst wichtig, wie der Traum abläuft. Bekommen Sie Besuch, lassen Sie also etwas oder jemanden an sich heran? Oder machen Sie einen Besuch und sehen sich das Leben einmal von einer anderen Seite an? Ist es ein offizieller Besuch oder ein freundschaftlicher? Auf jeden Fall tritt etwas Neues in Ihr Leben.

Betäubung Der Traum von einer Betäubung bedeutet, dass Sie in Ihren eigenen Gefühlen abgestumpft sind. Sie verdrängen viel. Sie sind auch nicht mehr in der Lage, das wahrzunehmen, was Ihnen Ihre Mitmenschen entgegenbringen. Werden Sie betäubt, kann das heißen, dass Sie Ihre Konflikte nicht lösen können. Doch resignieren Sie nicht, das führt nur noch zu mehr Betäubung.

Betrug Dem Träumenden mangelt es an Aufrichtigkeit gegenüber sich selbst. Er ist nicht in der Lage, seinem eigenen inneren Kern zu folgen. Genausogut kann er sich von anderen betrogen fühlen.

Bett Da in unserem Kulturkreis Sex fast immer im Bett stattfindet, steht ein Bett zuerst einmal für sexuelles Vergnügen. Je nachdem, ob das Bett groß oder klein ist, messen Sie der Sexualität (zu) große oder (zu) kleine Bedeutung zu. Dann drückt das Bett, welches im Traum auftaucht, den Zustand des eigenen Lebens aus, so zum Beispiel das Bedürfnis nach Ruhe und Zurückgezogenheit. Im schlimmsten Fall ist es ein Symbol, welches auf Weltflucht hindeutet.

Bettler Der Bettler im Traum verkörpert oft die eigenen Seiten der Persönlichkeit, die man verbergen will. Außerdem weist ein Bettler auf die Angst vor sozialer Not und Abstieg hin. Dann kann er darauf hindeuten, dass der Träumende in sich einen ausgeprägten Mangel spürt und er nun andere Menschen bittet, ihm bei der Beseitigung dieses Mangels zu helfen. Es kann auch sein, dass sich der Träumende von der Gesellschaft ausgeschlossen fühlt.

Beute Träumt man davon, zur Beute zu werden, so hat man Angst davor, von seinen Mitmenschen ausgebeutet und ausgenutzt zu werden. Macht man selbst Beute, deutet das vielleicht auf die eigene übertriebene Habgier hin.

Bewunderung Dieser Traum will deutlich machen, dass der Träumende unter erheblichen Minderwertigkeitskomplexen leidet, die er durch einen solchen Traum ausgleichen möchte. Es ist aber auch möglich, dass er eine Person verehrt und sich nicht traut, ihr seine Zuneigung einzugestehen.

Bibel Eine Bibel im Traum kann dem Träumenden mitteilen, dass er sich auf dem richtigen geistigen Weg befindet. Andererseits kann es auch heißen, dass er zu sehr nach den toten Buchstaben der Religion (oder anderer Regeln) lebt, und es ihm nicht gelingt sie mit Liebe und Leben zu füllen. Aufschluss gibt das Traumgeschehen.

Bibliothek Wenn man im Traum in einer Bibliothek ist, so sucht man nach Weisheit, Wissen und Zeugnissen darüber, wie man sein Leben gestalten kann. Für C. G. Jung symbolisiert eine Bibliothek im Traum das „kollektive Unbewusste", die Bücher darin die Weisheit des kollektiven Unbewussten.

Bibliothekar Der Träumende verfügt über ein ausgezeichnetes Gedächtnis, das ihm bei seiner Arbeit große Dienste erweisen kann. Zuweilen deuten Träume von BibliothekarInnen auch auf eine Bewusstseinserweiterung in esoterische Bereiche hin.

Biene Ein Hinweis auf viel Arbeit und Mühen, die aber nur in Zusammenarbeit mit Anderen bewerkstelligt werden können. Eventuell ein Hinweis auf geschäftliche Angelegenheiten. Nach alter Deutung verkünden fleißige Bienen Glück und Erfolge. Auch kann ein Traum mit Bienen anzeigen, dass man besonders unter dem Gegensatz Mensch – Masse leidet.

Bier → Alkohol

Billard Das Billardspiel im Traum deutet auf den ständig wiederkehrenden Wechsel von Glück und Unglück, Erfolg und Misserfolg hin. Zum einen ist Billard ein Spiel, welches auf genauer Kalkulation und Präzision beruht, zum anderen gibt es aber auch eine Menge Unabwägbarkeiten, die den Spielverlauf beeinflussen können. Wenn man also dies träumt, ist man aufs Äußerste gefordert, aber der Erfolg ist nicht garantiert. Der Traum ist also auch eine Warnung, sich nicht zu sehr auf sein Glück und den Erfolg zu verlassen. Begeisterte Billardspieler haben natürlich ein anderes Verhältnis zu diesem Bild und müssen bei der Deutung die Einzelheiten des Traums besonders berücksichtigen.

Bilder Bilder, die man im Traum von sich selbst betrachtet, stehen für eine Art Rückschau auf das bisherige Leben. Ein Anreiz zur Selbstreflexion. Bilder anderer Menschen deuten auf baldige Hilfe oder Neuigkeiten hin.

Bischof Der Bischof im Traum steht für geistige Führung und Hilfe in Schwierigkeiten. Im Volksglauben warnt er auch vor einer sich abzeichnenden Gefahr, von jemandem untergebuttert zu werden.

Biss Mit irgendetwas sind Sie wohl unzufrieden. Sie erfahren Widerstand von einer Seite, von der Sie nicht mit ihm gerechnet haben. Alte Traumbücher glauben, dass bei einem Schlangenbiss ein falscher Freund in der Nähe ist. Manchmal wissen wir unbewusst ja mehr als wir uns eingestehen wollen. Auf jeden Fall sollten Sie wachsam sein.

Blasphemie Der Traum von der Gotteslästerung hat in der Regel nichts mit religiösen Motiven zu tun, sondern mit der Einstellung des Träumenden zu sich selbst. Er will mit seinen eigenen inneren Möglichkeiten nichts zu tun haben. Er verachtet sein Potential und schöpft es deshalb nicht aus. Er schlägt bewusst einen anderen Lebensweg ein. Dieses Traumbild ist eine Warnung, die sehr ernst genommen werden sollte.

Blatt (Laub) Ein Blatt, welches im Traum zu sehen ist, steht oft für einen Teil unseres Selbsts, den wir verloren haben oder gibt uns einen Hinweis darauf, dass wir mehr oder weniger festen Halt verloren haben. Entscheidend ist der Zustand des Blattes.

Blatt (Papier) Das Blatt Papier im Traum versinnbildlicht unseren Lebensraum. Ein unbeschriebenes Blatt kündigt neue Möglichkeiten an, ein beschriebenes deutet festgefahrene Strukturen an.

Blau Herrscht die Farbe Blau im Traum vor, so hat dieser Traum oft direkt mit Religion oder religiösen Gefühlen zu tun, die den Träumenden momentan beschäftigen. Es kann auch ein Hinweis sein, das Leben mehr zu genießen. Ist es ein kaltes Blau, so kann dies ein Überbetonen von Logik und eine Vernachlässigung der Gefühle bedeuten. Blaues Wasser im Traum steht für das Unbewusste und Weibliche. Ansonsten ist auch hier der Traumzusammenhang wichtig.

Blaubart Der Sage nach gab Ritter Blaubart seiner Frau alle Schlüssel seiner Burg. Er warnte sie jedoch ausdrücklich, ein bestimmtes Zimmer zu betreten, sonst erginge es ihr schlecht. Natürlich konnte Sie nicht widerstehen und öffnete die Tür zu diesem Raum doch. Dort findet sie die Körper der ermordeten früheren Frauen des Ritters. Die Geschichte erinnert stark an die vom Paradies und dem Apfel. In beiden Fällen überlässt eine väterliche, männliche Herrschergestalt einer Frau Freiheiten, stellt aber auch Gebote auf, die übertreten werden. Das Traumbild behandelt das Ungleichgewicht in der Beziehung der Geschlechter, das heißt die Macht, die Männer angeblich von einem Gott über die Frauen erhalten haben. Die Art und Weise, wie dieses Motiv im Traum verarbeitet wird, zeigt an, wie der Träumende mit dieser Problematik umgeht. In Träumen von Frauen kann es die Befreiung von der männlichen Übermacht anzeigen, denn in der Sage überlebt die Frau das Betreten des Zimmers und bändigt den männlichen Unhold.

Blei Die alltäglichen Probleme, die man sich macht, ziehen einen immer stärker zu Boden und wirken lähmend. Letztendlich können sie zu einer Vergiftung führen, wenn man sie nicht bearbeitet.

Blindheit Ist man im Traum „mit Blindheit geschlagen", so sieht man eine Gefahr oder naheliegende Problemlösung nicht. Man versteht sie nicht oder will sie nicht verste-

hen. Man erkennt auch die Chancen nicht, die sich bieten.

Blitz Ein aufgestautes Gefühl bricht „blitzartig" hervor. Eine gespannte Situation entlädt sich plötzlich. Da die antiken Götter Sterbliche auch oft mit Blitzschlägen straften, kann der Blitz auch eine Art Traumsymbol für Angst vor Schuld und Strafe sein, die Angst davor, dass die Strafe auf dem Fuße folgt. Ein plötzlich auftauchender Blitz kann auch eine „Erleuchtung" bedeuten.

Blüte Blüten stehen wie Blumen eng in Zusammenhang mit dem menschlichen Leben beziehungsweise der Gefühlswelt. Dabei spielt auch die Beziehung des Träumenden zu bestimmten Blüten eine Rolle. Eine frische Blüte zeigt an, dass der Träumende auf dem besten Weg ist, das zu verwirklichen, was seine Vorbestimmung ist. Er befindet sich auf dem richtigen Weg. Ist sie hingegen welk oder geknickt, dann fühlt er Unsicherheit über seine Pläne und befürchtet ihr Misslingen.

Blume Eine schöne, harmonische und gute Zeit kündigt sich an. Da Blumen schon seit langer Zeit ein Symbol oder Archetyp der Frauen sind, hat die Blume einen engen Bezug zur weiblichen Sexualität. Das aus dem Lateinischen stammende

Wort für Entjungferung – Defloration – beinhaltet das lateinische Wort für Blume – Flora.

Blut Blut steht für Lebenskraft und Blutsbande (Familie), mit der es Schwierigkeiten geben kann. Wenn es also im Traume erscheint, können sich Krankheiten ankündigen oder ein Kräfteverlust drohen. Taucht das Blut in einem Traum auf, der einen religiösen Zusammenhang hat, so kann dies darauf hindeuten, dass man etwas sehr Wertvolles opfern muss, um etwas noch Bedeutenderes zu erlangen.

Blutschande → Inzest

Boden Der Boden „unter den Füßen" bedeutet die Grundlage der Existenz. Boden im Traum ist demnach ein Symbol dafür, dass alles, was man plant und unternimmt, erfolgreich sein wird, da es auf einer soliden Basis steht. Liegt man auf dem Boden, ist Vorsicht angesagt.

Bomben Bei Menschen, die den Wahnsinn des Krieges persönlich kennengelernt haben, sind solche Träume nicht ungewöhnlich. Noch nach Jahren können sie das Grauen und die Angst im Traum heimsuchen. In allen anderen Fällen sind sie Warnsignale. Etwas tickt in Ihnen, das bald explodieren kann.

Man hat vielleicht Angst vor dramatischen Änderungen in seinem Leben, die „wie eine Bombe einschlagen". Hinter dem Bild kann sich auch ein Schockerlebnis verbergen, das noch nicht bewusst verarbeitet worden ist.

Boot Ein Boot, welches im Traum zu sehen ist, weist häufig auf Unternehmungen und Abenteuer hin, die den Träumenden erwarten. Oft steht das Boot auch dafür, dass der Träumende beginnt sein Unbewusstes zu erkunden (er segelt mit dem Boot auf dem Ozean des Unbewussten).

Brand Feuer hat etwas Reinigendes, auch wenn es bedrohlich ist. Versuchen Sie sich an die Umstände des Feuers zu erinnern um zu verstehen, wo Reinigung und Klarheit nötig sind. Haben Sie keine Angst, das Auftauchen von Feuer zeigt auch an, dass Sie sich auf Ihre seelischen Energien verlassen können.

Brandung Auch im Leben geht es stets auf und ab wie bei den Wellen. Die Veränderlichkeit seiner Stimmungen und Gefühle belastet den Träumenden. Er möchte ein ruhiges, ausgeglichenes Leben, muss sich aber in das Unabänderliche fügen.

Braun Die Farbe der Erde; im Traum steht sie für den Wunsch sich wieder mit der Urkraft des Lebens zu verbinden, eine Rückbesinnung auf den Ursprung.

Braut, Bräutigam Symbolisiert oft die Vereinigung von Gegensätzen, eine Synthese findet statt. Auch steht ein solcher Traum für den Wunsch zu heiraten und endlich auf eigenen Füßen zu stehen und sein Leben in Eigenverantwortung zu gestalten.

Brief Man erfährt etwas Wichtiges aus einer ungewohnten Richtung. Eventuell hat man eine wichtige Nachricht noch nicht richtig verarbeitet. Der Brief im Traum kann aber auch nur bedeuten, dass man jemandem schon lange schreiben will und es endlich tun sollte.

Brieftasche In einer Brieftasche finden sich die äußeren Grundlagen unserer Existenz: Geld, Ausweispapiere, Kreditkarten. Der Traum macht klar, wie Sie damit umgehen. Ist es Ihre Brieftasche, so leben Sie aus eigener Kraft – wenn Sie die Brieftasche zücken, geben Sie damit an. Ist es eine fremde Brieftasche, so fühlen Sie sich abhängig oder wollen es sich auf Kosten anderer leicht machen.

Briefträger Er kann Ihren Kontakt zur Umwelt symbolisieren. Achten

Sie darauf, wie Sie mit ihm umgehen. Warten Sie unbewusst darauf, dass sich jemand bei Ihnen meldet, endlich einen Schritt auf Sie zugeht? Seien Sie direkter in Ihrem Umgang mit Menschen, schicken Sie nicht immer jemanden vor, der für Sie spricht.

Brillant Dieser funkelnde, kostbare Stein kann auf Selbstüberschätzung hindeuten, hinter der sich tiefe Unsicherheit verbirgt, vor allem, wenn Sie ihn im Traum deutlich tragen und vorzeigen. Ist er aber verborgen und nur für Sie sichtbar, steht er für den Kern Ihrer Person und Ihre tiefste Lebenskraft.

Brille Man verfügt nicht gerade über die klarste Sicht der Dinge und sucht Hilfe, um zu einem deutlichen Verständnis zu kommen. Trägt man im Traum eine getönte oder „rosarote" Brille, so blendet man Facetten des Lebens aus oder will Bestimmtes einfach nicht wahrnehmen.

Bronze Aus Bronze werden zum Beispiel Waffen oder Figuren gemacht. Dieses Metall symbolisiert einerseits Energie und Tatkraft, aber auch Rücksichtslosigkeit und Aggression bis hin zur Herrschsucht. Welche Eigenschaften von Ihnen dabei speziell gemeint sind, müssen Sie selbst herausfinden.

Brot Brot ist lebenserhaltend, steht für die geistige und seelische Nahrungszufuhr und hat eigentlich eine positive Bedeutung im Traum. Verdorbenes Brot heißt: Die Lebenskraft muss gestärkt werden. Dabei sollte man sich auch der Hilfe von Freunden oder Verwandten bedienen, da bei der Herstellung des Brotes auch viele Menschen beteiligt sind.

Brücke Sie führt über einen Abgrund oder einen Fluss, mit ihrer Hilfe überwindet man also ein Hindernis, eine Schwierigkeit. Ihr Traum will Ihnen mitteilen, dass Sie nicht aufgeben sollen, es wird sich schon ein Weg finden, der Sie weiterbringen wird. Achten Sie aber auf den Zustand der Brücke. Ist sie wirklich tragfähig, hat sie ein sicheres Geländer? Ist sie baufällig oder un-

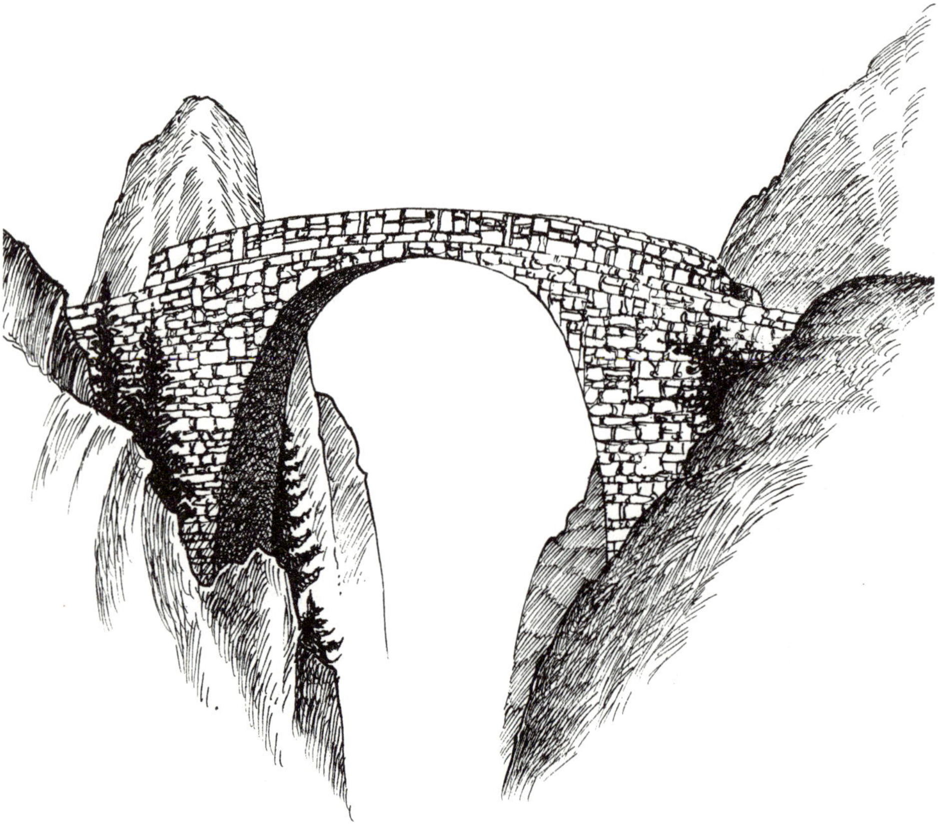

Brücke

sicher, sollten Sie Ihr Vorhaben doch noch einmal überdenken. Sind Sie bereit, ein Risiko einzugehen?

Brunnen Er hat immer mit Ihrem Seelenleben zu tun: tief reicht er hinab in das Dunkel der Erde. Ist er trocken, dann weist das auf Kummer und Lebensüberdruss. Sie brauchen dringend Anregungen von außen. Aus einem vollen Brunnen hingegen können Sie schöpfen und auch anderen abgeben. Der Brunnen kann auch eine Verbindung zu Empfängnis und Schwangerschaft haben.

Brust, Brustwarze Ein deutlicher Hinweis auf weibliche Sexualität. Auch der Wunsch zur Mutter zurückzukehren, seine Eigenverantwortung abzugeben und wieder zu einem unmündigen Kind zu werden. Die männliche Brust muss nicht für Stärke und die weibliche nicht für Erotik stehen. Sie können auch Schutz und Nahrung symbolisieren und den Wunsch nach der Geborgenheit eines Säuglings. Manchmal zeigen sich in solchen Träumen Probleme mit der Erwachsenenrolle. Wie immer ist der Zusammenhang wichtig.

Buch Das Buch steht für die Suche, die Erkenntnis und Weisheit des kollektiven Unbewussten. Wichtig ist der Buchtitel, wenn er

erkennbar ist. In einem Buch lesen bedeutet, sich mit sich selbst zu beschäftigen. (→ Bibliothek)

Bühne Befindet man sich im Traum auf einer Bühne, so hat man vielleicht starke Minderwertigkeitskomplexe, die man auf diese Art ausgleichen möchte. Zum anderen symbolisiert eine Bühne im Traum, dass man erkannt hat, dass die Außenwelt nur ein Schauspiel ist, die wenig oder gar nichts mit den inneren Werten und der Innenwelt zu tun hat.

Büro Betreten Sie im Traum ein Büro, dann wartet Arbeit auf Sie, eine Aufgabe, von der Sie nicht begeistert sind. Verlassen Sie es, dann haben Sie ein Problem gelöst und können sich der Entspannung widmen. Fühlen Sie sich im Traum wohl beim Kommen oder unangenehm beim Gehen, dann haben Sie entweder Ihren Traumberuf oder Sie benutzen Ihre Arbeit als Flucht vor Problemen in Ihrem Privatleben.

Bürste Der Volksglaube behauptet, dass es ein langes Leben bedeutet, wenn man davon träumt, sich die Haare zu bürsten. Striegeln Sie jedoch im Traum ein Tier, werden Sie Schaden entdecken. Nun ja – achten Sie jedenfalls auf den Traumzusammenhang und Ihre Gefühle. Wie immer bei der Traumdeutung sind die Einzelheiten wichtig.

Burg Etwas scheint Sie zutiefst verunsichert zu haben. Sie haben das Bedürfnis sich abzugrenzen, einen Schutzwall vor dem Leben aufzubauen. Eine Burg in Trümmern zeigt ernste Lebensprobleme. Sie sind aber schon dabei, eine Wendung zum Guten herbeizuführen, denn Sie bauen alte Verkrustungen ab. Eine romantische Burgruine zeigt eine verzeihliche Weltflucht an. Achten Sie auf die Zusammenhänge.

Butter Vom Essen zu träumen soll nach alter Überlieferung Glück versprechen. Butter gilt als edel und sehr nahrhaft, so winkt hier besonders großes Glück. Die negative Bedeutung: Jemand schmeichelt Ihnen, um des eigenen Vorteils willen. Seien Sie auf der Hut.

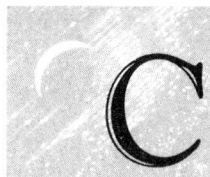

Café Der Traum von einem Café bedeutet meist, dass sich diverse Teile der Seele, die sich als getrennt empfinden, „treffen". Ein Hinweis darauf, dass der Prozess der Eingliederung der als getrennt empfundenen Teile der Psyche begonnen hat.

Cartoon Sind im Traum Trickfilmsequenzen zu sehen, hat der Träumende häufig den Kontakt zur Realität verloren. Sie erscheint ihm unwirklich und von außen gesteuert.

Chamäleon Beim Träumenden stellen sich verstärkt Gefühle der Wankelmütigkeit und Wechselhaftigkeit ein. Vielleicht hat er auch das Gefühl, dass ihn seine Mitmenschen für unzuverlässig halten oder er selbst hält seine Freunde für unzuverlässig. Es kann aber auch sein, dass er darunter leidet, sehr angepasst zu sein.

Champagner Champagner im Traum kann einerseits prickelnde Lebensfreude und andererseits aber auch eine Warnung vor Ausschweifung und Geltungssucht sein. Das Trinken von Champagner im Traum ist ein Hinweis darauf, dass man ein bevorstehendes Problem zu leicht nimmt.

Champion Träumt man hiervon, so ist das meist ein gutes Zeichen dafür, ein neues Geschäft anzufangen. Vorsicht: Es kann auch ein übersteigertes Selbstwertgefühl anzeigen. Bemühen Sie sich auf jeden Fall um Selbstkritik und handeln Sie nicht vorschnell.

Chaos Ein Zeichen der Verunsicherung. Sie haben in wichtigen Dingen des Lebens die Übersicht verloren. Geben Sie sich Zeit und zwingen Sie nichts. Lassen Sie die Angelegenheiten sich langsam entwickeln. Achten Sie auf nachfolgende Träume, die an diesen anschließen.

Chef Chef steht für eine Respektsperson oder Vaterfigur, die als Vorbild dient oder den Träumenden bedroht. Vielleicht hat er Probleme an seinem Arbeitsplatz und glaubt zu sehr kontrolliert zu werden. Ist der Träumende selber Chef, so bessert sich seine berufliche Perspektive.

Chemie Chemie und Chemiker, die im Traum zu sehen sind, sind oft eine deutliche Warnung. Man beschäftigt sich mit unbekannten und gefährlichen Sachen, die eine fatale Wirkung haben können.

China Reist man im Traum nach China, deutet das auf ein starkes Interesse an Mystik und Unbekanntem hin. Da China auch das „Reich der Mitte" genannt wird, kann es ein Synonym für Selbstfindung sein (das Finden der eigenen Mitte).

Chirurg Ein anstehendes Problem muss seziert werden, das heißt eine genaue und sorgfältige Analyse ist nötig. Unter Umständen muss auch etwas Störendes beseitigt werden.

Chor Singen Sie mit oder singt der Chor für Sie, dann gibt es mehr Menschen, auf die Sie zählen können, als Sie dachten. Stehen Sie aber abseits, dann sollten Sie darüber nachdenken, wie gut Sie mit anderen zusammen etwas tun können. Haben Sie die Fähigkeit, sich auch einmal einzufügen?

Christus In unserer Kultur gilt er als Erlöser. Auch gibt er dem Leben einen tieferen Sinn. Sein Erscheinen im Traum lässt darauf schließen, dass Sie in ernsten persönlichen Schwierigkeiten stecken. Sie suchen verzweifelt Hilfe und sehen nicht, woher sie kommen sollte. Es wäre aber sicher ein Fehler, in diesem Moment der Unsicherheit seine Zuflucht zur Religion zu nehmen. Die Führung, die Sie jetzt benötigen, kann nur aus Ihnen selbst kommen. Arbeiten Sie weiter mit Ihren Träumen, um Ihren eigentlichen Willen zu entdecken und das, was Sie wirklich in Ihrem Leben wollen. Notfalls sollten Sie die Hilfe eines Psychologen heranziehen.

Chrysanthemen Hinter dieser Blume kann sich der Wunsch nach gehobener Gesellschaft verbergen. Sie kann aber auch erotische Träume versinnbildlichen, die Sie nicht zu leben wagen. Verschenken Sie sie, sind Sie wahrscheinlich unzufrieden mit Ihren Beziehungen. Erhalten Sie sie, deutet das auf eine günstige Entwicklung Ihrer Liebesbeziehungen hin.

Clochard → Bettler

Clown Der Träumende hat eine fürchterliche Angst davor, sich lächerlich zu machen und ausge-

Clown

lacht zu werden. Hat er Minderwertigkeitsgefühle oder Hemmungen? Oder will er etwas vorstellen, das er nicht ist?

Club Der Träumende wird bald mit Menschen zusammentreffen, die die gleiche Zielsetzung wie er haben.

Computer Auch wenn er erst seit wenigen Jahren in unseren Wohnungen zu finden ist, als Traumbild taucht er schon länger auf. Bei einigen Computerarbeitern bedeutet der Traum allerdings nur, dass sie zu lange vor dem Bildschirm sitzen, so dass sie dieses Gerät bis in ihre Träume hinein verfolgt. Bei allen anderen weist das darauf hin, dass sie das Leben zu nüchtern und mechanisch sehen. Sie sollten ihren Gefühlen mehr Raum lassen.

Dach Das Haus steht für die eigene Persönlichkeit, das Dach dabei als der Bereich des Gehirns, das Bewusstsein. Spielt ein Dach im Traum eine Rolle, so vermisst der Träumende Schutz und Geborgenheit, oder er erfährt zuviel davon. Vielleicht wichtig: Wie ist der Zustand des Daches? Ist es defekt oder in Ordnung? Brennt es? Ein Sturz vom Dach deutet Gefahren an.

Dachboden Auf dem Dachboden verwahrt man meist Dinge auf, die alt sind oder die man wenig beziehungsweise gar nicht braucht. Im Traum bezieht sich der Dachboden auf Erinnerungen und alte (weit zurückliegende) Gefühle. Sie warten nur darauf aktiviert zu werden. Vielleicht sollte sich der Träumende mit seiner Vergangenheit beschäftigen, es kann dort sehr viel Nützliches zu finden sein.

Dachs Der Dachs symbolisiert eine Existenz, die trotz harter Arbeit arm an Glück und Erfolg ist, weil die

sich bietenden Chancen nicht genutzt werden. Es gilt, verdrängte Probleme aufzuarbeiten und nach neuen Möglichkeiten Ausschau zu halten.

Dackel Er gehört zu den Hunden, die vor allem bedingungslose Treue und Freundlichkeit symbolisieren. Erkennen Sie darin nicht einen Menschen Ihrer Umgebung, den Sie bislang ein bisschen wenig beachtet haben? Vielleicht sollten Sie Ihren Freunden mehr Aufmerksamkeit entgegenbringen. Ein Dackel kann aber auch bedeuten, dass Sie Entscheidungen so lange hinauszögern, bis andere die günstige Gelegenheit nutzen.

Dämmerung Die Abenddämmerung kann auf Ruhe und Erholung hinweisen, die Sie sich gönnen sollten. Vielleicht beginnen Sie aber auch die Übersicht zu verlieren. Achten Sie auf Ihre Gefühle im Traum. Die Morgendämmerung bringt einen neuen Anfang und frische Energie. Sie fühlen sich sicher und dem Leben gewachsen.

Dämon Wenn Dämonen im Traum auftauchen, dann meint der Träumende, dass übernatürliche Einflüsse die Richtung seines Lebens zum Schlechten beeinflussen. Es kann auch sein, dass seine Ängste und Schuldgefühle sich in dieser Form melden. Geschieht dies öfter, sollte er therapeutische Hilfe suchen.

Damm Ein Damm im Traum symbolisiert, dass der Träumende bemüht ist Gefühle und Empfindungen zurückzuhalten, da er Angst vor einem Übermaß an Emotionen hat. Achtung vor Dammbrüchen.

Dampf Der Träumende steht unter einem großen seelischen Druck und sucht dringend nach Möglichkeiten, um „Dampf abzulassen". Der Träumende muss einen Weg finden, der es ihm ermöglicht den Dampf in konstruktive Bahnen zu lenken.

Daumen Der Daumen versinnbildlicht die beweglichen, schöpferischen Kräfte. Er ist es, der der Hand Geschicklichkeit gibt. Ein verletzter Daumen bedeutet eine Behinderung Ihrer Kreativität.

Darlehen Die alten Traumbücher in ihrer praktischen Lebensweisheit sagen, dass man Freunde verliert, wenn man einen Kredit aufnimmt. Gibt man aber selbst einen an andere, dann ist man im Begriff, sich Feinde zu machen – finanzielle Verpflichtungen können schnell den Tod jeder Freundschaft bedeuten.

Degen Der Degen und alle verwandten Waffen wie Säbel, Schwert oder Dolch hat fast immer eine sexuelle Bedeutung. In Träumen von Männern weist er in der Regel auf eine übertriebene Betonung des männlichen Trieblebens. Dahinter steht fast immer Unsicherheit. Bei Frauen drücken sich darin sexuelle Wünsche aus, die oft nicht offen eingestanden werden. Ein rostiger Degen weist auf verletzte Männlichkeit hin. Zieht man im Traum den Degen, so sollte man sich fragen, ob man nicht dazu neigt, übereilt zu handeln.

Delphin Der freundliche und verspielte Delphin deutet seit alters her auf eine frohe und angenehme Zeit. Begleiten Sie den Delphin in die Welt unter Wasser, so ist dies ein besonders glücklicher Traum, der Ihnen viel über Ihr Seelenleben verraten kann. Außerdem steht ein Delphin im Traum auch für Klugheit und Notsituationen, aus denen man rettet oder gerettet wird. Merken Sie sich jede Einzelheit, die Sie erleben.

Demonstration Hierdurch kann eine innere Protesthaltung oder unbewusste Ablehnung von Personen oder Tätigkeiten zum Ausdruck kommen. Man sollte sich vor allzu aggressiven Reaktionen und übertriebener Selbstdarstellung hüten.

Denkmal Der Träumende überschätzt sich und seine Taten maßlos. Eine andere Deutung lautet, dass Erfolg und Anerkennung für geleistete Arbeit winken.

Desinfektionsmittel Sie symbolisieren, dass sich der Träumende verseucht, krank oder schmutzig fühlt. Er hält Teile von sich oder bestimmte seiner Bedürfnisse für verkommen und „unrein", die dringend der Reinigung/Desinfektion bedürfen. Es kann aber auch bedeuten, dass er eine panische Angst davor hat, sich seelisch bei seinen Mitmenschen zu infizieren, das heißt, er hat Angst, sich von den Gefühlen und Leidenschaften seiner Mitmenschen anstecken zu lassen. Oft werden ja Gefühle aus dem Bereich des Sexuellen als schmutzig empfunden. Positiv betrachtet verhindert ein Desinfektionsmittel die Verseuchung, so dass der Träumende gute Chancen hat, seine seelischen Verletzungen heil zu überstehen.

Detektiv Wird man im Traum von einem Detektiv verfolgt oder befragt, so deutet dies häufig auf ein schlechtes Gewissen und die Angst vor der Aufdeckung eines Geheimnisses hin. Sieht man sich selbst als Detektiv, so kann dies die Suche nach einer Wahrheit über sich oder andere bedeuten, aber auch übermäßige Fantasie und Abenteuerlust symbolisieren.

Diadem Das Diadem schmückt den Kopf, das heißt der Träumende hat eine große geistige oder intellektuelle Leistung vollbracht, deren Früchte er bald ernten kann.

Diamant Der Diamant ist für seinen Wert, seine Härte und Haltbarkeit bekannt. Im übertragenen Sinne bedeutet ein Diamant den inneren, wertvollen und fast ewig bestehenden Kern des Selbsts. Bewusstsein in seiner reinsten und edelsten Form.

Dichter Der Dichter im Traum verkörpert das Schöpferische per se: Ideen, Kreativität, Selbstverwirklichung, Fantasie und Inspiration. Und alles, was mit Intuition zu tun hat. Auch Ihnen stehen alle Möglichkeiten offen, suchen Sie sich eine aus.

Dickleibigkeit Traditionell gilt Fettleibigkeit im Traum als ein Symbol von Erfolg und finanziellem Wohlstand. Im Einzelfall können darin aber auch bestehende Minderwertigkeitsgefühle, etwa aufgrund eines tatsächlichen oder eingebildeten Übergewichts, zum Ausdruck kommen.

Dieb Man ist sich seines Verhaltens nicht sicher, denn man will etwas, das als böse gilt, das man nur heimlich zulassen kann. Vor allem bei Frauen zeigt der Dieb erotische Wünsche an, die sich an eine verbotene Person richten. Selbst möchte man nichts tun, doch man (Frau) hofft, dass der andere die Initiative ergreift. Träumen Sie, von einem Dieb bestohlen zu werden, ist das ein gutes Zeichen zum Beispiel für berufliche Pläne.

Diebstahl Sie schenken Ihrer Umgebung nicht genug Aufmerksamkeit. Deshalb droht Ihnen ein Verlust. Es muss sich dabei nicht um materielle Verluste handeln. Möglicherweise sind Sie auch in Gefahr, den Kontakt mit wichtigen Personen zu verlieren. Im Extremfall, wenn es sich um einen Alptraum handelte, ist ganz allgemein Ihre Beziehung zur Wirklichkeit gefährdet.

Diener Sind Sie selbst der Diener, bedeutet das, Sie fühlen sich ausgenutzt, lassen sich zu viel herumkommandieren. Ihnen fehlt Selbstbewusstsein. Sind andere Ihre Diener, stellt das Ihren Wunsch nach Bedientwerden dar. Sind Sie müde und erschöpft? Oder deutet der Traum etwa Ihren Herrschaftsanspruch an?

Direktor Höhergestellte Personen – neben Direktoren auch Präsidenten, Minister oder Chefs – vertreten im Traum das Über-Ich, also eine höhere Instanz, die symbolisiert, dass Sie über etwas besonders intensiv nachdenken. Wenn man sich selbst als Direktor sieht, darf man mit beruflichen Erfolgen rechnen. → Chef

Dirne Träumt ein Mann von einer Dirne, so kann die zum einen auf sein negatives Frauenbild hinweisen, zum anderen darauf, dass er sich nach Sex ohne Folgen, Bindungen und Konsequenzen sehnt. Oftmals hat er auch Schwierigkeiten, Liebe und Sexualität in Einklang zu leben. Bei einer Frau ist die Bedeutung dieses Symbols meist darin zu suchen, dass sie sehr abhängig von gesellschaftlichen Normen ist und extrem um ihren guten Ruf besorgt. Bei Männern und Frauen ist ein Traum, in dem eine Dirne vorkommt, oft auch dahingehend zu deuten, dass sie Angst vor Gefühlen haben, die mit der Sexualität zusammenhängen. Darüber hinaus können sich so Schuldgefühle zeigen, weil man jemanden „missbraucht" hat. Auch der Hang zu materiellem Besitz als Liebesersatz drückt sich in dem Traumbild aus.

Distel Die Situation, in der sich der Träumende befindet, wird eine unangenehme Wandlung nehmen. Kann auch auf falsche Freunde hinweisen.

Dohle → Star

Dolch Ein Symbol des männlichen Geschlechtsorgans (→ Degen). Dolche symbolisieren aber auch Streit und Kampf, der bevorsteht. Dolche weisen daraufhin, dass sich dieser Kampf auf der geistigen Ebene abspielen wird.

Domino Bei kleinen Angelegenheiten wird der Träumende Erfolg haben.

Donner Aggressive Gefühle haben sich aufgestaut und wollen sich entladen. Es ist „etwas im Busch". Konflikte werden bald beginnen.

Doppelgänger Der Traum vom Doppelgänger deutet auf eine starke Beschäftigung mit sich selbst hin.

Wie steht es etwa mit Ihrer Selbstdarstellung bei anderen? Geben Sie vor, mehr zu sein als Sie sind? Oft ist das noch gar nicht ins Bewusstsein vorgedrungen, der Traum gibt hier den Anstoß. Andere Deutungen sehen im Doppelgänger (wie in vielen Erzählungen und Märchen) ein böses Vorzeichen. Er dient dazu, die eigene Verantwortung an ihn abzugeben und sich von unangenehmen Aufgaben zu befreien.

Dorf Das Dorf ist eigentlich ein Symbol für das Selbst und die Seele des Träumenden. Außerdem für Natur, natürliche Lebensweise und Ruhe. Im Idealfall wirkt alles harmonisch zusammen und im Dorf herrscht Frieden. Bei Streit im Dorf sind die Widersprüche in der Psyche zu groß.

Dorn Dornen symbolisieren Not und seelische Erkrankungen. Auf den Träumenden kommt eine Erfahrung zu, die schmerzlich und langwierig sein kann. Bei Mädchen hat der Dornentraum oft eine sexuelle Bedeutung.

Dose Eine verschlossene Dose deutet an, dass Sie irgendetwas wissen möchten, was vor Ihnen geheimgehalten wird. Eine geöffnete ist die Aufforderung, eine günstige Gelegenheit zu ergreifen. Darüber hinaus symbolisiert die Dose weibliche Sexualität. Wichtig ist in jedem Fall der Inhalt der Dose.

Drache (Ungeheuer) Wie auch die → Schlange ist der Drache ein Phallussymbol (Symbol des männlichen Geschlechtsorgans). Der Drache steht für die Triebe in uns, er verkörpert feurige, nicht zu bändigende Kraft. Der Kampf gegen den Drachen bedeutet dann vielleicht den Kampf gegen einen Teil der Sexualität. Wer den Drachen besiegt (seine ungezügelten Triebe in nützliche und sinnvolle Bahnen lenken kann), wird einen großen geistigen Schatz erringen. Der Drache ist auch ein Zeichen für das Unbewusste des Träumenden, zu dem er noch keinen Zugang gefunden hat. Der Kampf mit dem Drachen symbolisiert somit den Kampf, den der Weg zum Unbewussten darstellt. (Archetyp → Jung)

Drache (Fluginstrument) Den Wünschen des Träumenden werden „Flügel" verliehen, das heißt sie werden sich oft erfüllen und eine positive Auswirkung haben.

Drei Wenn die Zahl Drei im Traum zu sehen ist, so ist das ein Glückssymbol. Widerstreitende Ansichten oder Meinungen werden sich zu etwas Neuem, das Anteil an beidem

hat, verbinden. Die Drei kann auch ein Hinweis auf eine bevorstehende Schwangerschaft sein.

dreschen Der Träumende muss dringend lernen, die Spreu (das Unwesentliche) vom Weizen (dem Wesentlichen) zu trennen, sonst verzettelt er sich und wird bald große Probleme haben. Auch unüberlegte Handlungen sollten möglichst vermieden werden.

Drogen Der Träumende will vor seinen Problemen davonlaufen (Weltflucht, Eskapismus). Es kann aber auch sein, dass er sein Leben als extrem langweilig empfindet und nach einer Anregung von außen sucht, um das zu ändern. Außerdem können Drogen, ähnlich wie → Alkohol, die Angst symbolisieren, unangenehm aufzufallen.

Drohung Sie haben Angst, dass sich Ihnen jemand entgegenstellen könnte. Sie sollten sich aber nicht einschüchtern lassen. Es sind nur Ihre eigenen Unsicherheiten und Ängste, die sich hier melden. Möglicherweise sind es auch Dinge, die Sie verdrängt haben, die jetzt drohend erscheinen. Spüren Sie nach, was Sie unsicher macht, indem Sie auf die anderen Traumbilder achten. Das Problem liegt vermutlich nur in Ihnen selbst.

Drache

Dschungel Der Dschungel ist ein Sinnbild für die ausufernde und dem Menschen feindliche Natur (→ Wüste). Der Dschungel symbolisiert das dunkle, nur schwer zu durchdringende Dickicht des Unbewussten, das den Menschen ängstigt. Um durch den Dschungel gehen zu können, muss man sich erst einen Weg bahnen, das heißt man muss beginnen, einen Ansatzpunkt zu finden, von dem man anfangen kann, das Unbewusste zu erkunden. Der Traum von einem Dschungel kann aber auch einfach heißen, dass man sich Abwechslung (Abenteuer) von seinem faden und langweiligen Alltag wünscht.

Duell Widerstreitende Gefühle oder Einstellungen der träumenden Person drücken sich durch dieses Bild aus. Sind Sie selbst einer der Duellanten und der andere eine Ihnen bekannte Person, dann verweist dies vermutlich auf Ihre Beziehung zu der- oder demjenigen, vielleicht auch auf die sexuellen Aspekte dieser Beziehung. Sind Sie eifersüchtig? Auch wenn Sie dieses Duell im Traum gewinnen, könnte es Ihnen Unglück bringen.

dünn Ein Teil der Seele des Träumenden ist außerordentlich zerbrechlich und muss dringend gestärkt werden. Er muss seine innere Kraft auf diesen Punkt konzentrieren, um ihm so neue Kraft zuzufügen. Die Traumsituation verrät, wo die Schwächen liegen.

Dürre Dürre ist ein Hinweis darauf, dass sich der Träumende ausgebrannt fühlt. Die belebende Kraft des Wassers (Gefühl) ist verschwunden. Der Träumende sollte „einen Brunnen bohren", um wieder an die Quelle seiner Gefühle zu kommen und Bekanntschaften schließen oder erneuern.

Duft Düfte stehen mit Gefühlen in Verbindung. Gerüche lösen viel schneller als Bilder Gefühle aus. Ein Duft im Traum drückt in den allermeisten Fällen eine „Sehnsucht nach der verlorenen Zeit" aus. Schöne Augenblicke wollen erhalten oder wiederbelebt werden.

Dung Dung oder Dünger zu sehen oder zu riechen, hat in aller Regel eine sehr positive Bedeutung, denn es verkündet Weiterentwicklung und Wachstum. Projekte, die man begonnen hat, gedeihen und werden zu einem guten Abschluss kommen.

Dunkelheit Ein Problem wird nicht klar erkannt oder entzieht sich dem Verständnis, „man tappt im Dunkeln". Der Träumende weiß nicht mehr, wo es in seinem Leben langgehen soll, es besteht die Gefahr der Depression. Möglicherweise hat er Angst vor Alter und Tod.

Dunst Zu viele Zweifel und zu vieles Hinterfragen bewirken, dass man nicht mehr klar sieht, man fühlt sich unsicher und verwirrt. Dunst im Traum kann aber auch bedeuten, dass man seine Mitmenschen über seine wahren Absichten im Unklaren lassen will. Oder sich selbst bestimmte Wünsche und Bedürfnisse nicht eingesteht.

Durst Durst kann bedeuten, dass man tatsächlich etwas trinken möchte. Ist es ein bestimmtes Getränk, das Sie zu sich nehmen wollen? Außerdem symbolisiert Durst Sehnsucht, in den meisten Fällen nach Gefühlen (nach Liebe dürsten). Der Träumende muss lernen sich emotional zu öffnen, damit auch sein „seelischer" Durst gestillt werden kann. → Essen

Dusche Haben Sie das Bedürfnis, etwas von sich abzuwaschen, endgültig damit abzuschließen? Oder erinnert Sie die Dusche an Regen, besonders wenn Sie mit Kleidern unter der Dusche stehen? Dann laufen Sie Gefahr, missverstanden zu werden und als sturer Dickkopf zu gelten. Überlegen Sie einmal, wie Sie auf andere wirken.

Dynamit Der Träumende steht vor einem großen Hindernis, von dem er glaubt, dass er es nur mittels Gewalt beseitigen kann. Er befindet sich in einer für ihn bedrohlichen Situation und muss dringend mit sich zu Rate gehen, um zu einem anderen Lösungsweg zu kommen. Mit Gewalt lassen sich die wenigsten Schwierigkeiten überwinden. Man gefährdet sich nur noch mehr. Positiv gedeutet kann Dynamit auch benutzt werden, um aus dem bisherigen Rahmen auszubrechen und neue Pläne zu verwirklichen.

Ebbe Ganz oberflächlich kann es die „Ebbe im Portemonnaie" bedeuten. Sie haben Angst, Ihre Mittel zu verlieren. Bei Ebbe wird aber auch das Verborgene sichtbar. Da das Meer die Seele und die Gefühle versinnbildlicht, werden bei Ebbe Ihre seelischen Tiefen offenbar. Haben Sie sich eine Blöße gegeben, oder möchten Sie sich jemandem offenbaren? Positiv an solchem Traum, dass die Ebbe nur vorübergehend ist.

Ebene Alles liegt weit ausgebreitet vor Ihnen. Alles scheint im Moment möglich. Unterstützung werden Sie reichlich finden, wenn Sie nur Ihre Trägheit überwinden und sich auf den Weg machen.

Eber Er ist ein starkes und wehrhaftes Tier. Manche Traumdeuter sehen im Eber animalische männliche Sexualität. Andere sehen darin vor allem Kraft und Durchsetzungsvermögen. Aber sind Sie sich sicher, dass Sie fair und aufrichtig sind? Menschen, die beruflich mit ihm zu tun haben, etwa Jäger oder Landwirte, müssen ergründen, was das Tier für sie persönlich bedeutet.

Echo Ein „wirkliches" Geräusch dringt bis in Ihren Schlaf, der Traum baut es ins Geschehen ein. Darum brauchen Sie sich nicht weiter zu kümmern. Anders sieht es bei folgender Deutung aus: Ein äußerer Vorgang hat eine nachhaltige innere Wirkung. Der Träumende muss darauf achten, dass er diese Wirkung unverfälscht nach außen bringt, damit es für ihn gute Folgen hat.

Ecke An einer Ecke zu stehen bedeutet meist, warten zu müssen. Man fühlt sich wie abgestellt und nicht abgeholt. Im Moment scheint Geduld eine wichtige und übenswerte Eigenschaft. Andererseits bedeutet eine Ecke auch den Wechsel der Richtung, nämlich um 180 Grad. Bezogen auf die eigene innere Haltung und Überzeugungen kann das auch heißen: Besser die Richtung ändern, sonst geht's schief.

Edelstein Der Besitz von Edelsteinen im Traum verweist auf Ansehen, Beständigkeit und Vertrauenswürdigkeit, kann aber auch übertriebenen Stolz und Prunksucht verkörpern. Helle und leuchtende Steine haben einen positiven Symbolwert, während dunkle und glanzlose Steine eher negativ zu werten sind. Der Verkauf von Edelsteinen kündigt Ihnen einen finanziellen Gewinn an.

Eden Sollte der Garten Eden in einem Traum eine Rolle spielen, so ist das ein günstiges Vorzeichen. Die Seele befindet sich im Gleichgewicht und man kann mit Ruhe und Klarheit die Situation erkennen und Pläne schmieden.

Ehe Ausgleich von Gegensätzen. Nicht nur männlich–weiblich, sondern auch von Körper und Seele, Bewusstem und Unbewusstem. Das Traummotiv kann nur im Zusammenhang mit den wirklichen Beziehungen des Träumenden gedeutet werden. Erotische Wunschträume verbergen sich oft dahinter, verbunden mit dem Wunsch nach Ernsthaftigkeit der Beziehung, nach Ausgewogenheit und Versöhnung von Gegensätzen. Da es ein Wunschtraum ist, scheint die Wirklichkeit zu enttäuschen. Oft steht Ehe auch für die innere Ausgeglichenheit beziehungsweise bei Scheidung für den Verlust der inneren Harmonie.

Ehebruch Findet im Traum ein Ehebruch statt, so hängt die Deutung zum größten Teil von den moralischen Werten ab, nach denen der Träumende lebt. So kann der Traum darauf hinweisen, dass man Skrupel bezüglich einer Beziehung hat, die eher auf Trieb als auf Liebe gegründet ist. Oder es kann ein Hinweis darauf sein, dass man Gefahr läuft, die Einheit der eigenen Persönlichkeit aufs Spiel zu setzen, wenn man eigennützige Wünsche verfolgt.

Ehering Einem Ehering im Traum wird gewöhnlich eine negative Bedeutung zugeschrieben; eine Beziehung soll zu Ende gehen.

Ei Träume, in denen Eier vorkommen, sind durchweg positiv. Etwas Neues, Schönes ist im Werden begriffen, Ihre weiteren Lebensaussichten versprechen Erfolge. Als ein Symbol für Schöpfung, Neuanfang, Wiedergeburt hat das Ei mythologische Bedeutung (Ostereier).

Eiche Die Eiche ist im europäischen Kulturkreis schlechthin das Symbol für Stärke, Macht, Standhaftigkeit und Schutz. Je nach dem Kontext, in dem die Eiche im Traum auftaucht, hat sie einige oder alle diese Bedeutungen.

Eichel (Frucht der Eiche) Stellt die Anlagen dessen dar, wofür die Eiche steht (siehe oben). Diese Eigenschaften sollten aber noch gefördert werden. Eicheln sammeln kann auf finanziellen Erfolg deuten.

Eid Ein Eid im Traum steht oft dafür, dass sich der Träumende in der Gefahr sieht seine Prinzipien zu verraten. Er benötigt einen gewissen Druck, um sich selbst treu bleiben zu können.

Eidechse Als Miniaturausgabe des → Drachens steht die Eideckse für dieselben Deutungen in harmloserer Ausprägung. In bestimmten Lebenssituationen symbolisiert sie jedoch Missgunst, Verrat und unerwartete Enttäuschungen durch nahestehende Menschen.

Einbahnstraße In diesem Bild verbindet sich der Wunsch, anders zu handeln als man es gerade tut, mit der Einsicht, dass man den Weg, den man einmal eingeschlagen hat, nicht ohne Not oder sehr gute Gründe wieder verlassen sollte. Ihre Gefühle während des Traums zeigen Ihnen an, wie sehr Sie mit Ihrem Lebensweg innerlich einverstanden sind.

Einbalsamierung Man möchte etwas Schönem Dauer geben und fürchtet sich daher verstärkt vor dem Verfall.

Einbrecher Dies steht für die Angst des Träumenden, dass jemand in sein wohlgeordnetes Leben eindringt und es in Unordnung bringt. Das können Menschen sein, mit denen er eine Beziehung eingeht oder auch Gefühle (wie zum Beispiel sexuelle) aus dem Unbewussten. Bei Frauen kann sich so auch die Angst vor einer Vergewaltigung zeigen. Der Traum von einem Einbrecher kann aber auch bedeuten, dass man Schuldgefühle hat, da man etwas (vermeintlich) Böses getan hat.

Eingeborene Eingeborene symbolisieren die unbewusste, triebhafte Seite der Persönlichkeit, die oft vernachlässigt wird. Zudem deuten sie auf Magie und Rituale hin, das heißt der Träumende sucht Zuflucht zu irrationalen, unvernünftigen Mitteln, um seine Probleme zu bewältigen. Bemühen Sie lieber Ihren Verstand und überdenken Sie die Situation noch einmal.

Einhorn Das Einhorn ist ein Symbol mit sexueller Komponente – ein deutlicher Hinweis auf das männliche Geschlechtsorgan. Das Einhorn wird im Märchen dadurch gezähmt, dass es seinen Kopf in den Schoß einer Jungfrau legt. Der Träumende sehnt sich wahrscheinlich auch nach neuen, unverbrauchten Erfahrungen und strebt nach Reinheit. Andere Deutungen sehen im Einhorn ein Symbol, das den Träumenden zu Moral und Verantwortungsbewusstsein mahnt.

Eins Die Eins steht für die ursprüngliche Einheit. Der Träumende sucht nach Einheit. Er empfindet großes seelisches Durcheinander und möchte dies klären.

Einsiedler Der Träumende entwickelt ein starkes Bedürfnis danach, sich aus der geschäftigen Welt zurückzuziehen. Vielleicht aber nur, um mit neuer Kraft und neuen Ideen wieder aufzutauchen.

Eis Der Traum in dem Eis vorkommt, deutet an, dass der Träumende unter seiner eigenen Gefühlskälte oder der seiner Umwelt stark leidet. Es kann aber auch die Empfindung sein, dass in seinem Leben alles erstarrt ist. Er bedarf der mitmenschlichen Wärme, um „aufzutauen".

Eisberg Der Eisberg ist ein typisches Symbol für das Bewusstsein; ein Drittel ist sichtbar, die anderen zwei Drittel sind unsichtbar (das Unbewusste). Dem Träumenden wird in einem Eisbergtraum dieses Verhältnis vor Augen geführt. Der größte Teil seiner Psyche ist ihm unbekannt.

Eisen Der Träumende will hart sein, und seine Gefühle sollen ihn nicht beeinflussen. Insensibilität und Starrheit sind kennzeichnend für seinen Charakter.

Eisenbahn Der Träumende glaubt, dass sein Leben in den richtigen Bahnen läuft und es zügig vorangeht. Abweichungen akzeptiert er nicht, darum wirkt er auch oft stur und eingefahren. Für S. Freud ist die Eisenbahn ein Todessymbol. Der Traumzusammenhang bietet weitere Aufschlüsse. → Geleise

Eiszapfen Eiszapfen im Traum symbolisieren „eingefrorene" (unterdrückte) sexuelle Wünsche und Triebe.

Eiter Ein Teil des Körpers des Träumenden funktioniert nicht richtig, er verfügt nicht über genug Lebenskraft. Vielleicht ekelt sich der Träumende aber auch über etwas in seiner näheren Umgebung, diese Abneigung löst fehlerhaftes Verhalten aus. Gehen Sie dem genauer auf den Grund, sonst droht eine innere Zersetzung.

Elefant Laut S. Freud ist der Elefant, bedingt durch seinen Rüssel, ein Symbol des Geschlechtsaktes. Er kann auch für das Unbewusste stehen, das als riesig empfunden wird und das nur schwer zu kontrollieren ist. Da es auch die Redewendung „Ein Elefant vergisst nie etwas" gibt, kann ein Traumelefant auch auf ein Geschehen hinweisen, das sich tief im Gedächtnis eingegraben hat. Als „Dickhäuter" erweist sich der gemütliche, kaum aggressive Träumende aber auch.

„Ein Elefant vergisst nie etwas!"

Elektrizität Als Symbol geistiger oder sexueller Energie deutet Elektrizität auf überraschende Ereignisse hin. Durch eine plötzliche Erkenntnis kann die eigene Situation aufgehellt werden. Bei einer Zufallsbekanntschaft kann im wahrsten Sinne des Wortes „der Funke überspringen". Aber Vorsicht: Der Stromfluss kann ebenso schnell auch wieder unterbrochen werden!

Elend In Ihrem Unbewussten scheinen die Alarmglocken zu läuten. Sind Sie gerade im Begriff, etwas zu tun, was Ihnen schaden kann. Oder handeln Sie gegen Ihre Überzeugung? Vielleicht meint Ihr Unbewusstes aber auch, dass Sie viele Neider haben.

Elster Da die Elster als ein diebischer Vogel gilt, steht sie im Traum für große Wünsche, um deren Erfüllung willen der Träumende sogar Regeln brechen will.

Eltern Eine generelle Deutung ist hier nicht möglich. Sie hängt wesentlich von der Beziehung des Träumenden zu seinen Eltern ab. Generell kann man wohl aber sagen, dass die Eltern für das Bedürfnis nach Geborgenheit und Sicherheit, Rat und Hilfe stehen. Aber auch das Alter ist wichtig und die Situation. Für einen jungen Menschen mag das Bild der Eltern für Einschränkung und Unselbständigkeit stehen, für einen älteren für Geborgenheit und Sicherheit. Den Träumen über seine Eltern sollte man höchste Aufmerksamkeit schenken und jedes Detail beachten. Niemand anders hat unsere Persönlichkeit so beeinflusst wie sie. Sterben Ihre Eltern im Traum, so brauchen Sie keine Angst oder Schuld zu empfinden. In bestimmter Hinsicht müssen die Eltern in uns sterben, damit wir selbständiger werden und in ihnen die Menschen sehen können, nicht unsere Versorger.

Enge Sie haben sich vermutlich selbst zu enge Grenzen gesetzt. Gönnen Sie sich mehr Freiraum, das Leben kann auch für Sie viel bunter und abwechslungsreicher sein als Sie glauben. Zwingen Sie aber nichts, gehen Sie langsam und bedächtig vor, wenn Sie sich mehr Freiraum erobern möchten.

Engel Der Träumende hofft auf göttlichen oder übernatürlichen Einfluss bei der Lösung seiner Probleme, zumindest aber darauf, dass die Lösung aus seiner „Seele" kommt. Engel können auch ein Todessymbol sein und sind somit ein Hinweis auf die Welt des Jenseitigen.

England Der Träumende ist sehr kühl in seinen Gefühlsäußerungen.

Er beschäftigt sich mehr mit den konkreten und praktischen Dingen des Lebens. Besucht er aber oft dies Land, dann kann der Traum nur gedeutet werden, wenn man die persönlichen Erinnerungen an die Aufenthalte berücksichtigt.

Entdeckung Im Traum eine Entdeckung zu machen kündigt oftmals Neuigkeiten oder Enthüllungen an. Ob sie sich positiv oder negativ auswirken, hängt von den weiteren Inhalten des Traums und der individuellen Lebenssituation ab.

Ente Die alten Traumbücher glauben, dass Enten auf wichtige Besprechungen in naher Zukunft hinweisen und Glück und Wohlstand verheißen. Schwimmt die Ente, so geht alles leicht nach Ihren Wünschen. Watschelt sie auf dem Land, so stellen Sie sich ungeschickt an. Trotzdem sollten Sie Erfolg haben. Gebraten: Sie träumen vom Schlaraffenland und wollen Erfolg ohne Arbeit.

Entführung Sind Sie der Entführte, so bedeutet das, vieles geschieht gegen Ihren Willen und man nimmt Sie und Ihre Gefühle häufig nicht ernst. Sie haben Minderwertigkeitsgefühle. Entführen Sie andere, überspielen Sie unterdrückte Triebe und Selbstzweifel durch aggressives Auftreten. Gelegentlich – etwa im Zusammenhang mit einer bevorstehenden Heirat – wird eine Entführung auch als Glückssymbol gedeutet.

Enthauptung Der Kopf ist der Sitz des Verstandes. Sein Verlust im Traum bedroht nicht Ihr Leben. Er kann aber darauf hinweisen, dass Sie Ihr Leben zu sehr vom Verstand bestimmen lassen und Ihre Gefühle dabei zu kurz kommen. Sie selbst sind es langsam leid, immer nur vernünftig zu sein. Sie sollten wirklich Ihren Gefühlen mehr Raum geben und das Leben nicht ganz so ernst und nüchtern nehmen. Aber verfallen Sie nicht in das andere Extrem, „kopflos" in eine Sache zu stürzen und zum Schluss den Überblick zu verlieren.

entkleiden Sich übertriebener Scham und Hemmungen entledigen. Der Träumende hat den Wunsch sich so zu zeigen, wie er wirklich ist. Er möchte sich über Normen und Konventionen hinwegsetzen.

entthronen Entthronen kann bedeuten, dass der Träumende wieder auf den Boden der Realität herabgeholt werden soll. Zudem kann die Entmachtung auch die Angst ausdrücken, die er vor dem Entzug der Liebe der Eltern hat.

entweihen Sie fürchten sich davor, dass man sich über Ihre Gefühle lustig macht. Vielleicht gestehen Sie sich auch nicht ein, dass Sie dabei sind, Ihre Gefühle und Empfindungen zu verraten.

Erbe Das Erbe symbolisiert das, was der Träumende an guten wie schlechten Gefühlen und Fähigkeiten von seinen Vorfahren ererbt hat und welche Ideen und geistige Werte er von anderen übernommen hat.

erbrechen Hier wird der Wunsch deutlich, etwas, was man nicht „verdauen" kann (auch im übertragenen Sinn) wieder loszuwerden, zum Beispiel unangenehme Konflikte und Eindrücke zu verdrängen oder vergessen. Ist es leicht, sie loszuwerden im Traum? Erbrechen kann aber auch den allgemeinen Lebensverdruss und Ekel vor sich selbst versinnbildlichen. Alte Deutungen verkünden Glück für den, der im Traum erbricht.

Erbstück Sie vertreten Tendenzen und Neigungen, die man von seinen Vorfahren geerbt hat. Der Träumende sollte sich damit intensiv auseinandersetzen. Was sind das für Erbstücke und in welchem Zustand sind sie? Aber lassen Sie diese Errungenschaften Ihr Leben nicht erdrücken.

Erdbeben Ihre Existenz droht von Grund auf erschüttert zu werden. Sie fühlen sich von der Gegenwart bedroht. Sie sollten klären, was Sie so durcheinanderbringt.

Erdbeeren Süße rote Früchte wie die Erdbeeren haben meist erotische Bedeutungen. Sie hoffen auf ein Abenteuer oder haben unbewusst wahrgenommen, dass sich jemand für Sie interessiert. Noch scheint aber nichts ausgesprochen, nur der Traum verrät die geheimen Sehnsüchte.

Erde Sie stellt im Traum die Wirklichkeit in ihrer Urform dar. Das, woher das Leben kommt und wohin es zurückkehrt. Sie ist die Basis des Denkens und Handelns. Sie trägt und nährt den Menschen und stellt deshalb auch die Mutter dar. Zur Erde kehrt der Mensch zurück, deshalb ist sie nicht nur ein Bild des Wachsens und Gedeihens, sondern auch ein Bild des Todes, aber nicht des Todes in seiner endgültigen Form, sondern des Todes mit der Möglichkeit zum Neuanfang.

Erdkugel Wenn Sie die Erdkugel im Raum schweben sehen, ist dies ein gutes Zeichen. Sie arbeiten daran, einen eigenen Standpunkt im Leben zu erringen. Da Sie im Moment den größtmöglichen Überblick haben, sollten Sie jetzt Ihre Schritte für die nächste Zukunft planen. Prüfen Sie sich aber genau, ob Sie nicht bloß auf der Flucht vor den Niederungen des grauen Alltags sind.

erdrosseln Irgendetwas in seinem Leben hindert den Träumenden daran, seine Fähigkeiten voll auszuleben. Es können seine Ängste oder Hemmungen sein. Aber auch die äußeren Lebensumstände können im Moment der Entfaltung seiner Persönlichkeit hinderlich sein.

erfinden Der Träumende hat eine überraschende Möglichkeit gefunden, seine Schwierigkeiten zu überwinden. Seine Erfindungskraft und Kreativität werden ihm gute Dienste leisten, sie auch zu verwirklichen – er ist also in jedem Fall auf dem richtigen Weg.

Ernte Erscheint sie im Traum, so soll die Zeit gut für Geschäfte jedweder Art sein. Etwas, das viel Arbeit, Mühen und Kummer bereitet hat, zahlt sich nun aus. Sie haben das berechtigte Bedürfnis nach Erkenntnis und Erfolg.

Eros Er ist der griechische Gott der Liebe, seine Begleiter sind die Eroten, kleine nackte Knaben mit Pfeil und Bogen wie Amor, der römische Liebesgott. In diesem Traumbild ist

nichts verschlüsselt. Ganz offen redet es von der Liebesbeziehung zwischen Mann und Frau. Was Ihr Unbewusstes von Ihrem momentanen Liebesleben hält, verraten Ihnen die Einzelheiten des Traums.

erstechen Die aggressive Seite der Sexualität erschreckt und verstört den Träumenden zutiefst.

ersticken Der Träumende hat eine Erfahrung gemacht, die er auf gar keinen Fall annehmen will. Sie belastet ihn so stark, dass er das Gefühl hat, keine Luft zum Atmen zu bekommen. Das größte Problem ist hier aber die Verkrampfung, die durch die Ablehnung entsteht. Hat sich der Träumende erst einmal dazu durchgerungen, die Wirklichkeit zu akzeptieren, wie sie nun einmal ist, dann kann er an Veränderungen denken. Kann man seine Träume wach erleben, also luzid träumen, sollte man sich daran zu erinnern versuchen, dass einem im Traum nichts passieren kann.

ertrinken Im Traum vom Ertrinken bedroht zu sein, verweist auf sehr ernsthafte Sorgen und Probleme, in denen man unterzugehen droht. Stress und Resignation sind nur durch Energieeinsatz abzubauen.

erwachen Das Erwachen im Traum ist ein sehr originelles Traumsymbol, das durchweg positiv zu verstehen ist. Jemanden erwachen zu sehen ist ein günstiges Vorzeichen, das neue Freundschaften verheißt. Vom eigenen Erwachen zu träumen symbolisiert neue Einsichten und Erkenntnisse. Berufliche oder persönliche Neuorientierungen nehmen einen guten Verlauf.

Esel Vielleicht fühlt sich der Träumende unwohl, weil er das Gefühl hat, dass er mit der Arbeit und dem Kummer anderer belastet wird. Der Esel kann auch als ein Symbol des Körpers verstanden werden, der geduldig seine Arbeit tut. Wird der Esel im Traum geschlagen oder ist er widerspenstig, so wird dem Körper zu viel zugemutet.

Essen Von Nahrungsmitteln zu träumen dürfte meist anzeigen, dass Sie zufrieden mit Ihrem Leben sein können. Vom Essen als Tätigkeit zu träumen deutet hingegen eher auf einen Mangel, abgesehen davon, dass Sie vielleicht einfach Hunger haben. Ihre Gefühle und seelischen Bedürfnisse scheinen nicht befriedigt zu werden. Gestehen Sie sich den Mangel ein. Träumen Sie aber davon, ohne Appetit und mit Widerwillen zu essen, haben Sie gegen irgendetwas einen instinktiven und

richtigen Widerwillen entwickelt. Sie sollten nicht aus Höflichkeit etwas mitmachen, zu dem Sie nicht stehen.

Eule Da Eulen in der Dunkelheit sehr gut sehen können, symbolisieren sie die Möglichkeit, die Kräfte des Unbewussten (zum Beispiel Intuition) nutzbringend anzuwenden. Schon seit dem antiken Griechenland sind Eulen auch ein Symbol der Weisheit. (→ Jung, Archetyp)

Eunuch Die Sexualität des Träumenden ist verkümmert oder zerstört worden. Er ist zu keinen wirklichen (sexuellen) Gefühlen mehr fähig. Ein Eunuch kann aber auch die geistige „Unfruchtbarkeit" bedeuten.

Euter Es ist das Organ, das Nahrung spendet und dem der Landwirt einen Teil seines Reichtums verdankt. So steht es für Glück, wachsenden Wohlstand und Zufriedenheit. Der Zusammenhang, in dem das Bild im Traum auftaucht, kann Ihnen auch Hinweise geben, in welchem Bereich Sie selbst im Moment besonders schöpferisch sein können.

Eva Sie ist nicht nur die große Verführerin. Vor allem im Traum dürfte ihre Rolle als Mutter der Menschheit im Vordergrund stehen. Sie

steht deshalb eher für Einfühlungs-
vermögen und Fürsorglichkeit. Der
Traumzusammenhang verrät, ob Sie
selbst zuviel oder zuwenig davon haben oder ob Sie diese Eigenschaften
bei anderen erwarten oder vermissen. Auch Männer können mütterli-
che Qualitäten haben. In ihren
Träumen bezieht sich das Bild auch
selten auf eine wirkliche Frau, sondern auf die eigene Person. Selbst

wenn im Moment wieder die harten
Männer gefragt sind, gesund kann
man nur sein, wenn man auch seine
weibliche, sanfte Seite entwickelt.

Exkremente Der Traum kann bedeuten, dass aus etwas, das der Träumende loswerden will, Gutes und
Nützliches entsteht, die Exkremente
entsprechen in dem Fall dem Dünger. Nach Freud entstehen bei der

Eule

Abgabe von Exkrementen Verlust-
gefühle; der Träumende hat Ängste,
er fühlt sich ungeliebt oder zu wenig
geliebt.

Explosion Sie ahnen es sicher
schon, in Kürze droht mit einem
großen Knall Ärger über Sie herein-
zubrechen. Sie werden ihn kaum ab-
wenden können, also bereiten Sie
sich vor. Oder staut sich gerade in
Ihnen eine größere Wut an? Auch
die kann bald aus Ihnen rausplatzen.
→ Bombe, → Dynamit

Fabrik Der Traum über eine Fabrik gibt dem Träumenden einen Hinweis darauf, dass sein Leben zu automatisch und schematisch abläuft. Seinem Leben fehlt die persönliche Note, es mangelt an Individualität. Vielleicht verläuft es aber auch zu hektisch, ähnlich der Betriebsamkeit in einer Fabrik. Positiv betrachtet bedeutet eine Fabrik auch Aktivität, Handlungen, Gemeinschaftssinn.

Fackel In der Mythologie steht die Fackel, aber auch die Kerze seit alters her für das Lebenslicht. So meinte man, aus einer hell lodernden Fackel auf ein langes Leben und aus einer verlöschenden auf eine Krankheit oder gar das nahe Ende schließen zu können. Zum Glück stimmt dies nicht. Es mag eher das Licht der Erkenntnis sein, was uns zu dieser Zeit aufgeht oder aber verlöscht. Der Zustand des Lichtes kann uns auch zeigen, wie es mit unserer Energie und dem Lebensmut bestellt ist.

Faden Einem Gedanken oder Plan fehlt noch die nötige Stärke um in die Tat umgesetzt zu werden. Er ist flüchtig, zu spontan, kann auch leicht verlorengehen. Andererseits haben Fäden im Traum auch etwas Verbindendes, Festigendes beziehungsweise Abhängiges.

Fähre Der Träumende befindet sich in einer für ihn wichtigen Übergangsphase. So entwickelt sich zum Beispiel seine Persönlichkeit in eine neue Richtung, oder er überwindet ein Gefühl (Wasser ist ein Symbol der Gefühle), das ihn auf seinem Lebensweg behindert hat, er macht sich auf zu neuen Ufern.

Fälschung Der Träumende macht in Kürze eine unangenehme Erfahrung mit anderen Menschen, die ihn täuschen wollen. Sie gaukeln ihm etwas vor und hoffen auf seine Gutmütigkeit, wollen sich aber nur an ihm bereichern. Der Traum kann ihn aber auch persönlich vor Lügen und Betrug warnen.

Fahne Rote und schwarze Fahnen gelten als Übel und Unheil bringend. Rot kann aber auch für Energie und Lebenskraft stehen. Wichtiger ist der Zusammenhang: Wird sie vorangetragen, dann haben Sie den Wunsch, einem höheren Ideal zu folgen. Überlegen Sie aber, ob es wirklich Ihr Ideal ist, oder ob Sie den Machtgelüsten anderer zu Diensten sind.

Fahrgast Träumt jemand, als Fahrgast in einem Auto etc. mitzufahren, so befindet er sich in der Gefahr, dass andere die Initiative ergreifen. Er kann dann einfach nur mitmachen, nicht mehr frei bestimmen.

Fahrkarte Löst man eine Fahrkarte im Traum, so hat man etwas Neues vor. Aus eigener Initiative unternimmt der Träumende Dinge, die ihn in seinem Leben vorwärtsbringen. Die Fahrkarte verlieren, bedeutet dagegen einen Rückschritt in der Persönlichkeitsentwicklung.

Fahrrad Das Fahrrad als Fortbewegungsmittel steht für Mobilität, Selbstständigkeit und die Fähigkeit, Hindernisse individuell zu überwinden. Bestehende Probleme können durch Ausdauer und Beharrlichkeit überwunden werden.

Fakir Ein Fakir steht für unangepasstes Verhalten außerhalb der Normen. Das bezieht sich etwa auf bestimmte Charakterzüge des Träumenden. Eventuell kann dies auch auf eine unbewusste masochistische Tendenz hindeuten.

Falke Werden Sie im Traum von einem Falken bedroht, sollten Sie auf Missgunst in Ihrer Umgebung achten. Sind Sie selbst der Falkner, überprüfen Sie Ihren Umgang mit anderen. → Adler

fallen Der Falltraum gehört zu den klassischen Träumen. Die Psychoanalyse behauptet, dass dieser Traum immer sexueller Natur sei. So wird das Fallgefühl mit Empfindungen während des Sexualaktes erklärt, bei dem man unter Umständen ein schlechtes Gewissen hat. Träumen Frauen vom Fallen, so halten sie sich laut Freud für ein „gefallenes Mädchen", da sie einer sexuellen Wunschvorstellung oder Fantasie nachgegeben haben. Andere Deutungen sagen, dass Fallen im Traum den Verlust an Selbstvertrauen, Ansehen und Macht anzeigen. Man muss Pläne und Vorhaben aufgeben. Das Fallen kann aber auch körperliche Ursachen (niedriger Blutdruck) haben.

Fallschirm Der Fallschirm ist ein gutes Symbol. Das Unbewusste signalisiert dem Träumenden, dass er in sich selbst Halt finden und nicht in das Bodenlose fallen wird. Er kann Ängste überwinden, zum Beispiel auch die Angst vor dem Fallen.

Fallstrick Ein Plan, der ins Auge gefasst wurde, ist schon in seinem Ansatz falsch.

Falschgeld Träumt man von Falschgeld oder Fälschungen, so ist damit zumeist eine Warnung vor den eigenen schlechten Absichten verbunden, die einem Schimpf und Schande einbringen würden. Ist man selbst der Geprellte, sollte man sich vor Betrügern in Acht nehmen.

Farben Farbige Träume sind gar nicht so selten wie viele glauben. Farben bleiben aber im Allgemeinen nur in Erinnerung, wenn sie eine besondere Bedeutung haben. Farben ergänzen die sonstigen Traummotive und verleihen ihnen eine bestimmte Stimmung. Zur Deutung siehe die einzelnen Einträge. Erinnert man sich an gar keine Farben, ist Folgendes zu bedenken: Herrscht in einem Traum Schwarz vor, kann das auf einen Stillstand hindeuten, etwas Wichtiges ist dem Träumenden nicht bewusst. Steht Weiß im Vordergrund, kann auch das ein Hinweis darauf sein, dass dem Träumenden etwas nicht bewusst ist. Doch ist hier die Situation in Bewegung und überraschende Veränderungen könnten bevorstehen.

Fass Ein volles Fass zeigt an, dass Sie mit Ihren Lebensumständen zufrieden sein können. Sie haben sich erarbeitet, was nötig ist. Ein leeres Fass hingegen deutet auf Mangel hin. Es gibt etwas Wichtiges, das Sie vermissen. Steht das Fass im Haus, so haben Sie vielleicht vernachlässigt, eine bestimmte Seite Ihrer Person zu entwickeln. Steht es im Freien, fehlt es mehr an äußeren Sicherheiten. Das sprichwörtliche Fass ohne Boden will Ihnen wahrscheinlich sagen, dass Sie vergeblich Arbeit und Mühe in eine erfolglose Angelegenheit stecken.

Fassade Der Träumende möchte ein anderer sein, als er ist. Er offenbart seinen Mitmenschen seine wahre Persönlichkeit nicht, aus Angst, Unsicherheit oder weil er glaubt, er habe tatsächlich etwas zu verbergen.

fasten Träumt man vom Fasten, so kann dies bedeuten, dass man sich von der Umwelt in keinster Weise beeinflussen lassen will. Man beschäftigt sich hauptsächlich mit dem, was in der eigenen Seele passiert. Das Ergebnis kann sein, dass man alte Verhaltensweisen und Vorstellungen ablegt. Fasten lässt sich aber auch als ein gestörtes Verhalten in Bezug auf Sinnlichkeit deuten.

Faust Der Träumende verfügt über eine große Tatkraft, die es ihm ermöglicht, schnell und konsequent zu handeln. Da die Faust aber auch ein Symbol für Kampf ist, kann es sein, dass innere Spannungen nach Lösung schreien. Wer selbst die Faust ballt gegen andere, möchte sich in den Vordergrund drängen.

fechten Mit Taktik, Finessen und Finten versuchen Sie ans Ziel zu kommen. Anstehende Unternehmungen können aber nur durch sorgfältiges Planen erfolgreich sein. Dabei sollte auch auf die Art und Weise der Auseinandersetzung geachtet werden. Sie sollte dem Anlass entsprechend stilvoll sein.

Feder Eine Feder kann Wünsche und Hoffnungen ausdrücken, aber es kann auch heißen, dass man zu Unrecht den Lohn für etwas beansprucht, den man eigentlich gar nicht verdient (sich mit fremden Federn schmücken). Eine weiche Feder soll außerdem Gewinn bedeuten.

Federvieh Durch einen Hof voller gackernder Hühner oder umherlaufender Enten mag Sie Ihr Unbewusstes vor Böswilligkeit und Dummheit in Ihrer Umgebung warnen. Vielleicht sind es aber auch eigene dumme und üble Gedanken, die Sie beschönigen. Achten Sie auf die Zusammenhänge und Ihre Gefühle dem Traumbild gegenüber.

Feige Ein klassisches Symbol für das weibliche Geschlechtsorgan. Der Baum der Versuchung im Paradies war auch eigentlich ein Feigenbaum und kein Apfelbaum. Deshalb wird unter anderem der Feigenbaum auch verflucht. Jesus bringt den Feigenbaum mit dem Ende der Zeiten und der Wiederkunft Christi in Verbindung.

Feind Träumen Sie von Feinden, müssen Sie klären, ob sich hier wirkliche äußere Feinde darstellen. Wahrscheinlicher ist meist, dass der Feind in Ihnen selbst steckt. Verdrängte Wünsche, Hoffnungen oder Talente können sich nach einer Weile gegen Sie selbst richten. Die Natur fordert ihren Tribut, manchmal auch gegen Ihre bewussten Pläne. Beherrschen Sie das luzide Träumen (siehe Seite 25), so gehen Sie auf Ihre Feinde zu und versuchen Sie, sich mit Ihnen zu unterhalten. Sie werden dann feststellen, dass der

Gegner gar nicht so böse ist, ganz im Gegenteil. Lernen Sie von Ihren Feinden und machen Sie sich zu Freunden.

Feld Bestellt der Träumende im Traum ein Feld, so bedeutet das, dass er die ihm gestellten Aufgaben sehr gut lösen wird. Liegt das Feld allerdings brach da, sollten Sie Ihre Fähigkeiten besser nutzen.

Fell Ein Fell im Traum steht meist für die von manchen Menschen als tierisch empfundenen Sexualtriebe oder einfach für (vermeintliche) animalische Charakterzüge. Ein Fell kann auch die Sehnsucht nach Wärme und Zärtlichkeit symbolisieren.

Fels Der Träumende ist hart und unnachgiebig gegen sich selbst und andere. Positiv heißt es auch, dass Sie zäh und standhaft an Probleme herangehen. Versuchen Sie einen Felsen zu besteigen, sind Sie im Begriff, ein Problem zu lösen.

Fenster Der Träumende nimmt nicht direkt am Geschehen des Lebens teil, er befindet sich eher in der Rolle des Beobachters. Wichtig ist, ob Sie aus dem Fenster heraussehen oder durch das Fenster in etwas hinein. Ist der Blick klar oder verschwommen? Ein offenes Fenster bedeutet Glück.

Fernrohr Ein Fernrohr bedeutet, dass man sich einen Überblick verschaffen will und sehen möchte, was sich in der Ferne (Zukunft) abspielt. Zum anderen ist das Fernrohr aber auch ein Instrument, das den Blickwinkel einengt.

Fernsehen Das Fernsehen symbolisiert die Angst vor dem Alleinsein, die durch die scheinbare Verbindung zur Aussenwelt überspielt werden soll. Haben Sie Bedenken, sich mit sich selbst auseinanderzusetzen? In Verbindung mit anderen Menschen kann Fernsehen auch als Kontaktfreudigkeit gewertet werden.

Ferse Die Achillesferse aus der griechischen Sage ist jedem bekannt. Auch im Traum steht sie für unsere schwache Stelle. Achten Sie auf den Zusammenhang und lernen Sie aus Ihrem Traum, wo Sie sich keine Blöße geben oder wo Sie mehr Stärke entwickeln sollten.

Fessel Die Bewegungsfreiheit ist eingeschränkt, Sie können nicht tun, was Sie möchten. Wahrscheinlich ist die Bindung an einen Menschen dafür verantwortlich. War der Traum unangenehm, dann fühlen Sie sich unfrei und würden die Beziehung am liebsten beenden, da sie zur Belastung geworden ist. Es gibt aber auch positive Bindungen, für die wir gerne auf einen Teil unserer Freiheit verzichten, etwa die Ehe oder eine enge Freundschaft. Der Traumzusammenhang macht deutlich, wie das Bild zu deuten ist.

Fest Wenn Sie von einem fröhlichen Fest träumen, dann schätzen Sie sich glücklich. Ihre Grundstimmung dürfte fröhlich, energievoll und optimistisch sein. Kein Problem ist im Moment so groß, dass es Sie aus der Ruhe bringen könnte.

Festung Ein zwiespältiges Symbol. Auf der einen Seite ist man verunsichert und fürchtet Gefahr. Man weiß nicht, woher sie kommt, das ganze Leben scheint bedrohlich. Es verbirgt sich in dem Bild aber auch der Wunsch, das jemand kommen möge, der einen aus der Abgeschlossenheit befreien und die Mauern niederreißen kann. Dahinter kann sich eine unsichere, hilfebedürftige Person verstecken. Sie vergeben sich nichts, wenn Sie zugeben, auf andere angewiesen zu sein. Keiner kann alleine leben. (→ Burg)

Feuer Bei der Deutung von Feuer im Traum ist ganz besonders auf den Zusammenhang zu achten, in dem es auftaucht. Es kann Liebe, Leidenschaft oder andere heftige Gefühlsausbrüche symbolisieren. Aber auch Kraft, Stärke und die Möglichkeit

zur völligen Zerstörung. Bringt man Feuer mit der Idee des Fegefeuers zusammen, so kann dies auch ein Hinweis auf innere Reinigung sein.

Feuerwehr Eine Instanz, die verhindern soll, dass das → Feuer einen zu großen Schaden anrichtet. Eine Kraft, die von außen auf den Träumenden einwirkt, zum Beispiel die bürgerliche Moral. Oder das innere Bemühen, das eigene Feuer unter Kontrolle zu halten.

Feuerwerk Von einem Feuerwerk zu träumen signalisiert eine Neigung zu spontanen Entscheidungen mit ungewissem Ausgang. Sie lassen sich möglicherweise zu leicht von Oberflächlichkeiten beeindrucken und sollten mehr Realitätssinn an den Tag legen.

Fieber Von Fieber zu träumen kann auf eine große Anspannung im Alltagsleben hinweisen. Sie brauchen bald Erholung und Ruhe. Aber auch eine richtige körperliche Erkrankung kann sich so ankündigen, vor allem, wenn Sie schweißgebadet aufwachen sollten. Wenn das häufiger vorkommt, sollten Sie Ihren Arzt dazu befragen.

Film Einen Film zu drehen oder einen zu sehen zeigt den Wunsch nach Veränderung des gegenwärti-

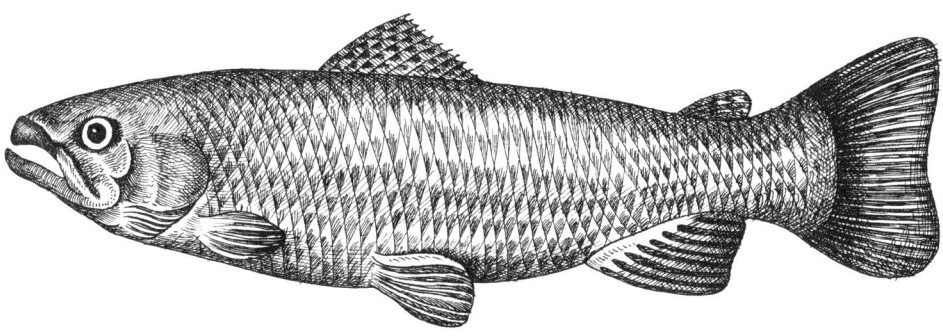

Fisch

gen sozialen Umfelds an. Je nach Inhalt des Films können dadurch auch verborgene Sehnsüchte oder der Wunsch nach einer Flucht aus der als bedrückend empfundenen Realität zum Ausdruck kommen. Eventuell steht eine Reise an.

Finger Nach Freud wiederum ein Symbol der Sexualität (das männliche Glied). Finger sind zudem ein wichtiges Mittel um Stimmungen und Gefühle auszudrücken (Gestik). Der Träumende hat ein wenig das Vertrauen in die Sprache verloren – sie erscheint ihm zu missverständlich und verlogen – und sehnt sich nach anderen Mitteilungsformen. Ein verletzter Finger kündigt einen Streit an; ein erhobener Finger warnt.

Finsternis Im Dunkeln zu tappen deutet natürlich meist auf eine undurchsichtige Lage, seien es äußere

Umstände oder die mangelnde Selbsterkenntnis, die Sie im Dunkeln liegen lassen. Sie scheinen den Weg verloren zu haben oder sind in einer verfahrenen Situation. Wenden Sie sich an jemanden, der Ihnen helfen könnte.

Fisch Ein typisches Symbol für die (unbewusste) Persönlichkeit des Träumenden. Sexuell kann er für Gefühlskälte und Frigidität stehen. Später wurde der Fisch mit Jesus und dem Christentum in Verbindung gebracht. Darüber hinaus ist der Fisch ein überaus vielschichtiges Symbol. So steht er für Schnelligkeit und Wendigkeit, er ist nicht so einfach zu packen. Der Fisch kann auch für neue oder unbekannte Gefühle (symbolisiert durch Wasser) ein Anzeichen sein. Fische zu fangen kann heißen, man soll mehr Selbstreflexion betreiben, um innere Harmonie zu finden.

Flammen Sie sind immer mit der kosmischen Lebenskraft verbunden, die zerstört, um Raum für neue Entwicklungen zu schaffen. In ihrer reinigenden Kraft vergeht ein alter Lebensabschnitt. Eine neue, glückliche Phase steht Ihnen bevor. Vor den Veränderungen brauchen Sie keine Furcht zu haben. Aber vielleicht haben Sie ja auch selbst die positive Kraft des Feuers im Traum verspürt.

Flechtwerk Alles geflochtene, gleich ob Körbe, Kränze, Seile, Zöpfe und Ähnliches, zeichnet sich dadurch aus, dass es auf festen Verbindungen beruht. Solche Gegenstände sind vorteilhaft für alle Verbindungen, für Ehen, Freundschaften oder Geschäftsbeziehungen. Für eine Reise oder Flucht sind sie aber aus dem gleichen Grund ein schlechtes Vorzeichen, denn man wird aufgehalten werden.

Fleck Flecken auf dem Körper oder auf einem Kleidungsstück gehen auf Schuldgefühle und die Angst vor einem Skandal zurück, den der Träumende fürchtet. Häufig warnen sie aber auch vor den Konsequenzen einer beabsichtigten Handlung.

Fledermaus Die Fledermaus weist auf die dunklen, unheimlichen und unkontrollierbaren Kräfte (Vampir) und auf den Tod hin. Da Fledermäu-se nur in der Nacht in Erscheinung treten, stehen sie auch mit Bildern etc., die aus dem Unbewussten hervortreten, in Zusammenhang, künden also von Angst vor dem Unbewussten.

Flieder Im Flieder verbindet sich lieblicher, durchdringender Duft mit der Erwartung des Frühlings. Wie bei allen Blumen schwingt hier Erotik mit. Eine romantische Annäherung scheint bevorzustehen. Vielleicht wird sie aber auch von Ihnen erwartet. Überlassen Sie sich dem zarten Traum von Aufbruch und Liebe.

fliegen Der Flugtraum ist wiederum einer der klassischen Träume. Für Freud stellt er ein Symbol des Orgasmus dar und für Jung zeigen sie das Verlangen an, Schwierigkeiten zu lösen und sich von Beschränkungen zu befreien. Den Flugtraum kann man somit als den Wunsch nach Freiheit interpretieren.

Flöte Die Flöte steht zum einen für das männliche Sexualorgan, zum anderen für Ruhe, Freude und Ausgeglichenheit. Hierbei ist der Traumzusammenhang zu beachten. Wird auf der Flöte gespielt? Welche Gefühle entwickelt der Träumende?

Flugzeug

Flugzeug Flugträume sind sehr weit verbreitet. Träume von einem Flugzeug deuten oft auf ein Wachsen der Persönlichkeit hin. Man befreit sich von der Schwerkraft und der scheinbaren Enge der eigenen Fähigkeiten und bricht zu neuen Ufern auf. Im Traum ohne technische Hilfsmittel zu fliegen bedeutet, sich über sich selbst und über die Realität hinauszuheben – Voraussetzung von Kreativität. Aber achten Sie darauf, dass Sie auch wieder landen, also den Boden unter den Füßen nicht ganz verlieren.

Fluss Große und tiefe Gefühle tragen den Träumenden oder reißen ihn mit auf dem Strom des Lebens. Der Fluss kann außerdem an die Unabwendbarkeit des Verrinnens der Zeit erinnern.

Frau Träumt ein Mann von einer (unbekannten) Frau, dann setzt er sich darin entweder mit seiner Mutter auseinander oder aber mit seiner eigenen Sexualität und seinen Ansprüchen an Frauen. Taucht eine Unbekannte im Traum einer Frau auf, dann sollte sie versuchen, einen noch unbekannten Teil von sich selbst in dieser zu erkennen.

Fremder Etwas Unbekanntes oder Neues beunruhigt oder ängstigt den Träumenden. Dies können Erfahrungen in der Alltagswelt oder Gefühle sein.

Freund Freundschaften symbolisieren die positiven Eigenschaften des Träumenden und verkündigen freudige Ereignisse oder Hilfe von außen. Neue Freunde weisen auf ein gestiegenes Selbstwertgefühl hin, während der Streit mit einem Freund oder eine zerbrochene Freundschaft Schwierigkeiten in Ihren Beziehungen zu anderen Menschen ausdrücken. → Feind

Friedhof Der Träumende erinnert sich an Werden und Vergehen. Vielleicht hat er Furcht vor kommenden Schwierigkeiten oder er muss sein Leben in wichtigen Punkten ändern und liebgewordene Gewohnheiten aufgeben. Auch wenn die Gefühle beim Träumen bedrohlich waren, so kann man doch eine Wendung zum Besseren erwarten.

frisieren Es dient der äußeren Verschönerung und hat einen starken sinnlichen Aspekt. Ob man nun frisiert wird oder jemand anderem die Haare richtet, in den meisten Fällen dürfte es eine Form der sexuellen Annäherung darstellen. Damit verbunden ist der Wunsch zu gefallen. Denken Sie aber nicht immer nur an den Eindruck, den Sie auf andere machen möchten.

Frosch In Anlehnung an das Märchen vom „Froschkönig" symbolisiert der Frosch etwas, das eine völlig andere Bedeutung bekommt, wenn man sich ihm nähert. Unangenehmes stellt sich als Positives heraus. Sexualität erhält Erfüllung in einer Beziehung. Gefühlskälte und eine Warnung vor einem Unglück können auch durch den Frosch vorausgesagt werden.

Frost Angst vor Unannehmlichkeiten plagt den Träumenden. Er fürchtet sich vor Zurückweisung seiner Gefühle. Aber auch rein körperliche Gründe können vorliegen, etwa eine beginnende Erkältung.

Frühling Frühling steht für Jugend und Natürlichkeit. Die Natur blüht auf, das ganze Leben erhält neue Kräfte. Voller freudiger Erwartungen blickt alles in die Zukunft. So spiegelt das Motiv eine fröhliche und optimistische Grundstimmung wieder. Damit verbunden sind erotische Erwartungen. Potenz und Lust sind auf einem Höhepunkt und wollen ausgelebt werden.

Fuchs Im Märchen steht der Fuchs für Schläue, List und Tücke. Er kann im Traum bedeuten, dass man sich bei seinem Vorgehen auf seinen Instinkt verlassen soll. Aber auch, dass man nicht so schlau ist wie man meint und Gefahr läuft, anderen in die Falle zu gehen. Entscheidend ist das Gefühl, das Sie im Traum zu dem Fuchs haben.

Fuß Er symbolisiert die Lebensgrundlage und die innersten Gefühle des Menschen. In der psychoanalytischen Traumdeutung (→ Freud) ist der Fuß ein Symbol des männlichen Geschlechtsorgans. Entsprechend sind gesunde oder kranke Füße im Traum zu deuten. → Bein

Furcht Befinden Sie sich gerade in einer beängstigenden Lebenssituation, die Sie bis in den Traum hinein verfolgt? Meist sind es aber mehr körperliche Ursachen, die zu Angstträumen führen. Vielleicht haben Sie zu schwer zu Abend gegessen. Ebenso können Herz- oder Kreislaufprobleme solche Träume hervorrufen. Sollten Sie regelmäßig davon geplagt werden, befragen Sie Ihren Arzt, vor allem, wenn Sie danach wie zerschlagen aufwachen und sich nach dem Schlaf überhaupt nicht erholt fühlen. Auch leiden viele Menschen unter Atemstillständen während des Schlafes, die im Extremfall lebensbedrohlich werden können.

Gabel Ein Zwiespalt wird angezeigt. Sind Ihre Gefühle zersplittert? Oft steckt auch Eifersucht hinter diesem Traumsymbol. Hüten Sie sich vor Sticheleien und spitzen Bemerkungen (spitze Zinken). Lassen Sie nicht andere unter Ihrem Groll und Zwiespalt leiden.

Gähnen Es ist ein Anzeichen für Langeweile und Desinteresse. Gähnen Sie selbst, dann stehen Sie vor einer Aufgabe, die Sie gar nicht interessiert. Sehen Sie aber jemanden gähnen, dann haben Sie den Eindruck, sich in einer Gesellschaft zu befinden, die keinen Anteil an Ihren Plänen nimmt.

Gänsefedern Alte Traumbücher beziehen dieses Motiv auf unerledigte Post und versprechen Erfolg, wenn man sich ans Schreiben macht. Da wir heute aber nicht mehr mit Gänsefedern schreiben, dürfte diese Deutung meist nicht mehr zutreffen. Achten Sie auf den Zusammenhang. → Feder

Galgen Es wäre schön, könnte man Schwierigkeiten und Probleme dadurch aus der Welt schaffen, indem man kurzen Prozess mit ihnen macht und sie einfach aufhängt. Doch der Wunschtraum von einfachen und gewaltsamen Lösungen bringt Sie nicht weiter, im Gegenteil, die Unannehmlichkeiten könnten noch zunehmen. Sehen Sie sich selbst am Galgen, so ist dies aber ein gutes Zeichen. Sie scheinen eine schwierige Aufgabe endgültig gelöst zu haben und können sich nun Neuem widmen. Seien Sie jedoch nicht zu stolz auf sich selbst. → Aufhängen

Gans Die sprichwörtliche Dummheit der Gans ist zwar nur ein Vorurteil – in Wirklichkeit sind Gänse ziemlich kluge Tiere –, doch im Traum steht sie für Einfalt, vor allem in sexueller Hinsicht. Vermutlich haben Sie Angst, übervorteilt zu werden. Nehmen Sie die Befürchtung ernst und lassen Sie sich nicht ausnutzen. Wehren Sie sich! Gebratene Gans: Sie erscheinen in Festtagsstimmung. Gerupfte Gans: Sehen Sie beim Rupfen zu, so sollten Sie sich bei Geldangelegenheiten hüten, es scheint Sie jemand übervorteilen zu wollen. Rupfen Sie selbst, so könnten Ihre Motive in finanziellen Dingen nicht ganz aufrichtig sein. Eine andere Deutung sieht die Gans als Zeichen für Wachsamkeit und Treue.

Garben Die Garben stehen für das, was Sie bisher „geerntet" haben im Leben, aber auch für die enge Bindung an einen Menschen. Garben zusammenbinden bedeutet: Sie versuchen zusammenzuhalten, was Sie sich mühsam erarbeitet haben. Wenn Sie über ein abgeerntetes Feld gehen, kann das auch auf den Wunsch nach einem einfachen und überschaubaren Leben hinweisen. Wird Ihnen das ganze Leben zu kompliziert?

Garn Schieben Sie notwendige Entscheidungen nicht unnötig auf. Konzentrieren Sie sich auf das Wichtigste und verlieren Sie nicht den → Faden.

Garten Träume vom Garten symbolisieren Ruhe und Entspannung. Der Pflegezustand des Gartens gibt Auskunft darüber, wie mit dem umgegangen wurde, was das Leben bis jetzt angeboten hat.

Gas Böse Gedanken, die alles verderben. Böse Einflüsse, vor denen man sich fürchtet.

Gast Sie scheinen ein starkes Bedürfnis nach Geselligkeit und Abwechslung zu haben. Eine Ortsveränderung wäre angebracht. Vielleicht sollten Sie verreisen, damit Sie mal aus Ihren vier Wänden kommen.

Gatter Steht Ihnen im Traum das Gatter als Hindernis im Wege, dann haben Sie sich mehr vorgenommen, als Sie bewältigen können. Halten Sie ein und überdenken Sie Ihre Pläne. Wird ein Weg, den Sie gehen, an den Seiten von Zäunen begrenzt, dann haben Sie kaum die Möglichkeit, anders zu handeln. Doch Ihr Lebensweg ist sicher und verspricht Erfolg.

Gauner Sie hegen unbewusst Zweifel an den Motiven Ihrer Freunde. Es scheint jemand nicht aufrichtig Ihnen gegenüber zu sein. Sie sollten sich Gedanken über Ihre Beziehungen machen, vor allem geschäftliche, aber auch familiäre.

Gazelle Dieses elegante und schöne Tier ist bekannt für seine weiten und plötzlichen Sprünge. Das Bild hat eine starke Beziehung zu Sinnlichkeit und Erotik. Die Gefühle scheinen aber sprunghaft zu sein und nicht von Dauer. Haben Sie den Wunsch nach oder Angst vor flüchtigen Liebesbeziehungen?

Gebäude Alle Gebäude symbolisieren den Menschen in seiner Gesamtheit (→ Haus). Hohe Gebäude zeigen das Streben nach Erfolg, niedrige deuten auf Misserfolg und Unzufriedenheit mit der eigenen Bedeutung im Leben. Die Kellerräume stehen für das Unbewusste und alle verdrängten Hoffnungen und Wünsche. Die Küche als der Raum, in dem für unser leibliches Wohl gesorgt wird, weist auf die Beziehung zur Mutter und zu Frauen im Allgemeinen. Ihr Zustand gibt auch Hinweise auf unsere eigene Rolle als Mutter oder Vater. Wohn- und Arbeitszimmer zeigen an, wie unsere Seele mit den Anforderungen des Alltags und des Arbeitslebens zurechtkommt. Das Schlafzimmer bezieht sich natürlich auf unsere Sexualität, vor allem die eheliche. Der Dachboden schließlich ist auch im Traum die Abstellkammer für Erledigtes. Hier werden verdrängte Erinnerungen aufbewahrt.

Gebet Natürlich können Gebete im Traum auf eine lebendige Religiosität hinweisen. Meist drückt sich in ihnen aber eher Hilflosigkeit aus. Wir erkennen unsere eigene Un-

zulänglichkeit und sollten sie auch akzeptieren. Niemand kann alleine leben. Nehmen Sie Ihren Kummer nicht so tragisch. Überwinden Sie sich und bitten Sie andere um Hilfe, Sie vergeben sich nichts.

Gebirge Stehen Sie unten am Fuß, so muss eine Schwierigkeit überwunden werden. Sind Sie im Aufstieg, dann haben Sie die Sache in die Hand genommen und sind dabei, sich aus den Niederungen zu befreien. Wenn Sie bergab gehen, dann nähert sich vermutlich der Abschluß einer Lebensphase, bald werden Sie sich neuen Aufgaben widmen können. (→ Berg)

Geburt Ein neuer Anfang; der Träumende erhält noch einmal Gelegenheit, Schlüsse aus seinem bisherigen Leben zu ziehen.

Gefängnis Das Gefängnis im Traum symbolisiert, dass uns bestimmte äußere oder innere Gegebenheiten einengen und uns so Entfaltungsmöglichkeiten rauben.

Gefangener Träumt man, ein Gefangener zu sein, so deutet dies meist auf eine Angst vor Bindungen hin. Es kann aber auch sein, dass man sich von den Bindungen, die man bereits eingegangen ist, massiv eingezwängt fühlt.

Geheimnis Der Träumende verfügt über eine wichtige Erkenntnis oder ein intuitives Wissen, die ihm nur noch nicht bewusst geworden sind. Im Laufe der Zeit wird er das Geheimnis aber entdecken. Unter Umständen verbirgt das Geheimnis auch eine Wahrheit, die man nicht wahrhaben will.

Gehölz Gehölz ist oft ein gutes Omen im Traum. Die Unternehmungen gedeihen, und der Träumende wird innerlich wachsen. Manchmal aber droht eine Verstrickung.

Geier Wenn der Träumende von einem Geier träumt, so hat er vielleicht die Tendenz, sich auf die Fehler und Unzulänglichkeiten seiner Mitmenschen zu stürzen, um für sich daraus Vorteile zu ziehen. Oder der Traum warnt ausdrücklich vor solchen Menschen.

Geige Meist ist die Geige ein sexuelles Symbol, da ihre Form dem weiblichen Körper ähnlich ist. Die Bewegung des Geigenbogens weist darauf hin, wie Ihr sexuelles Miteinander gestaltet ist. Achten Sie darauf, ob er sich schnell oder langsam, zärtlich oder heftig bewegt usw. Wenn Sie selbst in Wirklichkeit Geige spielen, kann der Bogen natürlich auch einfach ein Geigenbogen sein.

Geißbock Auch der Geißbock kann ein sexuelles Motiv sein. Die Deutung richtet sich nach dem Benehmen des Bocks im Traum. Er kann aber auch auf Neigung zu Glücksspiel hinweisen. Sie sollten sich dann vor Risiken hüten. Alte Deutungen bezichtigen den Geißbock im Traum des Geizes.

Geistlicher Dieses Traumbild ist wiederum sehr von dem Zusammenhang abhängig, in dem es auftaucht. Außerdem spielt die Einstellung des Träumenden zum Klerus eine nicht unerhebliche Rolle bei diesem Bild. Es kann bedeuten, dass er sich für einen großen Sünder hält, der der Reue bedarf oder dass er große religiöse Bestrebungen hat.

Geiz Der Träumende ist vor allem mit seinen Gefühlen sparsam, da er in dem Glauben ist, dass er von ihnen nur ein bestimmtes Quantum zur Verfügung hat. Geiz kann auch unbewusste Ängste vor Geld-, Potenz- oder Machtverlust bedeuten.

Gelb Dominiert die Farbe Gelb in einem Traum, so kann dies erst einmal ein Zeichen für Gesundheit oder baldige Genesung sein. Oft wird Gelb auch mit Weisheit oder Denken in Verbindung gebracht. Und als Farbe des Geldes beziehungsweise Goldes.

Geld Geld bedeutet im Traum wie im Leben Macht und Stärke. Aber auch seelische Energie. Finden Sie Geld im Traum, können Sie mit sehr guten Erfolgen rechnen.

Gelehrte Bei uns haben sie ein zwiespältiges Ansehen. Alles scheinen sie besser zu wissen und sie zweifeln an scheinbar Selbstverständlichem. Fühlen Sie sich durch gute Argumente, durch „Geschwätz" in die Enge getrieben? Prüfen Sie genau, ob Sie jemand zu eigenem Vorteil überreden will oder ob Sie sich aus Sturheit gegen die Stimme der Vernunft wehren.

Geleise Eisenbahnschienen erinnern an die Ferne und an Reisen. Haben Sie entfernt wohnende Freunde, zeigt sich hier vermutlich Sehnsucht. Melden Sie sich mal wieder bei ihnen.

Geliebte Wenn man im Traum eine Geliebte hat, so ist dies ein Hinweis darauf, dass das Liebesleben im Wachzustand nicht befriedigend ist. Die Geliebte im Traum kann aber auch ganz allgemein für die Frau stehen, auf die der Träumende alle seine sexuellen Wünsche und Fantasien projiziert.

Gemüse Vordergründig hat Gemüse etwas mit gesunder Ernährung zu tun. Wie halten Sie es damit? Tiefergehende Deutungen lauten so: Gemüse, nach deren Genuss der Atem riecht, also vor allem Knoblauch und Zwiebeln, zeigen Streit an. Etwas wird offenbar werden, ohne dass der Träumende es möchte, und ein Bekannter oder Freund wird sich dadurch verletzt fühlen. Gemüse wie Erbsen, Bohnen, Karotten deuten Einnahmen an.

Gerichtsvollzieher Wenn Sie nicht gerade der Schrecken über den Besuch eines G. bis in den Traum verfolgt, hat dieses Bild eine gute Bedeutung. Sie scheinen Erfolg in Ihren Geschäften zu haben. Ein Vorhaben scheint vor einem glücklichen Abschluß zu stehen, auch wenn Sie es noch nicht ganz glauben können.

Gerippe In der Traumdeutung ist das Gerippe ein Anzeichen dafür, dass der Träumende eine große Angst vor dem Tod hat. Diese Angst ist so stark, dass sie ihn sogar bis in den Schlaf/Traum verfolgt. Andere Deutungen sprechen davon, dass der Träumende den Dingen ganz genau auf den Grund gehen will, um sie zu verstehen.

Geschenk Der Träumende wird bald eine Belohnung für seine Leistungen bekommen. Seine Leistung wird anerkannt, auch in der Liebesbeziehung.

Geschwindigkeit Dem Träumenden geht es im Leben zu langsam voran, er hat das Gefühl, auf der Stelle zu treten. Er möchte schnell zu seinem Ziel kommen oder seinen Lebensplan verwirklichen.

Gesicht Wenn man im Traum sein eigenes Gesicht sieht, so zeigt das, dass der Träumende großen Wert darauf legt, seine Gefühle seinen Mitmenschen mitzuteilen, denn das Gesicht symbolisiert die Art und Weise, wie Menschen ihre Gefühle nach außen bringen.

Geste Gesten im Traum haben genau die gleiche Bedeutung wie im Wachzustand. Sie sollten aber im Traum als Hilfsmittel gesehen werden, um die Aussage des Traumes zu unterstützen.

Geweih

Gewehr Ein typisches Symbol für das männliche Glied. Eventuell ist der Träumende auch so voller Ängste und Minderwertigkeitsgefühle, dass er glaubt, sich nur noch mit Gewalt schützen zu können. Ein Gewehr kann für starke Aggressionen, Gewalt und Hass stehen.

Geweih Die Redensart „jemandem Hörner aufsetzen" ist sicher jedem bekannt. In diese Richtung ist auch ein solcher Traum zu deuten. Sie haben Angst davor oder laufen Gefahr, betrogen zu werden. Das braucht sich nicht unbedingt auf die Liebe zu beziehen.

Gewürz Der Träumende hat den Eindruck, dass sein Leben fade, trist und langweilig ist. Er ist auf der Suche nach Anstößen von außen, die diesen Zustand ändern können. Genau das Gegenteil sagen andere Deutungen, nämlich dass der Träumende zu extravagant lebt und zu viel Geltungsbedürfnis und Sensationslust an den Tag legt.

Gift Gift ist eine gefährliche Sache. Es bedeutet die Zerstörung oder gar den Tod von allem Guten, aller Werte; es bedeutet Bosheit und Missgunst und negative Einflüsse aus allen Richtungen. Das Gift kann von Ihnen, aber auch von anderen kommen.

Glas Das Glas als Traumsymbol steht für die extrem zerbrechlichen Grenzen, die die Psyche um das Unbewusste gezogen hat. Der kleinste Sprung reicht, und die Bilderflut des Unbewussten schwappt ins Bewusstsein. Es kann fatal sein, wenn dies den Träumenden unvorbereitet trifft. Glas kann aber auch bedeuten, dass man alles durchschauen will. Der Zustand des Glases ist auch von Bedeutung.

Glatze Lange Haare sind ein Zeichen von Freiheit und männlicher Kraft (deswegen werden Mönchen und Soldaten die Haare geschoren). Natürliche Kahlheit weist auf überdurchschnittliche Potenz. Verliert man im Traum die Haare, so deutet das auf nachlassende Kräfte. Sie sollten mit Ihren Energien besser haushalten. In anderen Deutungen symbolisiert die Glatze Ernsthaftigkeit des Denkens und Handelns. (→ Haare)

Gletscher Zuerst einmal ist der Gletscher wie → Eis ein Symbol für emotionale Kälte. Da Gletscher aber immer in Bewegung sind und unter Spannung stehen, kann dieses Traumsymbol auch bedeuten, dass die Gefühle des Träumenden nicht ausgeglichen sind, dass sie gespannt sind und er auf die wärmende Kraft der Sonne (Liebe o. ä.) wartet.

Globus Wie der → Ball ist der Globus ein Symbol für Ganzheit und Geschlossenheit, nur dass es sich hier eher auf die gesamte Welt bezieht, mit der sich der Träumende momentan im Einklang befindet.

Gold Zum einen hat Gold eine dem → Geld sehr ähnliche Bedeutung. Anders als beim Geld steht das Gold aber auch für die inneren Werte, die man im Leben gesammelt hat. Gold kann auch ein Symbol für eine tiefe Erkenntnis oder religiöse Erfahrung sein, die man gemacht hat oder bald machen wird.

Gott Gottesträume sind in ihrer Deutung nicht unproblematisch, da sie ganz eng an die Person des Träumenden gebunden sind. Es macht schon einen Unterschied, ob der Träumende Atheist, Christ, Jude oder Moslem ist. Oft stehen diese Träume mit der Absicht in Verbindung sich zu bessern oder von großen Schuldgefühlen befreit zu werden. Ein Traum, in dem Gott vorkommt, ist auf jeden Fall ein besonders wichtiger Traum, der der genauen Analyse bedarf. Dies kann, wie bei jedem anderen Traum auch, nur der Träumende selbst. Zuweilen liefert der Traum auch einen Hinweis darauf, dass die Persönlichkeit des Träumenden reift und sich weiterentwickelt.

Grabmal Für einen Kinderlosen ist es ein glückliches Zeichen, im Traum ein Grabmal zu bauen. Es bedeutet nämlich, dass man doch noch Kinder bekommen wird, die dann dereinst nach dem Tod des Träumenden weiterleben werden. Da einer Geburt eine Hochzeit vorangeht, sagt es oft auch eine Heirat vorher. Zertrümmerte Grabsteine besagen genau das Gegenteil.

Gräte Verschlucken Sie sich im Traum an einer Gräte, so soll das auf bevorstehenden Ärger hinweisen. Vertrauen Sie neuen Bekannten nicht vorschnell, sonst könnte Ihnen etwas im „Halse steckenbleiben". Eine weggeworfene Gräte zeigt an, dass Sie eine Gefahr rechtzeitig erkannt haben.

Gras Gras im Traum ist immer ein Hinweis auf Änderung, und zwar in positiver Sicht; Wachstum im psychischen und geistigen Bereich.

Grau Die Farbe Grau im Traum weist fast immer auf eine depressive Gemütslage hin, auf Langeweile und Einsamkeit, die der Träumende empfindet.

Grausamkeit Beobachten Sie Derartiges im Traum, dann haben Sie keine sehr gute Meinung von Menschen, die Ihnen kürzlich begegnet sind. Nehmen Sie die Warnung Ihres Unbewussten ernst. Erfahren Sie selbst eine Grausamkeit, so plagt Sie vermutlich ein schlechtes Gewissen. Vermutlich haben Sie den Eindruck, in letzter Zeit etwas völlig falsch gemacht zu haben.

Griechenland Träumt man von Griechenland, so drückt sich darin immer das Gefühl aus, dass man glaubt, der Verstand werde von den Emotionen und nicht von der Logik beherrscht. Griechenland ist die Wiege dessen, was wir als abendländische Philosophie kennen. Deshalb kann ein Traum über Griechenland auch ein wachsendes Interesse an Philosophie ankündigen.

Grille Sehen tun wir dieses unscheinbare Tier selten, aber jeder kennt und schätzt ihren Gesang. So bedeutet sie vor allem für einen Sänger Erfolg. Für alle anderen symbolisiert die Grille eine gute Zeit, in der man ohne große Anstrengung Glück hat. Gleichzeitig sollte man aber nicht nur leichtfertig auf das eigene Glück vertrauen.

Grotte In der Frühzeit der Menschen galten alle Höhlen als heilig. Sie waren Bauch und Gebärmutter der großen Mutter Erde. Besonders verehrt wurden Grotten, in denen ein Bach entsprang. Das Traumbild deutet auf eine Auseinandersetzung mit dem Weiblichen. Dabei sind tiefliegende Schichten unseres Unbewussten beteiligt, die uns gewöhnlicherweise nicht zugänglich sind. Achten Sie deshalb besonders auf alle Einzelheiten. Wenn Sie das → luzide Träumen beherrschen, versuchen Sie die Grotte bis zum letzten Winkel zu erforschen. Nur selten erhält man die Chance, soviel über seine Seele zu erfahren.

Grube Sie befinden sich in ihr: Sie haben das Gefühl festzusitzen, ob nun durch Ihr eigenes Verschulden oder das anderer. Sie sind in Ihren Lebensäußerungen extrem eingeschränkt. – Sie finden eine: Wenn Sie im Begriff sind, irgendeine Verpflichtung einzugehen, sollten Sie die Bedingungen besser noch einmal überprüfen. Ihr Unbewusstes wittert ein Problem. – Graben Sie hingegen selbst, deutet das darauf hin, dass Sie etwas aus den Tiefen Ihrer Erinnerung auszugraben versuchen.

Grün Grün steht für die Natur und ihre kreativen Kräfte. Die Farbe zeigt, dass bald etwas Neues geschehen wird, das sich positiv entwickelt. Grün ist im Volksglauben auch die Farbe der Hoffnung, in anderen Kulturkreisen der Eifersucht. Grün kann außerdem für Naivität, Unreife und Leichtsinn stehen.

Gruft Neben der üblichen Todessymbolik hat ein Grufttraum aber noch eine andere Bedeutung. So steht die Gruft auch für das Unbewusste und für die Teile der Psyche, die zugeschüttet beziehungsweise unterdrückt werden.

Gürtel Da der Gürtel den Oberkörper vom Unterkörper trennt, symbolisiert er im Traum eine Art Abschnürung der sexuellen Gefühle, bedeutet aber auch generelle Einengung. Beim Mann steht der Gürtel außerdem für Stärke und Potenz (Kraftgürtel), bei Frauen für Reinheit (Keuschheitsgürtel). Andere Deutungen sehen im Gürtel ein Zeichen von übertriebenem Machtstreben. Der Traum gibt näheren Aufschluss.

Gurke Ihre Form erinnert an den Phallus und so deutet sie meist auf sinnliches Begehren hin. Eine Gurke essen kann auf falsche Freunde hinweisen. Darüber hinaus sind Gurken heilsam bei Krankheit.

Haar Haar hat einerseits einen sexuellen Symbolgehalt. Es ist aus dem Grund kein Zufall, dass es früher den Frauen generell verboten war, ihr Haar in der Kirche zu zeigen. Gleichzeitig hat das Haar auch eine Beziehung zur Welt der Ideen und Vorstellungen (das Haar wächst auf dem Kopf). Darüber hinaus symbolisiert es die Lebenskraft, das Selbstbewusstsein und die Freiheit.

Habicht Dem Träumenden drohen Gefahren. Das Tier gehört zu den Raubvögeln, die plötzlich und unerwartet zustoßen. Ein Bekannter scheint Feindschaft gegen den Träumenden zu entwickeln.

Hafen Der Träumende strebt nach Ruhe und Sicherheit. Die geschäftige Welt nervt ihn und er sucht einen Zufluchtsort.

Hafer Hafer im Traum steht für Kraft und Energie. Oft bezieht sich Hafer auf einen ungezügelten Sexualtrieb.

Hahn Der im Traum zeigt an, dass der Träumende ein übertriebenes Imponiergehabe und Machotum an den Tag legt. Der Hahn lässt sich aber auch als eine Warnung vor einer Gefahr oder als Kampfesbereitschaft interpretieren. Nach S. Freud ist der Hahn ein Symbol männlicher Sexualität, allerdings verbunden mit Aggressivität sowie auch Streitsucht.

Hai Taucht ein Haifisch im Traum auf, so ist dies eine nachdrückliche Warnung vor Dieben und Betrügern. Hinzu kommt noch, dass das Haisymbol eine männlich aggressive Komponente hat, nämlich den Wunsch, jemanden massiv zu verletzen oder zu töten. Es kann auch die Angst davor bedeuten.

Halbmond Der Halbmond ist ein Symbol für weibliche Fruchtbarkeit und die Sexualorgane der Frauen. Alte Quellen sehen im Halbmond eine Liebe, die entweder wächst oder stirbt.

Hals Der Träumende ist eine Art Glücksritter, der auch schon einmal bereit ist, „seinen Hals zu riskieren". Oft zahlt sich dies für ihn aus. Doch zuviel Waghalsigkeit kann ins Auge gehen. Ein dicker Hals verspricht Erfolg, wohingegen der steife Hals auf Sturheit hinweist.

Halskette Trägt jemand im Traum eine Halskette, so sucht er nach mehr gesellschaftlicher Anerkennung und Macht. Die Kette kann auch eine Art magischen Schutz darstellen. Ist die Halskette im Traum schwer, so belasten Probleme den Träumenden, und es zeichnet sich ab, dass sie ihn in der Zukunft ersticken könnten, wenn er nichts dagegen unternimmt.

Hammer Der Hammer ist ein Symbol des männlichen Gliedes. Zudem ist er ein Gegenstand, der dazu dienen kann Forderungen mit Gewalt durchzusetzen. Bedroht Sie jemand mit einem Hammer, sollten Sie vorsichtig sein.

Hand Sie wollen in der Außenwelt gestalterisch wirken. Es kann auch sein, dass Sie bald jemand aus Ihrem Umfeld um Hilfe bittet. Die Hand kann ein Symbol für Sexualität sein, aber auch für Handeln, also Tätigwerden. Ist die Hand verletzt, fühlen Sie sich handlungsunfähig.

Handschuh Ein Handschuh im Traum signalisiert das Bedürfnis, sich aus der Welt zurückzuziehen. Wahrscheinlich haben Sie auch Schwierigkeiten mit anderen Menschen, da Sie den direkten Kontakt mit ihnen meiden. Ziehen Sie jedoch die Handschuhe im Traum aus, versuchen Sie, mehr Kontakt zu Ihrer Umwelt zu erlangen.

Hase Der Hase im Traum bedeutet Schnelligkeit und Geschick, aber auch Nervosität. Dieses Symbol kann also auch heißen, dass sich der Träumende gehetzt und gejagt fühlt. Außerdem steht der Hase für Fruchtbarkeit. (→ Kaninchen)

Haus Das Haus symbolisiert die Persönlichkeit des Träumenden in ihrer Gesamtheit. Der Zustand des Hauses, innen wie außen, gibt Aufschluss darüber, wie es um diese bestellt ist – in Ordnung, reparaturbedürftig, chaotisch usw. Für Freud ist das Haus in erster Linie ein Symbol des weiblichen Geschlechtsorgans. (→ Gebäude)

Haustiere Haustiere sind nützliche und hilfreiche Mitbewohner. Auch Pferde, Kühe, Geflügel, Ziegen usw. gehören dazu. Auch für die Traumdeutung gelten diese Tiere als hilfreiche Wesen. Sie vertreten gelegentlich Freunde, meist aber Teile

Haus

unserer Seele, die dem Träumenden als gut oder nützlich gelten. → Hunde oder → Katzen haben heute aber eine andere Bedeutung. Meistens sollen sie einen Mangel an menschlicher Wärme und Zuneigung ausgleichen und den Menschen gleichzeitig davor schützen, gefühlsmäßig zu verarmen. Insgesamt ist auch hier wieder die Einstellung des Träumenden zu dem jeweiligen Haustier maßgebend.

Haut Die Haut ist das Organ, mit dem wir in direkten Kontakt mit der Außenwelt treten. So kann sie Empfindlichkeit, Sensibilität, aber auch Rauhheit und Unempfindlichkeit (Elefantenhaut) darstellen. Aus dem Zustand der Haut im Traum lassen sich Rückschlüsse auf die Seele ziehen. „Die Haut ist ein Spiegel der Seele."

Hebamme Sie bringt das Ungeborene, Verborgene ans Tageslicht. Einer nicht Schwangeren sagt sie den Wunsch nach oder die Angst vor einem Kind voraus, einer Schwangeren aber verdeutlicht sie den bald beginnenden neuen Lebensabschnitt.

Hecht „Wie ein Hecht im Karpfenteich" – ein Raubtier inmitten leichter Beute, Sie kennen sicher diese Redensart. Sind Sie der Hecht? Dann sollten Sie Ihr Verhältnis zu Ihren Mitmenschen überprüfen. Oder beobachten Sie einen oder werden gar von ihm gejagt? Dann sollten Sie sich in Acht nehmen, jemand in Ihrer Nähe scheint Ihnen etwas zu neiden, es könnte Ihnen ein Verlust drohen. (→ Hai)

Heckenschütze Wie so oft stellt sich die Frage, ob eine Traumfigur das Motiv verkörpert oder der Träumende selbst. In beiden Fällen handelt es sich um heimliche Feindschaft, die sein Leben vergiften könnte. Eine offene Aussprache wirkt da manchmal Wunder.

Hefe Im Inneren des Träumenden gärt es. Neues und Interessantes wird bald zum Vorschein kommen und vielleicht große Veränderungen bewirken.

Held Ein Held, welcher im Traum erscheint, ist als eine Aufforderung zu verstehen, sich jetzt mit Mut und Tatkraft seinen Schwierigkeiten zu stellen. Der Held symbolisiert außerdem Durchsetzungsvermögen und Abenteuerlust.

Hellseher Im Traum einen Wahrsager um Rat zu fragen, ist ein Zeichen dafür, dass man ernste Sorgen hat, die man nicht alleine zu lösen vermag. → Astrologe. Man sollte die Vorhersage des Hellsehers ernst nehmen.

Hemd Viele hatten schon einmal den bekannten Traum, sich auf einmal nackt oder bloß im Hemd inmitten einer Menschenmenge wiederzufinden. Er zeigt die Angst an, im wahrsten Sinne des Wortes bloßgestellt zu werden. Oft kümmert sich im Traum niemand darum und alle nehmen es als selbstverständlich hin. Halten Sie es genauso, es ist gar nicht so schlimm, sich gelegentlich zu blamieren. Betrachten Sie ein Hemd, dann sollten Sie überlegen, an was Sie dieses Hemd erinnert. Achten Sie auf Farbe, Schnitt und Muster, aber auch auf den Gesamtzusammenhang im Traum.

Hengst Dieses erotischste aller Tiersymbole bedarf wohl kaum einer Deutung. In Träumen von Männern wie von Frauen steht es für die Sehnsucht nach leidenschaftlicher sexueller Erfüllung.

Herbst Träumt jemand vom Herbst, so soll er sich eine Pause gönnen und auf das Erreichte zurückblicken, sich Ruhe und Besinnung hingeben. Der Herbst ist die Zeit des Erntens, Sammelns und Nachdenkens, des Erfolges und Wohlstands.

Herde Teile der Persönlichkeit, um die man sich intensiv kümmern muss, sind hier angedeutet. Die Herde kann auch Gehorsam und kritiklose Anpassung meinen.

Herz Das Herz gilt als symbolischer Ort der Gefühle. Aus diesem Grund hat es im Traum auch vor allem die Bedeutung von Liebe mit all ihren positiven wie negativen Aspekten, darüber hinaus auch der Lebensenergie allgemein.

Heu Einen Heuwagen nach Hause zu führen bedeutet, man fühlt sich gut versorgt. Ein Heuhaufen soll auf einen guten Handel oder einen Geldgewinn hinweisen (Geld wie Heu haben …). Oder liegen Sie im Heu? Dann haben Sie vielleicht eine heimliche Liebe. Gestehen Sie sich Ihre Gefühle auch im Wachen ein. Sind Sie hingegen beim Heuwenden, dann erwarten Sie bald fröhliche Stunden in angenehmer Gesellschaft.

heulen Früher glaubte man, das Heulen von Hunden würde Unglück, ja sogar den Tod eines nahestehenden Menschen vorhersagen. Obwohl es dafür keine Bestätigungen gibt, gilt es dennoch als Warnsignal. Achten Sie auf den Traumzusammenhang. Irgendetwas geht vor, das Ihnen schaden könnte. Vergleichen Sie auch das Stichwort Hund.

Hexe Zuerst einmal steht die Hexe wiederum für die Teile des Unbewussten, die sich der Kenntnis des Menschen entziehen. Sie symbolisiert zudem Ängste (bei Männern vor allem vor Frauen) und irrationale Vorstellungen. Die Hexe kann wie im Märchen die Frau sein, die den Menschen Böses will, oder sie ist die weise Alte, die den Menschen wichtige Ratschläge erteilt und somit auch ein Symbol der Mutter Erde und der Natur mit ihrem unerschöpflichen Reichtum.

Himbeeren Wie alle süßen Früchte deuten auch diese auf die Liebe. Da der Traum das Gefühl nur sehr verschlüsselt darstellt, handelt es sich wohl um eine heimliche Liebschaft. Wenn Sie sich mit dem geliebten Menschen beim Himbeerpflücken wiederfinden, dann ist es wohl Zeit, dass Sie offen zu Ihren Gefühlen stehen.

Himmel Je nach Zusammenhang ist das Bild ganz unterschiedlich zu deuten. Fliegen Sie durch den blauen Himmel, dann zeigt es an, dass Sie sich frei und ungezwungen fühlen und Ihren Kräften vertrauen. Verlieren Sie dabei den Sichtkontakt zur Erde, dann laufen Sie Gefahr, sich in Wunschträumen zu verlieren – landen Sie lieber wieder. Der Blick hinauf zu einem wolkenverhangenen Himmel deutet auf schwierige Zeiten und Mangel an Selbstvertrauen hin. Sehen Sie hingegen hinauf in einen klaren Sternenhimmel, zeigt dies freudige Erwartung an. In allen Fällen müssen Sie auf Ihre Gefühle während des Traums achten. Sie sind der eigentliche Schlüssel zur Deutung.

hinken Sind Sie es selbst, der hinkt, dann fragen Sie sich, ob Sie nicht an eine wichtige Angelegenheit mit Vorurteilen herangehen beziehungsweise sich das Leben schwerer machen als notwendig.

Hinrichtung Eine Liebe oder ein anderer großer Traum Ihres Lebens scheint gewaltsam zu Ende zu gehen. Haben Sie das verursacht? Positiv gesehen bedeutet eine Hinrichtung im Traum die Notwendigkeit einer generellen Lebensveränderung. Vorsicht ist geboten, wenn man selbst hingerichtet wird.

Hintertreppe Auch dieses Motiv deutet auf eine heimliche Liebe hin. Da Sie sich selbst im Traum nicht trauen, den direkten Weg zu gehen, scheinen Sie nicht viel Hoffnung auf Erfüllung zu haben. Vielleicht sollten Sie doch eine Gelegenheit suchen, sich zu offenbaren, und wenn es nur dazu dient, Gewissheit zu erlangen und Ihren Seelenfrieden wiederzufinden.

Hirsch Wildes, naturverbundenes Leben wünscht sich jemand, der von einem Hirsch träumt. Vor allem Männer sehen dieses Symbol in ihren Träumen. Mythologisch gehört der Hirsch wie das → Einhorn zu den Bereichen Seele und Geist. Aber auch eine erotische Bedeutung wird dem Hirsch im Traum zugeschrieben.

Hirte Der Hirte trägt Verantwortung für Tiere oder für andere Menschen. Der Traumzusammenhang zeigt, wie man damit zurechtkommt. In alten Traumbüchern wird danach unterschieden, welche Tiere gehütet werden: So sollen Schweine in diesem Zusammenhang auf plötzliche Feindschaft hinweisen, Schafe auf ein gesegnetes Alter und Kühe auf Reichtum und Glück in nächster Zukunft. Hirte und vor allem Hirtenknabe haben aber auch eine erotische Bedeutung. Man sehnt sich nach einem romantischen Abenteuer. Der „gute Hirte" kommt in religiösem Zusammenhang vor.

Hitze Wenn Sie von Hitze träumen, sollten Sie zuerst ausschließen, dass Ihnen nicht tatsächlich zu warm ist. Ansonsten steht Hitze im Traum für starke sexuelle Erregung und Begierde, die man besser zügeln sollte.

Hochofen Herrschen im Traum freundliche Gefühle vor, so ist es wohl die moderne Erscheinungsform der Schmiede. Sie vertrauen Ihren Kräften und arbeiten hart für den Erfolg. Sie wissen, jeder ist seines Glückes Schmied. Bestimmen aber unangenehme Gefühle den Traum, dann durchleben Sie eine Zeit, in der das Schicksal hart mit Ihnen umgeht. Es könnte nötig werden, alte Anschauungen gründlich zu überdenken. → Hölle

Hochzeit Vermutlich handelt es sich um einen offenen und unverschlüsselten Wunschtraum, wenn Sie selbst im Traum heiraten. Beobachten Sie aber die Trauung eines anderen, scheint Ihre Beziehung in Gefahr zu sein. Haben Sie wirklich Grund zu der Annahme, Ihr Mann oder Ihre Frau betrügt Sie?

Höhle Die Höhle ist als Symbol für das weibliche Geschlechtsorgan verbunden mit Mütterlichkeit, Weiblichkeit und Geborgenheit (Mutterschoß). Im übertragenen Sinne steht sie auch für Aspekte der Vergangenheit, die erst wieder im Unbewussten aufgespürt werden müssen. Wirkt die Höhle aber dunkel und bedrohlich, kann dies ein Zeichen für Beziehungsprobleme sein.

Hölle Schuldgefühle und religiös bedingte Ängste belasten den Träumenden massiv. Sie kann auch dafür

stehen, dass er seine innere Not und Verzweiflung nach außen projiziert. Er weigert sich zu erkennen, dass die „höllische" Außenwelt nur ein Spiegel seiner inneren Hölle ist.

Hof Der Hinterhof eines Hauses lässt vermuten, dass der Träumende Angst um seine Sicherheit und sein Auskommen hat. Er scheint sich in seiner Haut, seinem Leben nicht wohlzufühlen, denn er hat das Haus verlassen (das Symbol für Leben als Ganzes, → Haus, → Gebäude).

Holz Altes, morsches Holz symbolisiert eine Verhärtung der Gefühle. Treibt das Holz aus, so ist die Erstarrung überwunden und es geht aufwärts. Verdörrtes und abgestorbenes Holz kennzeichnet weit zurückliegende Gefühle. Holz bearbeiten deutet dagegen auf schöpferische Arbeiten hin.

Honig Harte Arbeit wird letztendlich ihren süßen Lohn finden. Gesundheitlich ist alles zum Besten bestellt.

horchen „Der Lauscher an der Wand hört seine eigene Schand." Sie scheinen sich in Sachen einzumischen, die Sie nichts angehen. Lassen Sie anderen ihr Privatleben, Sie könnten sonst Schwierigkeiten bekommen. Misstrauen kann zu einem gefährlichen Gift werden. Es kann auch die Angst bedeuten, von anderen entdeckt zu werden.

Hosen Achten Sie auf das Aussehen der Hose, vor allem ihre Farbe, und deuten Sie entsprechend. Ziehen Sie sich eine an, haben Sie Ihr Leben im Griff und man hört auf Sie (vergleiche die Redensart „die Hosen anhaben"). Ziehen Sie sie aber aus, dann deutet das dagegen auf Verlust von Einfluss und die Angst vor Bloßstellung hin.

Hotel Träumt man von einem Hotel, so kann dies bedeuten, dass man mit neuen Gefühlen noch nichts anfangen kann. Man hält sie für vorübergehend und sieht keine Notwendigkeit sich mit ihnen dauerhaft „einzurichten". Fremde Menschen im Hotel sind vielleicht noch unbekannte Seiten der eigenen Persönlichkeit.

Hund Der Hund ist ein überaus vielschichtiges Symbol. Er steht für Treue und Anhänglichkeit, aber auch für sklavische Ergebenheit. Der Hund ist auch Wächter des Besitzes. Sexuelle Perversionen können durch einen Hund im Traum ebenfalls ausgedrückt werden. Hunde sind außerdem ein Symbol für männliche Sexualität.

Hunger Hunger bedeutet Mangel an Nahrung, geistig-seelischer oder körperlicher. Der Träumende hat den Glauben an sich und seine Zukunft verloren und bedarf nun neuer Energie, um sich den Problemen des Lebens zu stellen. Positive Deutungen sehen im Hunger die Sicherung der materiellen Existenz.

Hut Der Träumende möchte unterschiedliche Meinungen vereinigen (alles unter einen Hut bringen). Ein Hut symbolisiert aber auch die seelische und geistige Grundhaltung des Menschen. Als Kopfbedeckung bietet der Hut auch die Möglichkeit, eigene Gedanken vor anderen zu verstecken.

Hyazinthen Alles deutet bei dieser Pflanze auf die Liebe, Farbe, Aussehen und ihren Duft. Sie scheinen ein besonders reiches und fantasievolles erotisches Leben zu führen. Oder Sie haben den Wunsch nach Ehe und Familie.

Idol Der Träumende gründet sein Leben zu sehr auf das Materielle. Dies ist die falsche Voraussetzung, um zu einem erfüllten Leben zu kommen. Er hat zu hohe Erwartungen oder aber er sehnt sich nach einem Freund und Ratgeber.

Igel Dieses beliebte süße Tier sucht gerne menschliche Nähe, um sich füttern zu lassen. Trotzdem scheut es sich nicht, seine Stacheln zu zeigen, wenn es bedroht ist, um nicht selbst verletzt zu werden. Tun Sie es ihm gleich, auch nette Wesen müssen sich gelegentlich wehren. Lassen Sie sich nicht alles gefallen. Aber auch der Igel hat seine erotische Bedeutung. Im Mittelalter war er ein beliebtes Bild für die weibliche Scham, und den Beischlaf umschrieb man mit „den Igel stechen". Der Zusammenhang wird Ihnen verraten, in welche Richtung Sie den Traum deuten müssen.

Imker Um an den Honig zu gelangen, ohne gestochen zu werden, muss ein Imker größte Vorsicht walten lassen. Das gilt auch für Sie, da Sie sich auf einem schmalen Grat zwischen Gewinn und Gefahr bewegen. Eine andere Deutung sieht den Imker als Verkörperung des Wunsches nach größerer Nähe zur Natur. → Biene

Immergrün Immergrüne Gewächse gehören zu den harmonischsten Traumbildern, denn sie symbolisieren beständigen Erfolg in Beruf und Privatleben. Insbesondere Ihre Partnerschaft strotzt vor Saft und Kraft.

Impotenz Neben der direkten Bedeutung gibt es für Impotenz, die im Traum auftritt, auch eine übertragene. Sie steht für ein Gefühl der Schwäche und für mangelnde Möglichkeiten, seinem Willen Ausdruck zu verleihen.

Indianer Indianer symbolisieren Kindheitsfantasien, von denen sich der Träumende noch nicht vollständig befreit hat. Indianer können aber auch eine Art Brücke vom Geistigen zum Materiellen darstellen und Fantasie und Kreativitätsanlagen zeigen.

Indien Das Land im Traum spricht ebenfalls von der irrationalen Seite des Menschen. Der Träumende sehnt sich stark nach mystischen Erfahrungen und sucht Weisheit und einen Lehrer (Guru). Vielleicht würde ihm in „dieser" Welt etwas mehr Realitätssinn ganz gut helfen.

Industrie Ähnlich wie das Traumbild → Fabrik kann Industrie das Fehlen von Individualität zum Ausdruck bringen. Andererseits symbolisiert Industrie auch Kreativität und die Fähigkeit, das eigene Leben positiv zu gestalten.

Inflation Die Angst vor dem Verlust von althergebrachten Werten und Sicherheiten drückt sich im Traum durch eine Inflation aus. Mit finanziellen Dingen hat dies selten zu tun. Tatsächlich sollten Sie versuchen, neue Orientierungen und Wertvorstellungen zu akzeptieren.

Initiation Nimmt man im Traum an einer Initiation teil, so heißt das in der Regel, dass man neue Teile seiner Seele und seines Unbewussten wahrnehmen wird. Dies kann dazu führen, dass sich das Leben des Träumenden ändert und er allmählich beginnen wird, mehr über den Sinn des Lebens zu verstehen.

Injektion Die Injektion, die man im Traum erhält, ist ein Symbol für den Geschlechtsakt. Aber auch der gesundheitliche Aspekt (eine Spritze bekommen) sollte nicht ausgeschlossen werden.

Insekten Die kleinen und allgegenwärtigen Plagegeister stehen auch im Traum für die vielen kleinen Hindernisse, die einem das Leben schwer machen können, das können auch unbewusste Dinge oder verdrängte Erfahrungen sein. Beachten Sie bei der Deutung, in welcher Zahl sie auftauchen und wie Sie mit ihnen umgehen. Sollten sie so zahlreich und widerlich sein, dass der Traum zum Alptraum wird, weist das auf ernste Schwierigkeiten in Ihrem Leben hin. Sie fühlen sich dem Alltag nicht mehr gewachsen und brauchen wahrscheinlich Hilfe.

Insel Eine Insel steht für einen Teil des Unbewussten, dessen Sinn und Bedeutung dem Träumenden bald zugänglich sein werden. Die Insel kann auch bedeuten, dass der Träumende einen Teil seiner Psyche und Gefühle abtrennt, sie erscheinen ihm fremd. Daneben ist eine Insel auch noch ein Symbol für Isolation.

Insekten

Inserat Schieben Sie gerade etwas
Wichtiges auf, das eigentlich Vor-
rang vor allem anderen haben sollte? Machen Sie lieber alles Mögli-
che andere, nur nicht das, was gerade Ihre Aufgabe ist? Sie bekommen
ernste Schwierigkeiten und werden
gar nichts mehr zu Ende bringen,
wenn Sie jetzt nicht etwas konse-
quenter sind.

Insignien Insignien bedeuten in
der Regel geistige Vorstellungen, die
eine besondere Bedeutung für den
Träumenden haben.

Installation Spielen Installationen
in Träumen eine Rolle, so bezieht
sich das fast immer auf bestimmte
Einstellungen und Ansichten, die
der Träumende hat. Außerdem sind
Installationen dazu angetan, sich
daran zu kümmern, dass die Emotionen nicht in falsche Bahnen gelenkt
werden, also eine Warnung vor ge-
fühlsmäßiger „Verzettelung".

Internat Je nach Lebenssituation
kann dieses Traumbild für Nestwär-
me und Kameradschaft oder für das
Fehlen derselben stehen. Im Ex-

tremfall wird dadurch eine scheinbar ausweglose Situation oder Isolation angezeigt. Achten Sie darauf sich der Gemeinschaft nicht zu verweigern.

Invalide Körperbehinderung bewirkt Minderwertigkeitsgefühle, Behinderung durch Abhängigkeit, Lebensängste. Wahrscheinlich ist es doch nur eine einzige bestimmte Sache, die Sie so entmutigt. Lassen Sie es nicht zu, dass diese Ihr ganzes Leben bestimmt. Lenken Sie Ihre Aufmerksamkeit auf das, was Sie schon erreicht haben, dann werden Sie Ihren Mut sicher wiederfinden.

Inventar Wenn Sie im Traum Ihren Hausstand durchgehen, so steht Ihnen wohl ein Wohnungswechsel bevor. Vielleicht verbirgt sich dahinter aber auch eine seelische Bestandsaufnahme. Achten Sie auf jeden Fall auf die Einzelheiten der Inventarliste. Sie können von den Dingen und ihrem Zustand schließen, wo Ihre Stärken und Schwächen liegen, was Sie von Ihren Hoffnungen sich erfüllen konnten und wo noch etwas zu tun bleibt. Alle Dinge des Hauses können bestimmte Seiten Ihrer Seele versinnbildlichen.

Inzest Meist hat dieses Symbol keine sexuelle Bedeutung, vielmehr deutet es darauf hin, dass die Beziehungen Eltern-Kinder gestört sind. Einer der Teile fühlt sich vernachlässigt und möchte mehr beachtet werden.

Irland Irland bedeutet viel Naturverbundenheit. Ist man im Traum in Irland oder fährt dorthin, so fühlt sich der Träumende von seiner eigenen Emotionslosigkeit und Gehemmtheit gestört und möchte dies ändern. Außerdem will er das Chaos in seinem Kopf durch das Erleben der Natur und ihrer Schönheit zu ordnen versuchen.

Irrer Ganz gleich, ob Sie den Irren selbst darstellen oder sehen, Sie scheinen das Gefühl zu haben, unzuverlässig zu sein. Sie haben Ihre Angelegenheiten nicht im Griff und könnten sich selbst schaden. Beachten Sie genau, was der Irre tut, damit Sie Ihrer Schwäche genauer auf die Spur kommen können.

Irrgarten Vielleicht hat der Träumende die Übersicht über seine verschiedenen Verpflichtungen verloren. Wichtig ist es auf jeden Fall, ruhig und gelassen zu bleiben. (→ Labyrinth)

Irrlicht Der Träumer erkennt, dass die von ihm verfolgten Pläne und Absichten unrealistisch und im Grunde undurchführbar, wenn auch nach wie vor verlockend sind. Dringt diese Erkenntnis bis zu Ihnen durch, kann es sich sehr positiv auswirken.

Italien Der Träumende hat ein starkes Bedürfnis danach, aus sich herauszugehen und seine Gefühle, vor allem seine Lebensfreude, zu zeigen. Das sinnliche Erleben der Welt gewinnt für ihn an Bedeutung. Aber der Traum enthält auch eine Ermahnung, nicht nur auf Vergnügungen auszusein.

Jacht Wer träumt nicht gelegentlich von einer eigenen Jacht, dem Symbol für Reichtum und Unabhängigkeit. Sie kann aber auch für Ihr Lebensschiff stehen, für Ihre Pläne und großen Ziele. Achten Sie auf jeden Fall auf den Zustand des Schiffes und darauf, ob Sie sich durch trübes oder klares Wasser bewegen. Sie können daraus viel darüber erfahren, wie Sie sich zutiefst selber einschätzen. (→ Gewässer)

Jacke Eine Jacke steht für die Gefühle, die uns einhüllen und mit denen wir uns behaglich einrichten. Oder ist Ihnen unwohl in der Jacke? Engt sie Sie ein? Prüfen Sie Ihre Lebensumstände dazu.

Jagd Jagd steht für Selbstbewusstsein, Vitalität und Ehrgeiz. Je erfolgreicher die Jagd verläuft, desto positiver kann der Traum gedeutet werden. Aber Vorsicht, wenn der Ehrgeiz sich gegen andere in Form von Aggressionen richtet. Wichtig: Werden Sie gejagt (etwa von verdrängten Konflikten) oder jagen Sie selbst?

Jagdhorn Der Klang eines Jagdhorns kündigt unerwartete Begegnungen und freudige Ereignisse an. Als Fruchtbarkeitssymbol steht das Horn insbesondere für eine Schwangerschaft oder Geburt.

Jagdhund Der Träumende möchte, dass sich möglichst viele Leute um ihn und seine Arbeit kümmern. Häufig weist er seine Umwelt auf seine Leistungen hin, damit sie sie bemerken. Vorsicht vor übertriebenen Materialismus.

Jahrmarkt Der Besuch eines Jahrmarktes warnt den Träumenden vor unüberlegten Abenteuern und finanziellen Eskapaden. Gleichzeitig kann dies für eher zurückhaltende Menschen eine Aufforderung zu mehr Genuss und Risikofreude bedeuten.

jammern Es ist gar nicht so verkehrt zu klagen. So fressen Sie nichts in sich hinein. Außerdem kann man auch auf diese Weise seinen Willen bei anderen durchsetzen. Zumindest weiß dann jeder, was einen stört. Sie sollten auch im Wachzustand Ihrer Umgebung deutlich mitteilen, was Sie auf dem Herzen haben. Im Traum haben Sie es ja schon geübt. Hören Sie dagegen andere jammern, weist das auf erfreuliche Nachrichten hin.

Japaner Diese Menschen hinterlassen bei anderen oft den Eindruck, dass hinter einer freundlichen und glatten Maske letztlich Ablehnung und Desinteresse steckt. Das liegt natürlich nicht an diesen Menschen, sondern an unserer Unkenntnis ihrer Sitten und Verhaltensweisen. Aber der Traum kümmert sich nicht um Objektivität und nimmt seine Bilder, wie sie gerade kommen. So kann ihr Erscheinen darauf hinweisen, dass wir in einer Angelegenheit mit einer freundlichen Ablehnung rechnen. Wenn Sie persönlich Japaner kennen, müssen Sie das Traumbild natürlich auf Grund Ihrer eigenen Erfahrungen deuten. Fragen Sie sich, welche Erfahrungen sich bei Ihnen mit Japanern verbinden.

Jazz Jazzmusik kann, wie → Musik allgemein, ein Zeichen für innere Harmonie und Ausgeglichenheit sein. Öfter verbindet sich damit jedoch ein Gefühl der Rastlosigkeit und Unruhe, das nicht selten mit Schlafstörungen einhergeht. Sie sollten schnellstens versuchen, den Auslöser dieser Unruhe ausfindig zu machen.

Jesus → Christus

Joch Ebenfalls ein Traumsymbol, das dem Träumenden einen Hinweis darauf gibt, sich mit seinen bedrückenden Problemen auseinanderzusetzen.

Jockey Ist man im Traum ein Jockey, so hat man eine ausgezeichnete Kontrolle über seine Kräfte und Triebe erlangt.

Joker (Kartenspiel) Bis zu einem gewissen Grad symbolisiert der Joker im Traum etwas Ähnliches wie das Chamäleon. Der Joker hat die Fähigkeit sich gut anzupassen und hat je nach Umgebung eine positive oder negative Auswirkung.

Jongleur Der Träumende versucht, seine Schwierigkeiten in den Griff zu bekommen und seinem Leben wieder eine Balance zu geben, mit guten Erfolgsaussichten. Misserfolge weisen auf ein angeschlagenes Selbstbewusstsein. Jonglieren vor

Jacht

Publikum deutet auf ein allzu großes Geltungsbedürfnis hin. Einen Jongleur zu sehen warnt vor Betrügereien und Intrigen.

Journalist Kommen Journalisten im Traum vor, so kann das eine Warnung sein. Jemand im Freundes- oder Bekanntenkreis versucht, sich mittels Halbwahrheiten und Desinformationen Vorteile zu verschaffen oder sich in eine Machtposition zu bringen. Es kann aber auch weniger dramatisch bedeuten, dass Sie selbst das Bedürfnis haben, sich mehr mitzuteilen.

Jubiläum Feiert man selbst ein Jubiläum, so ist mit finanziellem Wohlstand zu rechnen. Nehmen Sie an einer Feier teil, fällt Ihnen eine unerwartete Erbschaft zu.

Judas Judas verkörpert den Verrat schlechtin, Verrat an sich selbst und den eigenen Überzeugungen oder an anderen. Verbunden damit ist eine Überbewertung materieller Dinge. Findet dieser Traum eine Entsprechung in Ihrem Leben, sollten Sie unbedingt Ihre Einstellungen überdenken und die Konsequenzen daraus ziehen.

Jugend Von der eigenen Jugend zu träumen kann Flucht vor der Verantwortung des Erwachsenendaseins

bedeuten. Vielleicht sind Sie sich ihrer selbst sehr unsicher und laufen deshalb dem heutigen Jugendwahn nach, weil Sie glauben, so attraktiver zu sein. Es werden in der Jugend aber auch wichtige Weichen für unser Leben gestellt oder die Ursachen für spätere Neurosen geschaffen. Sie sollten deshalb darauf achten, unter welchen Umständen und mit welchen Gefühlen Sie von Jugend träumen. Sie könnten Wichtiges über Ihre innersten Träume und Antriebe erfahren.

Junge Ist man im Traum ein Junge, so weist dies den Träumenden darauf hin, dass er noch lange nicht erwachsen ist. Seine Fähigkeiten sind daher also noch nicht voll entwickelt und ihm fehlt jegliche Reife. (→ Jugend)

Jungfrau Die innere weibliche Seite des Träumenden, die unversehrt durch die Außenwelt ist. Hier befinden sich die unbewussten Verhaltensweisen und Eigenschaften und die Wertvorstellungen. Als Traumsymbol bei einem Mann deutet die Jungfrau auch auf eine noch bestehende starke Mutterbindung hin und für sein Unvermögen, andere Frauen in ihrer Weiblichkeit anzuerkennen. Etwa gegengleich verhält es sich bei Frauen, die von einer Jungfrau träumen.

Jupiter Träumt man von Jupiter, so verheißt dies Glück und Wohlstand. Der Träumende wird die gesellige Seite seines Wesens entdecken, und sie nach außen bringen. Seine jovialen (lebensfrohen) Züge werden offenkundiger. Das Wort „jovial" leitet sich von Jupiter ab.

Jurist Der Träumende befindet sich mit jemandem in einem Streit, der nur durch unbeteiligte Außenstehende geschlichtet werden kann. Sich selbst als Jurist vor Gericht zu sehen, deutet auf ein starkes Selbstbewusstsein hin.

Juwelen Edelsteine, vor allem Diamanten, sind Symbole der Reinheit und der höheren Ideale. Sie stehen für das, was uns wirklich von Wert ist. Auch hier ist wieder der Zusammenhang entscheidend für die Deutung. Schenken Sie Juwelen oder bekommen Sie welche? Die Farbe des Juwels ist ein Hinweis darauf, wo Sie Ihre Werte suchen.
(→ Diamant)

Juwelier Der Träumende sollte den Traum als Anlass nehmen, einmal darüber nachzudenken, wie er mit seinem Geld umgeht. Sein Unbewusstes scheint ihn davor warnen zu wollen, sich falschen finanziellen Hoffnungen hinzugeben.

Kabarett Wenigstens Ihrem Unbewussten scheint es nicht entgangen zu sein, das Ihre momentane Lage auch ihre komischen Seiten hat. Lassen Sie freundlichen Spott zu und bemühen Sie sich, sich selbst nicht allzu ernst zu nehmen. Etwas humorvolle Selbstkritik kann das Leben doch sehr entspannen.

Käfer Im übertragenen Sinne stellen Käfer eine Warnung vor unkontrollierbaren Einflüssen dar. Nach C. G. Jung gehören sie zu den Urbildern des Unbewussten. Es ist in jedem Fall ratsam, vorsichtig zu sein. Käfer symbolisieren außerdem auch das ewige Leben. Der ägyptische Käfer Kephrah rollt in der ägyptischen Mythologie die Sonne durch die Unterwelt und symbolisiert so ihre ewige Wiederkehr.

Käfig Die Möglichkeit Gefühle auszudrücken, sind beim Träumenden wesentlich eingeschränkt. Er fühlt sich gehemmt und glaubt sich in einer ausweglosen Situation.

kämmen Beim Kämmen glättet man das → Haar, macht Unordentliches wieder ordentlich. Der Träumende ist dabei, sein Leben neu zu richten und Versäumtes aufzuholen, bevorzugt in seinem Gefühls- und Sexualleben. Da die Neubesinnung tief in der Seele verankert ist, wird er sicher Erfolg haben.

Käuzchen Tauchen diese oder andere Nachtvögel auf, wird etwas geschehen, was den Träumenden in seiner Arbeit aufhalten kann. Grund zur Besorgnis besteht aber nicht, es wird kein Schaden entstehen. Anders ist es, wenn so ein Tier ins eigene Haus einzieht, denn mit ihm verbindet sich ein unheimliches Gefühl von Einsamkeit. Der Träumende befürchtet, Freunde, Bekannte oder Angehörige zu verlieren. Der Traum prophezeit dies nicht unbedingt, er zeigt nur die Furcht davor an.

Kaffee Wird im Traum Kaffee getrunken, so scheint der Träumende mit seiner Energie unzufrieden zu sein, er glaubt neue Anstöße von außen zu benötigen. Kaffeetrinken steht aber auch für das Bedürfnis, mit anderen Menschen zusammen zu sein und Geselligkeit zu pflegen, für Lebensgenuß und gesteigerte Aktivität.

Kaiser Die höchste weltliche Autorität hat Sie im Traum beehrt. Sie scheinen sich im Moment gut mit Vorgesetzten oder anderen Höhergestellten zu verstehen. Sie können auf Unterstützung und Hilfe in Ihren Angelegenheiten zählen. Wenn Sie selbst den Kaiser (oder die Kaiserin) darstellen, sollten Sie auf die Zusammenhänge im Traum achten. Entweder Sie sind sich in einer Sache so absolut sicher, dass Sie Gefahr laufen, arrogant und unzugänglich zu wirken, oder Sie sind im Gegenteil überaus unsicher und verstecken sich hinter einer falschen Autorität. In beiden Fällen sollten Sie sich bemühen, ein gleichberechtigtes und offenes Verhältnis zu Ihren Nächsten zu entwickeln.

Kajüte Der kleine Raum und die Bewegung des Schiffes lassen vermuten, dass Sie sich in Ihrer jetzigen Lage beengt fühlen und dringend eine Veränderung anstreben. Außerdem glauben Sie, keine Kontrolle über Ihr Lebensschiff zu haben. Sie

sind unter Deck und sehen nicht, in welche Richtung Sie steuern. Sie sollten die Initiative ergreifen und das Ruder wieder fest in die eigenen Hände nehmen.

Kakerlaken Diese unausrottbaren kleinen Wesen sind ähnlich wie → Insekten zu deuten. Sie symbolisieren aber mehr die Schwierigkeiten, die unverhofft aus dem Dunkel auftauchen.

Kaktus Diese Pflanzen gehören zu den „unfreundlichen". Sie beglücken uns nur selten mit ihren Blüten. Gewöhnlich sind sie unscheinbar und verweigern uns sogar mit ihren Stacheln die Berührung. So dürften sie im Traum die abweisende Unnahbarkeit darstellen, mit der uns manche Menschen begegnen oder mit der wir selbst andere auf Distanz halten.

Kalb Ein Kalb im Traum steht für Jugend, Unerfahrenheit und die Gefühle, die mit diesem Lebensabschnitt verbunden sind, zum Beispiel die erste Liebe, aber auch leichtsinniger Umgang mit sich und anderen. Ein „goldenes" Kalb symbolisiert Gewinnsucht und materiellen Übereifer.

Kalender Ein neuer Lebensabschnitt mit neuen Vorhaben scheint bevorzustehen. Da alles durchdacht und gut geplant erscheint, dürfte die nächste Zeit recht erfolgreich für Sie sein. Aber überstürzen Sie nichts, bleiben Sie bei Ihrem Plan und gehen Sie alles der Reihe nach an.

Kamel Das Kamel symbolisiert Fähigkeiten wie Geduld, Ausdauer und Durchhaltevermögen, mit denen es sich sehr gut durch harte Zeiten kommen lässt. Fast gar nichts kann einen vom Weg abbringen, die Probleme des Alltags zu lösen. Andererseits kann der Traum auch davor warnen, allzu langmütig und bedürfnislos zu werden. In der islamischen Welt ist das Kamel ein Todessymbol.

Kamera Der Träumende will das Geschehen festhalten, eine unauslöschbare Erinnerung schaffen, in diesem Sinn steht die Kamera für das Gedächtnis. Außerdem bedeutet der Blick durch eine Kamera eine ganz bestimmte Perspektive der Betrachtung, Distanz, aber auch Voyeurismus. Mit welchem Gefühl erlebten Sie den Traum?

Kamin Diese Feuerstelle deutet sexuelle Bedürfnisse, kontrollierte Triebe und Energien an. Brennt ein behagliches Feuer, kann das eine glückliche Zukunft in häuslicher, familiärer Eintracht heißen.

Kampf Der Träumende fühlt sich innerlich zerrissen. Unterschiedliche Kräfte und Emotionen befinden sich in seinem Inneren in Widerstreit. (→ Krieg)

Kanal Träumt man von einem Kanal, so ist man gut dazu in der Lage, seine Gefühle zu beherrschen und in die richtigen Bahnen zu leiten. Hier ist das Traumgeschehen wichtig: Ist der Kanal sehr stark reguliert, die Ufer betoniert? Wie sieht das → Wasser aus? Welche Gefühle löst der Traum aus?

Kanarienvogel Diese munteren kleinen Vögel deuten auf allzu schmeichlerische Freunde hin. Es ist ein freundliches Traumsymbol, allerdings etwas flatterhaft. Womöglich ist Ihre Freundin nicht immer ganz treu oder Ihr Freund? Oder zeigt der kleine Piepmatz Ihr eigenes Bedürfnis nach Freundschaft und Liebe an?

Kaninchen Dieses Traumbild kann erotisch gedeutet werden, dann weist es auf Ihr sexuelles Bedürfnis hin, aber auch auf Sanftmut und Idealismus. Ein weißes Kaninchen bedeutet Glück, ein schwarzes eher Misserfolg und Tod.

Kannibale Wenn ein Kannibale im Traum auftaucht oder der Träumende einer ist, dann nützt er die

Arbeit seiner Freunde, Kollegen etc. zu seinem eigenen Vorteil aus. Der Traum kann aber auch den Wunsch nach einer sehr innigen Beziehung ausdrücken.

Kanone Eine Kanone steht für Aggressivität, Rücksichtslosigkeit und ungezügelten Sexualtrieb. Oft sieht man darin auch ein Symbol des männlichen Glieds. Der Träumende verfügt über eine große innerliche Zerstörungswut.

Kapelle (Kirche) Der Träumende hat starke religiöse Gefühle. Er strebt danach, sich zurückzuziehen, um Ruhe und Frieden in seinem Inneren zu finden.

Kartoffel Tatsächlich träumen Menschen öfters von dieser nahrhaften Knolle. Sie ist eine der Grundlagen unserer Ernährung und steht somit für alles, was zum Leben unbedingt nötig ist, aber selten unsere Aufmerksamkeit erlangt. Dazu zählt auch der seelische Bereich. Sie kann auch für unverdienten Erfolg stehen. Sie kennen das Sprichwort: „Die dümmsten Bauern ernten die dicksten Kartoffeln." Wenn Sie irgendeine berufliche oder finanzielle Beziehung zu ihr haben, zum Beispiel wenn Sie Landwirt sind, sollten Sie den Traum auf Grund Ihrer eigenen Erfahrungen deuten.

Kastration Man fühlt sich bei einem solchen Traum in der Regel von der Sexualität überfordert, leidet unter Minderwertigkeits- und Schuldgefühlen. Die Angst vor Versagen oder davor, nicht attraktiv genug zu sein, gehört auch zu den Deutungsmöglichkeiten. Der Traumzusammenhang ist entscheidend.

Kater Der Kater ist ein Symbol für männliche Sexualität und Aggressionen. Man fürchtet sie und sehnt sich gleichzeitig danach. Selbstbeherrschung tut Not.

Katze Die Katze verkörpert die Gefühlsseite des Träumenden, den Wunsch nach Zärtlichkeit. Außerdem alle anderen Eigenschaften, die einer Katze gemeinhin zugeschrieben werden, wie Freiheit, Ungebundenheit und einen starken Willen. Träumt ein Mann von einer Katze, symbolisiert dies die Frau und hierbei vor allem ihre Sexualität. Bedeutsam ist auch das Verhalten der Katze im Traum. Die Katze kann aber auch ein Todes- oder Unglücksbote sein.

Kaufhaus Das Kaufhaus steht für all das, was sich der Träumende in seinem Leben an materiellen und psychischen Werten angeeignet hat, und die er bereit ist, mit seinen Mitmenschen zu teilen.

Katze

kauen Alles muss gründlich gekaut werden, auch die seelische Nahrung. Ob Sie eher schwer an einem Problem zu kauen haben oder leicht, zeigt Ihnen das Gefühl, mit dem das Kauen im Traum verbunden ist.

Kelch Zum einen ist der Kelch wiederum ein Symbol für das weibliche Geschlechtsorgan beziehungsweise den Mutterschoß. Andererseits kann der Kelch die psychischen Inhalte in ihrer Gesamtheit darstellen. Da der Kelch auch in vielen Religionen eine große Rolle spielt, werden ihm auch innere Werte, Gefühle und

Sehnsüchte, die eine Beziehung zur Spiritualität haben, zugeschrieben.

Keller Im Haus Ihrer Persönlichkeit (→ Haus, → Gebäude) steht der Keller für die Tiefen Ihres Unbewussten. Hinabsteigen zu müssen, zeigt oft seelische Belastungen an, denen sich Ihr Bewusstsein nicht gewachsen fühlt, besonders wenn der Keller durcheinander oder sogar eingestürzt ist. Sie sollten solche Träume sehr ernst nehmen und genau auf die Einzelheiten achten. Sie könnten Lösungen aufzeigen oder zumindest helfen, etwas klarer zu sehen. Wie fühlen Sie sich im Traum im Keller? War es dunkel oder hell?

Kellner/in Der Träumende ist wahrscheinlich sehr um die Bedürfnisse und Nöte anderer Menschen besorgt. Er möchte ihnen gerne helfen, und es ist sein Bestreben alles dafür zu tun, dass sie sich wohl fühlen. Wird man selbst im Traum bedient, drückt das Bedürfnis nach mehr Entgegenkommen und Verständnis durch andere aus. Sie fühlen sich vernachlässigt.

Kerze Ein Phallussymbol, das sexuelle Bedürfnisse darstellt. Die brennende Kerze spendet Licht und Wärme. Deshalb deutet sie auch auf Weisheit, Erkenntnis und Erleuchtung hin. Als Sinnbild für das Lebenslicht sehen alte Deutungen eine Kerze an.

Kessel Ein voller Kessel zeigt an, dass Sie zufrieden sind und haben, was Sie brauchen, ein leerer demgemäß, dass Ihnen etwas fehlt, Sie irgendeinen Mangel leiden. Vermutlich handelt es sich um materielle Dinge. Einen Kessel auf dem Feuer zu sehen, in dem es brodelt, deutet an, dass es Aufregung und Streit geben kann. Überlegen Sie sich Ihre Vorhaben noch einmal genau. Es ist nicht sicher, ob Sie Erfolg haben werden.

Kette Eine Bindung, positiv oder negativ, ist gemeint. Sie sind sehr stark an jemanden oder etwas gebunden, und zwar so fest, dass Ihre Bewegungsfreiheit vielleicht zu stark eingeschränkt ist. Das können aber genausogut Gefühle, Ideen etc. sein. Ein solcher Traum sollte als eine Aufforderung verstanden werden, sein Leben in der Hinsicht gründlich zu überprüfen. Fußkettchen sollen übrigens auf eine masochistische Veranlagung hinweisen.

Kiel Der Kiel steht wie das Fundament eines Hauses für die Grundlagen des Lebens, Ihres Lebens! Wenn Sie den Kiel sehen, so kann Ihr Lebensschiff gestrandet sein. Wichtige Pläne konnten Sie nicht verwirklichen, vielleicht haben Sie sogar Verluste hinnehmen müssen. Es kann aber auch nur bedeuten, dass Sie Ihr Leben neu überdenken sollten. Die genaue Erklärung liegt in Ihren Lebensumständen verborgen.

Kiefer Alte Traumbücher prophezeien ein langes Leben, wenn man von diesem Baum träumt. Die Ruhe, Gelassenheit, Entschlossenheit und Ausdauer, die mit der Kiefer verbunden werden, sind nun in der Tat gute Voraussetzungen dafür, ein hohes Alter zu erreichen. Suchen Sie diese Tugenden zu erreichen und bewahren Sie sie sich.

Kimono Dies Kleidungsstück der Geishas kann darauf hindeuten, dass Sie im Begriff sind, eine kultivierte Liebesbeziehung einzugehen. Vielleicht haben Sie aber auch nur Sehnsucht nach exotischer Abwechslung.

Kind Ähnlich wie bei den Symbolen → Jugend/Junge/Mädchen ist der Traum, in dem man Kind ist, ein Hinweis auf Unreife oder eine Weigerung erwachsen zu werden. Aber auch weitere Entwicklungschancen können sich so ankündigen. Darüber hinaus kann der Traum auch auf Ihre eigenen Kinder (wenn Sie welche haben) anspielen oder den Wunsch danach.

Kirche Der Träumende verfügt über eine sehr starke Sehnsucht nach Religion. Besonders wenn er bisher eher nicht religiös gelebt hat, kann die Seele so reagieren. Auf jeden Fall sollte man sich mit dem Sinn des Lebens auseinandersetzen, eventuell Kindheitserlebnisse miteinbeziehen. Der Zustand der Kirche ist ebenfalls wichtig.

Kirsche Unter allen süßen Früchten hat vor allem diese eine erotische Bedeutung, die jedem bewusst ist. So ist sie auch im Traum eine kaum verschlüsselte Anspielung auf die Liebe (Kirschenmund). Unter

Umständen kann die Kirsche aber auch auf Neid und Streit unter Nachbarn oder Freunden hinweisen: Jemand möchte in Nachbars Garten naschen.

Kissen Taucht dieser gemütliche Einrichtungsgegenstand in Ihrem Traum auf, sind Sie sicher zufrieden in Ihrem Heim. Wenn es aber zerrissen ist, deutet das auf Eheprobleme. Neue Federn im Kissen – Sie stehen kurz vor einer Heirat in Ihrem Familienkreis. Wird es schließlich neu bezogen, dann erwarten Sie Besuch. Entsprechendes gilt auch für das Zudeck oder Plumeau.

Kiste Einerseits erinnert eine Kiste an den Sarg, an Tod und Vergehen. Wenn Sie die tragen, dann drücken Sie Sorgen, dass Sie etwas Wichtiges verlieren könnten. Andererseits verbirgt eine Kiste ihren Inhalt vor den Augen Fremder. Ist sie geschlossen, so wird also ein Geheimnis bewahrt. Geöffnet ist ein Geheimnis keines mehr, und vernageln Sie eine, so sind Sie eifrig bedacht, etwas auf jeden Fall für sich zu behalten.

kitzeln Große Freuden scheint Ihr Leben im Moment nicht bereitzuhalten, wenn Sie sich im Traum auf diese Weise aufheitern müssen. Aber auch die kleinen Dinge sind wichtig und können viel zu Ihrer Lebensfreude beitragen. Erinnern Sie sich öfter daran.

Klavier Der Träumende möchte sich und seine Gefühle darstellen und der Selbstausdruck ist ihm wichtig. Die Sprache scheint ihm hierfür ein ungeeignetes Instrument zu sein, deshalb macht er es auf anderem Weg.

Kleidung Kleidung im Traum symbolisiert wie im Wachsein unsere Selbstdarstellung gegenüber anderen. Kleidung ist für die Außenwelt ein Merkmal, um Personen einzuschätzen, man kann mit ihr aber auch verbergen und täuschen. Die Art und der Zustand der Kleidung spielen eine große Rolle dabei, zum Beispiel steht ein Mantel für die „Fassade", die Schuhe stehen für die Grundlagen des Verhaltens. Sind es sehr teure Kleidungsstücke, legt der Träumende viel Wert darauf, sich durch Materielles darzustellen, anstatt durch Ideelles.

klettern Anstehende Schwierigkeiten werden gut überwunden.

Kloster Wiederum ein Hinweis auf die religiösen Bestrebungen des Träumenden, aber auch ein Hinweis darauf, dass er Ruhe und Abgeschiedenheit im Augenblick besonders braucht. (→ Kirche)

Knoten Ein genereller Hinweis auf Probleme, mit denen der Träumende gerade zu schaffen hat, und die sich leicht verknoten können, wenn er nicht aufpasst. Löst er den Knoten, bedeutet das neue Einsichten.

Koch Für arme Menschen ist ein günstiger Traum, einen eigenen Koch zu haben. Er zeigt Strebsamkeit an, die von Erfolg gekrönt sein wird. Ist man selbst der Koch, so bezieht sich der Traum auf die ganze Lebensführung und weist auf Veränderung der Persönlichkeit im Sinne von Weiterentwicklung hin. Beachten Sie, welche Speisen Sie kochen, ob das Essen gelingt, das Mahl hinterher zusagt.

kochen Wird im Traum gekocht, so ist das meist der Hinweis darauf, dass dem Träumenden im Leben etwas „nicht schmeckt" und er das nun verbessern will. Auch hat er das Bedürfnis, seine Lebenserfahrung kreativ einzusetzen. Wichtig auch hier der Zusammenhang. Welche Speisen werden gekocht? Sind sie etwa versalzen oder angebrannt? Oder gelingt das Essen?

König Im Traum ist dies das Ursymbol (Archetyp) des Vaters. Ist man im Traum ein Untertan, so leidet man wahrscheinlich unter ausgeprägten Minderwertigkeitsgefühlen. Ist man König: Der Träumende hat Machtbestrebungen, möchte andere beherrschen. Der Traum-König kann auch übertragen für das übermächtige Gewissen stehen, das wertvolle Hilfe geben kann.

Königin Nach Jung ein Ursymbol (Archetyp) für die Mutter; in einem solchen Fall möchte man eher die Gefühle anderer Menschen dominieren. (→ König)

Körper Die Persönlichkeit des Träumenden an sich, ein Abbild davon, wie er in der Welt erscheint; die Summe all seiner Erfahrungen; eine Überbetonung des Materiellen. Träume von bestimmten Körperteilen haben eine eigene Bedeutung, siehe dort.

Koffer In ihm trägt man seine Habseligkeiten bei sich. Meist ist er zu schwer. Das Leben scheint Sie im Augenblick doch sehr zu belasten. Aber Sie werden noch eine Weile tragen müssen, denn Sie sind noch nicht an Ihrem Ziel angekommen. Sie haben sich selbst Ihr Päckchen aufgebürdet, also führen Sie Ihre Angelegenheiten auch zu Ende. Wenn Sie den Koffer im Traum verlieren, heißt das, dass Sie zuwenig über Ihre Probleme nachdenken, Sie verdrängen sie.

Kohle Die Frucht harter Arbeit wird sich als sehr nutzbringend erweisen. Sowohl im geistigen Bereich, indem man aus früheren Erfahrungen Wissen und Weisheit erlangt, als auch im materiellen, im Sinne von finanziellem Wohlstand. (→ Kohle = Geld)

Komet Sieht man im Traum einen Kometen, so heißt das, dass sich im Leben bald etwas ändern wird, ob zum Positiven oder Negativen wird sich zeigen.

Konzert Befindet man sich im Traum in einem Konzert, so steht eine schöne Zeit bevor, und man macht neue Erfahrungen. (→ Musik)

Kopf Der Kopf kann ein Hinweis auf kommende Krankheiten wie Fieber oder eine Erkältung sein. Außerdem steht der Kopf für Verstand, Geist, Intellekt und Bewusstsein. Achten Sie auf den Zustand des Kopfes: Ist er groß, klein, verwundet oder wird man gar enthauptet, kopflos? (→ Enthauptung)

Korb Oft bedeutet ein Korb, dass sich eine Unternehmung nicht so gut auszahlt, wie der Träumende es möchte. Dies kann sich sowohl auf den geschäftlichen Bereich wie auf den privaten beziehen (er hat einen „Korb bekommen").

Korn Reife und inneres Wachstum beginnen sich für den Träumenden abzuzeichnen. Erfolg winkt auf der ganzen Linie. (→ Kornfeld)

Kornfeld Da das Korn ein Zeichen von Wachstum und Reife ist, verspricht ein ganzes Feld davon eine überaus glückliche Entwicklung Ihres Lebens. Sie scheinen sich ja auch darüber im Klaren zu sein, dass nicht Glück, sondern Ihre harte Arbeit den Erfolg bringen wird. Ihr Traum kann sich aber auch auf das „Bett im Kornfeld" beziehen, dann hat er Sie mit einer Erinnerung an ein romantisches Liebesabenteuer beglückt. (→ Korn)

Kot Für den Volksglauben haben die Exkremente eine Verbindung zum Geld, vermutlich weil sie früher der einzige Dünger für die Felder waren. Wie der Traum mit dem Bild umgeht, zeigt also an, welches Verhältnis Sie zum Geld haben. Noch einen anderen Zusammenhang zwischen Kot und Geld gibt es, der für die Traumdeutung wichtig sein kann: Wer als Kleinkind unter einer übertriebenen Reinlichkeitserziehung zu leiden hatte, entwickelt als Erwachsener oft einen besonderen Drang zu Geld und Besitz. Denn für Kinder ist die Darmentleerung mit einem Verlusterlebnis verbunden. Dementsprechend versucht der Erwachsene, der als Kind zu früh damit konfrontiert wurde, alles zu behalten, was er hat.

Krähe Krähen sind ein archetypisches Symbol des Todes. Wobei das nichts mit Sterben zu tun haben muss. (→ Tod)

Krankenhaus Dies ist ein Ort, an dem man Hilfe erhält. Es gibt etwas, das Ihnen Probleme bereitet und Sie überfordert. Wahrscheinlich benötigen Sie Beistand, etwas Trost oder konkrete Hilfe. Versuchen Sie Ihr Problem zu lokalisieren! Die einzelnen Krankenhausabteilungen geben mehr Aufschluss: zum Beispiel weist die Abteilung für Herzkrankheiten auf ein emotionales Problem hin, die für Magenerkrankungen auf etwas, das Ihnen auf den Magen schlägt usw.

Krankheit Prüfen Sie zuerst, ob Sie nicht wirklich krank sind. Dann können es auch innere Konflikte sein. Sie sind mit sich selbst uneins. Nichts läuft so, wie Sie sich das vorgestellt haben. Dies alles schieben Sie äußeren, angeblich krankmachenden Einflüssen zu.

Kranz Versuchen Sie, sich genau zu erinnern, um was für einen Kranz es sich handelt und mit welchen Gefühlen sein Auftauchen im Traum verbunden war. Erinnert er an Tod, sorgt Sie die Angst vor einem Verlust. Ein Osterkranz deutet auf Optimismus und Aufbruchstimmung, ein Adventskranz auf Erwartung und schöne Stunden im Familienkreis. Andere, vor allem Brautkränze, symbolisieren den Wunsch nach erotischer Verbindung.

Kreis Zwar steht dieses vollkommene Gebilde für Harmonie und Ausgeglichenheit, doch seine Begrenzungslinie läuft in sich selbst zurück, es gibt keine Entwicklung. Sie scheinen sich festgefahren zu haben. Ihre Situation ist nicht unangenehm, aber das ist gerade die Gefahr, Ihnen fehlt der Anreiz, sich zu verändern, obwohl es nötig wäre.

Krematorium Dieses unheimliche Gebäude hat im Traum meist eine gute Bedeutung. Ein Problem können Sie endgültig zu den Akten legen, eine unangenehme Erinnerung braucht Sie wirklich nicht mehr zu belasten. Vertrauen Sie der Stimme Ihres Traumes und lenken Sie Ihre Aufmerksamkeit endlich auf etwas Neues.

Kreuz Der Träumende verfügt über eine große Opfer- und Leidensbereitschaft, da er hofft, dass sich all das Leiden für ihn positiv auswirken wird. Soweit der religiöse Aspekt des Traumes. Allgemein steht das Kreuz auch für die vier Richtungen, für Ordnung oder es symbolisiert das Sonnenrad.

Kreuzotter Bei uns haben Schlangen im Allgemeinen leider keinen besonders guten Ruf. Sie gelten als falsch und gefährlich. Möglicherweise will Sie Ihr Traum vor jemandem in Ihrer Umgebung warnen, von dem Ihnen Gefahr droht. Alte Deutungen sehen die Kreuzotter als Symbol für eine Niederlage.

Krieg Die unterschiedlichen Aspekte in der Psyche des Träumenden geraten dermaßen in Widerspruch, dass es zu einem „Krieg in der Seele" kommt. Der Träumende hat die Teile seiner Seele nicht gleichwertig behandelt, nun herrschen Krieg und Aufruhr in seinem Inneren.

Krokodil Auch in vielen Alpträumen taucht dieses gefährliche Tier auf und versetzt Menschen in Panik. Es gilt als höchst gefährlich, unberechenbar und bösartig. Irgendetwas versetzt Sie in Panik. Es kann ein Mensch Ihrer Umgebung sein, der bei Ihnen die Alarmglocken klingeln lässt oder eine Entwicklung in Ihrem Leben, die außer Kontrolle zu geraten droht. Aber auch etwas, das aus Ihrem Unbewussten hochzusteigen droht, kann dieses Traumsymbol auslösen.

Krone Sie ist als äußeres Zeichen der Königs- oder Kaiserwürde ein Symbol der Macht und erhebt ihren Träger über seine Mitmenschen. Ihr Traum will Sie davor warnen, äußere Dinge wie Geld und Ansehen zu hoch zu bewerten und darüber die eigentlichen menschlichen Werte zu vernachlässigen. Positiv gedeutet kann die Krone auch für Ihre besonders guten Eigenschaften stehen. Tragen Sie eine Dornenkrone, ist die Deutung auch nicht günstiger, denn Sie plagen sich mit einem seelischen Leiden herum oder aber der Traum warnt Sie davor, allzu demütig zu sein.

Krücke An Krücken zu gehen bedeutet, nur langsam voranzukommen. Der Träumende wird mit seinem Leben nicht mehr allein fertig, Lebensangst, Minderwertigkeitsgefühle und Schutzbedürfnis plagen ihn. Schafft er es bald, wieder ohne Krücken zu gehen?

Krug Wie alle Gefäße, in die man etwas hineintun kann, ist auch dieses ein Symbol für das Weibliche und für Sexualität. Die Redensart vom Krug, der so lange zum Brunnen geht, bis er bricht, spielt einerseits auf die Entjungferung an, ande-

rerseits warnt er allgemein davor, nichts zu übertreiben. Kelch, aus dem Jesus getränkt wurde, die positive, göttliche Seite der Sexualität.

Kuchen Der Volksaberglaube meint dazu folgendes: Einen Kuchen zu backen bedeutet, dass man bald eine freudige Botschaft erhält; einen Kuchen anzuschneiden wird Streit bringen und ihn zu essen heißt, dass jemand hinter Ihrem Rücken böse über Sie spricht. Am besten fragen Sie sich, welche persönlichen Erinnerungen und Gefühle sich bei Ihnen damit verbinden und benutzen dies als Grundlage für Ihre Deutung.

Kugel Wie der Ball erinnert sie Sie an Vergnügen und Spiel, besonders Glücksspiel (Roulettekugel). Der Traum ermahnt Sie, keine finanziellen Risiken einzugehen und nicht mit Ihrer Existenz zu spielen. Erfolg lässt sich nicht erzwingen.

Kuh Ein archetypisches Symbol der Mutterschaft. Träumt eine Frau von einer Kuh, drückt das vielleicht den Wunsch nach Geborgenheit, geben oder nehmen, aus. Bei einem Mann deutet die Kuh auf sein Verhältnis zur eigenen Mutter hin.

Kuss Küsse im Traum können Anzeichen für erotische Wünsche sein. Ein Kuss kann aber auch allgemein

Kuh

darauf hinweisen, dass Sie eine innige Beziehung zu jemandem im Sinne
von geistiger Verbundenheit und
Freundschaft suchen. Mit einem
Kuss hat aber auch Judas Jesus verraten, er kann also auch ein Zeichen
für Untreue sein. Der Zusammenhang und vor allem Ihre Gefühle
während des Traumes (waren Sie
zum Beispiel erfreut oder ent-

täuscht) werden Ihnen sagen, in
welche Richtung Sie den Traum
deuten müssen.

Kutsche Sie sehnen sich nach etwas Romantik und Erholung. Gönnen Sie sich einen kleinen Ausflug
aus dem Alltag, im Moment scheinen Sie es wirklich besonders nötig
zu haben.

Labor Der Träumer fühlt sich Mächten, die er nicht beeinflussen kann, schutzlos ausgeliefert. Es erfordert große Anstrengungen und Eigeninitiative die Situation in den Griff zu bekommen. Sieht man sich selbst als Wissenschaftler im Labor, sollte man in wichtigen Angelegenheiten mehr Gefühl zeigen.

Labyrinth Der Träumende fühlt sich unsicher. Er weiß nicht mehr wie es in seinem Leben weitergehen soll. Er hat jedwede Orientierung verloren. Er sucht nun dringend nach einem Hilfsmittel, das ihm den Weg aus dem Labyrinth weist. Allein seine Intuition kann ihm helfen. Die Archetypenlehre sieht im Labyrinth das Urbild für die sexuelle Triebhaftigkeit.

lachen Ein positives Verhalten im Traum. Lachen entspannt eine Situation und erleichtert den Umgang mit anderen Menschen. Innere Probleme werden vielleicht nicht mehr so ernst genommen, man erreicht eine hilfreiche Distanz zu den Dingen und – was extrem wichtig ist – man nimmt sich selber nicht mehr so wichtig.

Laden Sie betreten ein Geschäft: Vom Leben fühlen Sie sich im Moment benachteiligt. Achten Sie darauf, was im Traum im Vordergrund stand. War es die Ware, so fehlen materielle Dinge (was für ein Geschäft war es?). Oder war es das Gespräch mit dem Verkäufer, dann verunsichert Sie das Leben im Moment. Sie verstehen nicht, was vorgeht und suchen Rat. Lag der Schwerpunkt auf dem Bezahlen, so legen Sie wahrscheinlich zu großes Gewicht auf das Geld. Auch wenn die Welt oft anders aussieht, die wichtigsten Dinge sind nicht käuflich. Sie führen ein Geschäft: Sie gehen mit Ihren Vorzügen hausieren und bieten sich offen an. Auf diese Art gewinnt man aber kaum wirkliche Freunde oder gar Liebe. Sie sollten sich um mehr Selbstbewusstsein bemühen.

Lähmung Der Träumende hat so große Ängste, Hemmungen und Minderwertigkeitsgefühle, dass er nicht mehr in der Lage ist, überhaupt etwas zu tun. Hinzu kommt noch das Gefühl, dass er keine Kontrolle mehr über sich (seine Probleme) hat.

Lamm Ein Lamm im Traum symbolisiert Reinheit und Sanftmut; es ist ein altes religiöses (vor allem christliches) Symbol für Opfer.

Lampe Sie steht für die Dinge und Probleme, die Ihre Aufmerksamkeit im Augenblick besonders fesseln und sich der Lösung nähern. Ihnen wird „ein Licht aufgehen". Geht dagegen das Licht im Traum aus, sollten Sie aufpassen, dass Sie nicht „hinters Licht geführt" werden.

Landkarte Der Träumende, der die Orientierung in seinem Leben verloren hat, ist nun auf der Suche nach neuen Anhaltspunkten für sein weiteres Leben.

Landschaft Sie symbolisiert meist den augenblicklichen Zustand Ihres Lebens. Ist sie freundlich und fruchtbar oder öde und wüst? Führt Sie Ihr Weg gerade und leicht hindurch oder stellen sich Ihnen Hindernisse in den Weg? Schauen Sie sich die Gegend genau an, beschrei-

ben Sie sie und Sie beschreiben damit Ihr momentanes Lebensgefühl.

Landstreicher Diese oder andere beklagenswerte Gestalten zu sehen, bedeutet selten etwas Gutes. Das Leben des Träumenden droht aus den Fugen zu geraten, er hat sich auf schlechte Gesellschaft eingelassen oder ist zu nachlässig in seiner Lebensführung. Im Traum einem Landstreicher Geld zu geben deutet auf große Gefahren, man investiert in eine hoffnungslose Sache. (→ Bettler)

Lanze Sie ist eine deutliche Umschreibung für die aktive, männliche Seite der Sexualität (wie übrigens die meisten Waffen). Ihr Gegenstück ist der Kelch, der den weiblichen, sich öffnenden Aspekt symbolisiert. In der Mystik des Abendlandes versinnbildlichen der Speer des Longinus, mit dem Jesus am Kreuz verletzt wurde, und der heilige Gral, der Kelch, aus dem Jesus getränkt wurde, die positive, göttliche Seite der Sexualität.

Larve (Insekt) Sie deutet darauf hin, dass sich der Träumende zur Zeit in einem Ruhezustand befindet, aus dem er aber nach einiger Zeit herauskommen wird. Dann ist er fast ein ganz neuer Mensch, der mit Elan und Ideen in die Welt hinaustritt.

Larve → Maske

Laterne In der Dunkelheit zeigt sie uns den Weg. Sie haben verstanden, was zu tun ist. Ihnen ist das sprichwörtliche Licht aufgegangen. Hegen Sie jetzt keine unnützen Zweifel, tun Sie, was Sie sich vorgenommen haben. Es scheint das Richtige zu sein, und da Sie sich mit den tiefsten Schichten Ihrer Persönlichkeit in Einklang befinden, wird es Ihnen auch leicht von der Hand gehen.

Laub Welkes Laub, vor allem wenn es schon auf der Erde liegt, spricht für verpasste Gelegenheiten und eine melancholische, traurige Stimmung. Trösten Sie sich, Ihr Unbewusstes benutzt das Bild der Jahreszeiten und will Ihnen damit auch sagen, dass ein neuer Frühling nicht mehr allzu fern ist. Es wird wieder neue Chancen für Sie geben. Belaubte Bäume in sattem Grün sprechen hingegen für eine freudige und lebendige Grundstimmung. Sie befinden sich in einer Zeit des Wachstums. Genießen Sie das Leben und freuen Sie sich mit Ihren Freunden.

Laus Störende Gedanken quälen Sie, die den Blick auf den Gesamtzusammenhang trüben können – kleine Ursache, große Wirkung.

Lava In Ihnen brodelt es. Teile des Unbewussten, psychische Inhalte drängen explosionsartig an die Oberfläche. Erkaltete Lava bedeutet auch erkaltete Gefühle.

Lawine Sie spiegelt eine gefährliche Situation wider. Ihre Probleme scheinen Sie unter sich begraben zu wollen. Jetzt heißt es Ruhe bewahren und klare Entscheidungen treffen. Versuchen Sie aber nicht, alle Probleme auf einmal zu lösen, gehen Sie eins nach dem anderen an.

Leder Leder symbolisiert im Traum Zähigkeit, Festigkeit und Ausdauer eines Menschen, mit dem nicht immer gut umzugehen ist. Oft will er vielleicht mit dem Kopf durch die Wand. Ein zweiter Bereich der Deutung betrifft die Sexualtriebe. Hier steht Leder für sado-masochistische Neigungen.

Lehm Lehm zu formen symbolisiert das langsame, aber stetige Voranschreiten der eigenen Pläne. Lehm, der an Schuhen oder Kleidung klebt, weist auf Schwierigkeiten und Widerstände hin.

Lehrer Ist er freundlich und hilfsbereit, so will Ihnen Ihr Unbewusstes etwas sagen, das Ihre Lebenssituation allgemein oder ein bestimmtes Problem betreffen kann. Der

Lehrer kann aber auch ein guter Bekannter sein, der Ihnen rät. Nehmen Sie freundliche Kritik an Ihrer Person ruhig an. Ein offenes Wort von einem Freund kann viele neue schöpferische Ideen bewirken. Vielleicht ist es aber ein Alptraum, in dem Sie eine Prüfungssituation durchleben. Diese Träume sind sehr häufig. Uns alle stellt das Leben immer wieder vor Prüfungen, die uns Angst machen und bis in den Traum verfolgen. Sollten sich solche Träume aber häufen und Sie zutiefst beunruhigen, dann sollten Sie sich vielleicht um Hilfe durch einen Psychologen bemühen.

Leibwache Von einer Leibwache zu träumen verkörpert den dringenden Wunsch des Träumers nach mehr Geborgenheit und Sicherheit, kann aber auch darauf hinweisen, dass man sich vor den Konsequenzen der eigenen Entscheidungen fürchtet.

Leiche Eine Leiche kann einen Hinweis darauf liefern, dass der Träumende bestimmte Teile seines Innern abgegrenzt hat, die er nun mit sich herumträgt wie eine schwere Last. Meist sind es Bereiche der Persönlichkeit, die man mit Fehlern und Schuld beladen denkt. Es können auch bestimmte Lebensabschnitte damit gemeint sein.

Leiter Eine Leiter hinauf- oder hinabzusteigen meint genau das: persönlicher Auf- oder Abstieg, Erfolg, Ansehen oder Gefahr. Stürzen Sie gar die Leiter hinunter, sollten Sie die Dinge mit mehr Überlegenheit angehen. Eine Leiter ist aber auch eine wacklige Angelegenheit. Es ist immer besser, wenn sie zur Sicherheit jemand festhält, wenn Sie hinaufsteigen. Anscheinend haben Sie sich eine Aufgabe gestellt, die Sie alleine nur schwer bewältigen können. Suchen Sie sich Hilfe. Gemeinsam zu arbeiten ist immer erfolgreicher.

Leopard Gemeinhin ein Symbol für ungezügelten Sexualtrieb.

Leuchtturm Der Träumende ist in jedem Fall orientierungslos und sucht nach Anhaltspunkten bei seinem Kurs über den Ozean des Lebens. Der Leuchtturm zeigt den Weg vom Unbewussten ins Bewusstsein. (→ Lampe)

Licht Licht steht für Erkenntnis, Weisheit, Glauben, Liebe oder auch für Gott. Ein sehr vielschichtiges Symbol, bei dessen Deutung man besonders auf den Zusammenhang achten muss.

Lift Es geht aufwärts, ohne dass Sie sich anstrengen müssen, alles geht

Leuchtturm

wie von selbst. Ob dies nun ein Wunschtraum ist oder ob Sie sich wirklich gerade in einer glücklichen Lebensphase befinden, werden Sie selbst am Besten wissen. Achten Sie darauf, wo der Aufzug Sie hinbringt. Aufwärts zu fahren bedeutet Fortschritt und Erfolgswillen, abwärts deutet auf Rückschläge und Verzagtheit hin, bleibt der Lift stehen, stagniert auch Ihr Lebensfluss.

Lilien Im Allgemeinen haben Blumen eine positive, aber auch erotische Bedeutung. Jeder kennt aber das Bild aus der Bibel: „Sehet die Lilien auf dem Felde …“ So kann sie auch philosophische Gedanken symbolisieren. Vielleicht sollten Sie in Ihrem bewussten, wachen Leben mehr darüber nachdenken, welchen Platz Sie eigentlich in dieser Welt einnehmen wollen.

Linde Der Lindenbaum und seine Blätter und Blüten stehen für ein harmonisches und friedvolles Leben und gute Zukunftsaussichten. Eine baldige Romanze ist in Sicht.

Lippen Sie haben zunächst erotische Bedeutung. Sind die Lippen im Traum voll und einladend geöffnet oder schmal und zusammengekniffen. Hier spiegelt sich Ihr augenblickliches erotisches Selbstbewusstsein wider. Sie dienen aber auch der

Sprache und können dann anzeigen, wie offen Sie mit anderen sprechen. Der Zusammenhang wird Ihnen unmissverständlich verraten, in welcher Richtung Sie das Traumbild ausdeuten müssen.

Löwe Der Löwe im Traum hat oft die Bedeutung von Männlichkeit, körperlicher Kraft und Aggression, aber auch von Kreativität und Ideenreichtum. Die genaue Bedeutung ergibt sich aus dem Traumzusammenhang.

Lokomotive Eine Lokomotive kann Spielzeug sein und stellt dann Sehnsucht nach unbeschwerten Kindheitstagen dar. Das wirkliche Leben scheint im Moment nicht zu bewältigen, so flüchtet man in kindliches Spiel. Als wirkliche Maschine steht sie für die kollektive psychische Energie, positiv wie negativ. Die Reise im Zug deutet auf die Lebensreise hin. Als Antriebskraft wird das Eingebundensein in Familie und Gesellschaft gesehen.

Lotterie Obwohl dieses Traumsymbol allgemein für das Scheitern von Hoffnungen und für finanzielle Verluste steht, kann es nicht schaden, mit im Traum gesehenen Zahlen Ihr Glück zu versuchen. Für Liebende ist dieser Traum ein sehr schlechtes Vorzeichen.

lügen Allgemein warnt der Traum vom Lügen davor, seine Handlungen zu verbergen. Man sollte in jedem Fall dazustehen. Für Schauspieler, Artisten und alle anderen, die von der Täuschung leben, ist es ein gutes Vorzeichen. Allen anderen bringen selbst unbedeutende Lügen Unglück, und zwar bringt es größeres Unglück, wenn man einen Bekannten, kleineres, wenn man einen Fremden belügt.

Luft Träumt man von Luft, so hat dies oft mit dem Geist zu tun, denn schon seit alten Zeiten wird Luft (Atem) mit Geist gleichgesetzt. Luft zeigt an, wie der Intellekt des Menschen auf die Gefühle einwirkt – wird der Luft also in irgendeiner Form im Traum Einhalt geboten, so hat der Geist seinen Zugriff auf das Gefühl verloren. Zudem ist Luft das Element, das Himmel (das Ideelle) und Erde (das Materielle) verbindet. Ist sie klar oder getrübt?

Lupe Eine Lupe zu benutzen deutet auf Misstrauen und Kleinlichkeiten hin. Sie sollten großzügiger denken und bestimmte Dinge nicht überbewerten.

Made Die Made symbolisiert im Traum die Teile der Psyche, die man ablehnt. Sie brauchen dringend Hilfe, sonst werden sie absterben.

Mädchen Genau wie Kind oder → Junge ein Zeichen dafür, dass sich die Träumende weigert erwachsen zu werden. Zudem fällt es ihr nicht leicht, sich mit ihrer weiblichen Sexualität zu identifizieren. Diese befindet sich eher noch auf einem kindlichen Niveau. Träumt ein Mann von einem Mädchen, sucht er wohl ein sexuelles Abenteuer.

mähen Sind Sie selbst im Traum der Mähende, dann bringen Sie die Ernte ein, Sie werden also Erfolg haben. Sehen Sie hingegen jemand anderem dabei zu, dann scheint Ihnen der Erfolg nicht sicher, ein Anderer könnte die Früchte Ihrer Arbeit ernten.

Märtyrer Spielt ein Märtyrer im Traum eine Rolle, so heißt dies, dass der Träumende glaubt, er werde un-gerechtfertigt kritisiert. Es gibt für ihn auf der einen Seite die böse, ihm übelwollende Außenwelt, auf der anderen Seite steht er, der „gute, edle" Mensch.

Magen Ist Ihr Magen in Ordnung oder tatsächlich verstimmt? Ein Traum, in dem der Magen vorkommt, weist darüber hinaus darauf hin, dass der Träumende mit allem, was ihm in nächster Zeit begegnen wird, sehr gut fertig wird, vorausgesetzt, er kann es gut verarbeiten und „verdauen".

Magie Bei der Lösung seiner Probleme hofft der Träumende auf übernatürliche Kräfte. Magie lässt sich aber auch ohne weiteres dahingehend interpretieren, dass er Kontrolle über die verborgenen Seiten seines Seins erringen möchte.

Magnet Der Magnet ist Symbol eines Spannungsfeldes, in dem wechselweise Anziehung und Abstoßung dominieren können. Zuneigung,

Verführung und Widerstand befinden sich in einer unsicheren Balance. Welche Seite den Ausschlag gibt, hängt von dem Empfinden des Träumers ab.

Mahlzeit Mahlzeit als Traumbild steht für psychische Kraft. Es kommt sehr auf die Einzelheiten des Bildes an. Eine karge Mahlzeit deutet auf einen Mangel hin. Vermutlich fehlt Ihnen seelische Nähe, Ihre Gefühle werden nicht erwidert. Ein reichhaltiges Essen ist vermutlich ein Wunschtraum. Folgende Fragen sind wichtig: Was essen Sie und sind Sie alleine oder in Gesellschaft? Stehen Sie satt oder hungrig auf? Wie ist die Stimmung beim Essen?

malen (anstreichen) Der Träumende möchte seine direkte Umgebung ändern, die ihm zu trist und farblos erscheint. Welche Farben verwendet er? (→ Farbe)

malen (Kunst) Ähnlich wie beim → Klavierspielen ist dies ein Hinweis darauf, dass der Träumende unzufrieden mit den Möglichkeiten ist, die ihm die Sprache zum Selbstausdruck liefert. Die Farben in ihrer symbolischen Bedeutung sollten ebenfalls in die Traumdeutung einfließen.

Mann Dieses Symbol repräsentiert im Traum (auch bei Frauen) die als männlich empfundenen Eigenschaften wie Tatkraft und Stärke, aber auch Gewalt und aggressive Sexualität. In der Jugend ist dieses Traumbild meist stark vom eigenen Vater beeinflusst.

Mantel Wir gebrauchen die Redensart „einer Sache ein Mäntelchen umhängen", wenn wir ausdrücken wollen, dass etwas verschleiert werden soll. In gleicher Weise gebraucht der Traum das Bild: Entweder Sie wollen etwas verbergen, oder vor Ihnen soll etwas geheim gehalten werden. Darüber hinaus bedeutet der Mantel auch Schutz vor Kälte. Der Traum sagt Ihnen, als was Sie den Mantel verstehen.

Manuskript Der Traum will Sie an unerledigte Arbeiten erinnern. Haben Sie versucht, eine dringende Verpflichtung zu verdrängen? Aber auch vor Neugierde und zuviel Selbstdarstellung wird gewarnt.

Marionette Die Marionette im Traum ist ein Symbol dafür, dass sich der Träumende in seinem Leben abhängig fremdgesteuert fühlt. Das können andere Menschen tun oder Teile seines Bewusstseins, die sich seiner Kontrolle entziehen.

Markt Der Markt symbolisiert das Leben schlechthin. Der Markt ist Umschlagbörse für Waren und Neuigkeiten aller Art. Das Verhalten des Träumenden auf dem Markt liefert gute Ansatzpunkte über sein Verständnis und seinen Umgang mit der Welt. Ist der Markt zum Beispiel menschenleer, dürfte der Träumende sehr einsam sein.

Marmelade Dem Träumenden erscheint sein Leben hart und bitter, und er glaubt, dass es jetzt an der Zeit sei, den Lohn seiner Arbeit zu genießen. Man kann Marmelade aber auch als fruchtigen Brotaufstrich verstehen. Dann bedeutet sie neue Energie, oft auch in Form einer schönen Erinnerung, auch im erotischen Bereich (Früchte symbolisieren Sexualität).

Maschine Der Traum von nützlichen und funktionsfähigen Maschinen spielt auf Kräfte oder Gewohnheiten an, mit denen das Leben besser gemeistert werden kann. Fantastische und undurchschaubare Maschinen deuten aber fast immer auf ernsthaftere seelische Störungen hin. Man hat sein Leben so kompliziert eingerichtet, dass man Gefahr läuft, den Überblick zu verlieren. Sollte das Traummotiv häufiger auftauchen, sollten Sie die Hilfe eines Psychologen suchen.

Maske Sie wollen jemand darstellen, der Sie nicht sind. Haben Sie mehr Zutrauen zu sich selbst und denken Sie daran, dass es auch eine Missachtung Ihrer Freunde und Mitmenschen darstellen kann, wenn Sie sich hinter einer falschen Fassade verstecken.

Massage Verkrampfungen und Verspannungen des Träumenden sollten durch eine heilsame Behandlung beseitigt werden. Er sollte sich von Zwängen befreien.

Matrose Da der Matrose mit dem Element Wasser (Gefühl) in Beziehung steht, ist er im Traum ein Zeichen für den Träumenden, dass er mit seinen Emotionen gut zurechtkommt. Matrosen können auch auf unbewusste Homosexualität hindeuten. → Meer.

Mauer Mauern sind als tatsächliche Hindernisse im Leben des Träumers zu verstehen, die als unüberwindbar angesehen werden. Wenn man sie niederreißt oder übersteigt ist dies ein gutes Zeichen, von Mauern umringt zu sein ist eine Warnung vor Eigensinn und Isolation.

Maulwurf Der Maulwurf ist ein Symbol der Trauer um Personen oder verpasste Gelegenheiten. Gleichzeitig wird signalisiert, dass sich der Träumende unverstanden und ungerecht behandelt fühlt.

Maus Die Maus ist ein Traumsymbol für das weibliche Geschlechtsorgan. Im Traum kann sie auch ein Hinweis darauf sein, dass im Leben des Träumenden nicht alles in Ordnung ist. Irgendwo befindet sich ein kleiner Störenfried, eine tiefsitzende Angst zum Beispiel, der aber auf lange Frist gesehen, einen nicht unbeträchtlichen Schaden anrichten kann, denn er nagt weiter. Viele Mäuse verkörpern viele Unannehmlichkeiten. Wer die Mäuse allerdings fängt, wird seine Probleme oder Ängste sicher bald in den Griff bekommen.

Medizin Im Unbewussten des Träumenden hat sich etwas gebildet, das ihm Heilung gewähren kann. Diese Medizin ist aber nicht immer angenehm.

Meer Das Meer ist ein sehr komplexes Traumsymbol. Es steht für die Gesamtheit der Gefühle. Nur schwer lässt sich auf ihm der Kurs des Lebens bestimmen, deshalb bezeichnet es auch Unsicherheit und Ratlosigkeit. Das Meer ist auch ein Symbol für das kollektive Unbewusste. Hier ist der Zustand des Wassers wichtig: Ist es klar oder trüb, sieht der Träumende die Oberfläche, aber nicht die unbekannten, schier unendlichen Tiefen? Da alles

Meer

Leben aus dem Meer hervorgegangen ist, kann es auch für die Mutter, den Mutterschoß vor allem, stehen.

Menschenmenge Teil einer fröhlichen, mitreißenden Menschenmenge zu sein, verkörpert Zufriedenheit und Geborgenheit im Beruf, im gesellschaftlichen Umfeld oder in einer Liebesbeziehung. Empfindet man hingegen Platzangst oder fühlt sich von der Menge bedroht und überrollt, bedeutet das Unsicherheit und Angst vor anstehenden Problemen, die mit anderen Menschen zu tun haben.

Messer Ein Symbol des männlichen Geschlechtsorgans und ein Hinweis auf aggressive Strömungen im Träumenden, so Freud. Andere Deutungen sehen im Messer einen Gegenstand, mit dem man Dinge sezieren, auseinandernehmen und besser erkennen kann. So auch das Verhalten anderer Menschen.

Metzger Ein blutiges Gewerbe haben sie. Ihr Auftauchen im Traum ist ein Gefahrenzeichen. Irgendjemand oder etwas droht, Ihre Pläne gewaltsam zu vereiteln. Es kann sich aber auch eine Erkrankung so bemerkbar machen. Metzger von Beruf müssen das Bild natürlich individuell auf Grund ihrer persönlichen Erfahrung deuten.

Mikroskop Der Träumende möchte etwas über die Seiten seiner Seele erfahren, die ihm bislang verborgen waren. Er ist ein Mensch, der alles ganz genau nimmt. Andererseits kann des Mikroskop auch dazu auffordern, etwas oder eine Angelegenheit genauer zu betrachten.

Milch Die Milch ist ein Symbol der Mutter und der Ernährung. Sie symbolisiert Güte und Schutz, aber auch Wissen und Erkenntnis. Wer die Milch trinkt, erlangt mehr Wissen.

Misthaufen In unserer Bilderwelt hat Mist immer eine Beziehung zu Geld und Glück. Ein großer Haufen bedeutet deshalb, dass Sie sich viel Geld und Glück wünschen oder bald große Einnahmen erwarten können. Ein kleiner Haufen deutet darauf hin, dass Sie sich Sorgen um Ihre finanzielle Grundlage machen.

Mittag Spielt ein Traum um Mittag, so heißt dies, dass sich der Träumende mit vollem und klarem Bewusstsein an die Lösung seiner Probleme begeben wird.

Möbel Das Haus steht für die Persönlichkeit, die Möbel für all das, was sich im Bewusstsein des Träumenden befindet, seine Ideen, Pläne und Geisteshaltungen. Wichtig ist, in welchem Zimmer (= verschiedene Teile der Persönlichkeit) die Möbel stehen und welche es sind. So bedeutet der Schreibtisch eher berufliches Fortkommen, während ein Sessel für Ruhe und Behaglichkeit steht.

Mönch Die Probleme des Träumenden belasten ihn so, dass er sich aus der Welt zurückziehen möchte. Es kann aber auch sein, dass er religiöse Belehrung wünscht oder er möchte eine religiöse Erfahrung machen.

Mond Der Mond als Herrscher der Träume ist ein Symbol der Frau und ihrer Sexualität. Der zunehmende Mond ist das Mädchen und die junge Frau, der Vollmond die Mutter, der abnehmende Mond die ältere Frau jenseits der Wechseljahre und der Neumond bezeichnet laut Volksglauben das alte, böse Weib, die Hexe. Des Weiteren steht der Mond für Liebe und Wechselhaftigkeit (das Wort Luna leitet sich von dem lateinischen Wort für Mond – Luna ab). Da der Mond auch Ebbe und Flut verursacht, ist er außerdem ein Symbol für das Auf und Ab des Lebens, vor allem, was die materielle Seite betrifft.

Moos „Ohne Moos nichts los" – es ist auch im Traum meist eine Umschreibung für Geld. Ihre Gedanken kreisen zuviel um die materielle Seite des Lebens. Aber erst Gefühl und Anteilnahme geben unserem Leben Tiefe. Achten Sie darauf, dass Sie über allem Streben nach Reichtum nicht das Wichtigste verlieren. Eine romantische und bemooste Waldlichtung zum Beispiel kann aber auch eben nur das ausdrücken: den Wunsch nach Zärtlichkeit und Gefühl. Beachten Sie den Traumzusammenhang.

Mord Ein Traum mit einem Mord zeigt an, dass man etwas in sich selber ermorden will, ein Gefühl oder eine Eigenschaft. Man findet es so schlimm, dass es unbedingt mit aller Gewalt beseitigt werden muss. Die einfache Unterdrückung oder Verdrängung reicht nicht mehr aus.

Morgen Ein neuer Tag beginnt, dem wir uns ausgeruht und erholt mit viel neuer Energie und Tatkraft widmen können. Es steht eine neue Situation bevor, die Sie freudig begrüßen. Es kann sich aber auch um eine neue Einsicht handeln, die langsam in Ihnen heranwächst.

Motorrad Ein Zeichen für Stärke und Energie. Sie verfolgen Ihre Ziele mit großer Durchsetzungskraft. Das Motorrad ist aber vielleicht schwer zu lenken und unter Kontrolle zu halten. Sie müssen viel Disziplin zeigen, damit Sie nicht andere überfahren oder gar sich selbst in Gefahr bringen durch unkontrolliertes, übereifriges Verhalten.

Motte Der Träumer wird von unruhigen Gedanken geplagt und zweifelt an der Loyalität der ihm nahestehenden Personen. Mottenzerfressene Kleidung zu sehen kündigt Streit und die Zerrüttung von Beziehungen an.

Mühle Die nächste Zeit wird für den Träumenden alles andere als angenehm. Ein nicht unerheblicher

Teil seines Weltbildes wird zerstört (zermahlen). Eine Lebenskrise deutet sich an.

Mumie Mumien sind Sinnbilder von Verschlossenheit und einer wertekonservativen Einstellung. Überprüfen Sie Ihre Haltung und überlegen Sie, ob es sich nicht lohnen könnte, im Rahmen Ihrer Persönlichkeit einige Weiterentwicklungen und Veränderungen zuzulassen.

Mund Da wir durch Sprache sowohl Liebe wie auch Verachtung und Hass ausdrücken können, steht

Mühle

der Mund für all das genauso wie für das Verlangen nach Mitteilung und Kontakten. Er kann auch auf einen Angeber hindeuten.

Muschel Eine sensible, verletzbare Persönlichkeit verbirgt sich hinter einer harten Schale.

Museum Durch ein Museum zu wandern, symbolisiert eine kritische Auseinandersetzung mit der eigenen Vergangenheit. In einem Museum eingeschlossen zu werden zeigt an, dass man die Vergangenheit für die Probleme der Gegenwart verantwortlich macht.

Musik Der Träumende sieht harmonischen und angenehmen Zeiten entgegen. Seine Persönlichkeit ist ausgeglichen, er ruht in sich.

Mutter Mutter bedeutet Leben, Schutz, Sorge, Nahrung für das kleine Kind. In dieser Eigenschaft formt sie es und gibt bestimmte Eigen-schaften an es weiter. Diese verkörpert sie im Traum. Darüber hinaus symbolisiert die Mutter für den Mann die Einstellung zur Frau als zärtliches, hilfsbereites Wesen, das uns geprägt hat, für uns da ist und uns beisteht. Sie zeigt auch an, inwieweit ein Mann diese Eigenschaften selbst leben kann. In den Träumen einer Frau stellt sie oft die verdrängte Seite der eigenen Weiblichkeit dar, den sogenannten „Jungschen Schatten". Generell kann das Bild entweder bedeuten, dass der Träumende sich unsicher fühlt und am liebsten in die Arme seiner Mutter flüchten möchte. Wirkt die Traummutter unfreundlich oder gar bedrohlich, dann hat sich der Träumende noch nicht genügend aus den Familienbindungen befreit. Fürsorglichkeit kann zum Gefängnis für den Umsorgten werden und ihn seiner Selbständigkeit berauben. Jeder muss einmal lernen, auf eigenen Füßen zu stehen. (→ Vater)

Nabel Der Nabel symbolisiert die Verbindung des Kindes zur Mutter und die Mitte des Körpers. Im Traum stellt er die Verbindung des Träumenden zu seiner Mutter, im übertragenen Sinn zur Erde dar. Er ist zudem ein Sinnbild für die Verbindung von Körper und Seele.

Nachbar Bekannte und nahestehende Personen verkörpern im Traum zumeist Aspekte ihrer eigenen Persönlichkeit bzw. ihres Umgangs mit anderen. Nachbarn (es müssen nicht die eigenen sein) warnen dabei traditionell vor Verstimmungen und Zank.

Nacht Wenn Ihr Traum während der Nacht handelt, betrifft er einen Teil Ihres Lebens, der für Sie im Dunkeln liegt. Sie verstehen entweder das Verhalten Ihrer Freunde oder der Welt im Ganzen nicht mehr oder aber das Schicksal hat Sie mit Gefühlen aus den Tiefen Ihrer Seele konfrontiert, die Ihnen bislang fremd waren. Wahrscheinlich werden dem Traum weitere folgen, die zu diesem Symbol gehören und Ihnen weitere Hilfen zum Verständnis geben.

Nachtigall Eine Nachtigall zu sehen oder singen zu hören ist ein Zeichen von Glück und wiedergewonnener Gesundheit. Eine Nachtigall im Käfig kündigt ernste Prüfungen und Einschränkungen an.

Nachtwächter Dieses Bild kann ein Anzeichen für innere Unsicherheit sein, man wünscht sich jemanden, der im Dunkeln nach dem Rechten sieht und das Böse und die Unsicherheiten des Lebens stellvertretend vertreibt. Haben Sie mehr Selbstvertrauen. Sie haben den Wächter ja in sich selbst, denn das Traumbild ist ein Teil Ihrer Persönlichkeit.

Nacktheit Nacktheit zeigt den Träumenden so wie er wirklich ist, jenseits aller Verkleidung, Tarnung und Maske. Gleichzeitig ist es ein

Zeichen für seine Verletzbarkeit und Angst vor Bloßstellung. Da Nacktheit auch mit Sexualität in Verbindung steht, kann ein Angstgefühl, das mit der Nacktheit einhergeht, auch auf sexuelle Hemmungen und Ängste hinweisen. Der Traum kann aber auch dazu auffordern, offener und ehrlicher zu sein.

Nadel Ein Symbol des männlichen Geschlechtsorgans. Die Nadel kann aber auch eine Warnung vor Feinden sein, die „sticheln". Man sollte sie nicht unterschätzen.

Nagel (Metall) Der Nagel versinnbildlicht eine Kraft, die Dinge, die unter Umständen nicht zusammengehören, zusammenhält, ein Zeichen für eine Art von gewaltsamer Synthese, die aber zu einem guten (stabilen) Resultat führen kann. Er kann auch eine starke Bindung an eine bestimmte Person bedeuten. Im religiösen Zusammenhang gesehen, kann der Nagel ein Symbol für zu erleidende Schmerzen sein, die aber in Befreiung/Erlösung enden.

Naht Spielt eine Naht in einem Traum eine Rolle, so deutet dies auf die Festigkeit der Beziehungen des Träumenden zu anderen Menschen hin. Sie kann auch ein Zeichen für eine geistige oder seelische Schwachstelle beim Träumenden sein.

Narbe Der Träumende wird an eine Verletzung erinnert, die er sich in der Vergangenheit zuzog, die aber noch bis heute Auswirkungen hat. Er möchte aber nun endgültig darüber hinwegkommen.

Narkose Erlebt man im Traum einen Zustand der Bewusstlosigkeit, ist dies ein Zeichen dafür, dass man sich aus der Verantwortung stehlen will. Erwacht man in einem Krankenhaus aus der Narkose, kann dies auch die Überwindung einer drohenden Gefahr signalisieren.

Narr → Clown

Nase Der Träumende ist ein sehr neugieriger Mensch, der sich viel um Angelegenheiten kümmert, die ihn nichts angehen. Er hat außerdem ein feines Gespür für die Zeichen der Zeit. Im Volksgebrauch steht das Sinnesorgan für das männliche Geschlechtsteil.

Nashorn Das Nashorn symbolisiert ungestüme, animalische Kraft und aggressive Sexualität. Es ist als Warnung vor einer allzu hemmungslosen Lebensweise und unkontrollierter Aggresssion zu verstehen. Versuchen Sie, Ihre Ernergien sinnvoller zu kanalisieren.

Nebel Der Träumende ist in einem Zustand der Verwirrung, er weiß nicht, wohin er sich wenden soll. Seine Zukunft erscheint ihm unklar und er traut sich nicht etwas zu unternehmen. Etwas mehr Selbsterkenntnis wäre wünschenswert. Es kann aber auch sein, dass er seine Umwelt über seine wahren Motive im Unklaren lassen möchte.

Nelke Der Träumende sehnt sich nach Harmonie und Verständnis in der Partnerschaft. Frische und blühende Nelken signalisieren die Verwirklichung dieser Sehnsucht, während verwelkte Exemplare ein langsames Abkühlen der Leidenschaft vorausahnen lassen.

Nerz Sein Besitz und seine äußere Erscheinung sind dem Träumenden eminent wichtig.

Nest Der Träumende sucht Geborgenheit in einer ruhigen, sicheren und gemütlichen Heimstatt, vielleicht möchte er eine Familie gründen. Dazu kommen erotische Aspekte des Träumenden.

Netz In einem Netz gefangen zu werden oder selbst jemanden damit zu fangen sind erotische Bilder. Der Träumende wünscht sich ein Abenteuer, doch er traut sich nicht, es einzugestehen und einen Schritt zu seiner Verwirklichung zu machen. Oder er fühlt sich bereits verführt und gefangen und seine Unabhängigkeit bedroht.

Neujahr Dieses Traumbild verkündet den Beginn eines neuen Lebensabschnitts, der vom Träumer von ganzem Herzen herbeigewünscht wird. Es ist ein guter Zeitpunkt, um wichtige Entscheidungen zu fällen.

Neun Neun ist eine Zahl, die eine große mythische Bedeutung hat und in vielen Religionen die heilige Zahl ist. Neun symbolisiert als Mondzahl den Bereich der Fantasie und Träume. Nach neun Monaten Schwangerschaft wird der Mensch geboren, das heißt die Zahl steht auch für einen neuen Anfang. Darüber hinaus hat die Neun als ungerade Zahl männliche Symbolik und verkörpert psychische Energie.

Nixe Diese Naturgeister leben im Wasser, in der Sprache des Unbewussten also im Bereich unserer Gefühle. Sie sind weiblich, haben aber statt eines Unterleibs einen Fischschwanz. Als Traumsymbol zeigen sie bei Jugendlichen an, dass das erotische Gefühlsleben noch nicht entwickelt ist. Bei Erwachsenen kann es ein Hinweis auf eine gestörte Entwicklung sein, etwa Frigidität bei Frauen oder Impotenz bei Männern.

Nixe

Nonne Ein Nonnentraum hat in etwa die gleiche Bedeutung wie ein Mönchtraum (→ Mönch), wobei bei der Nonne das Gewicht deutlicher zur Gefühlsseite hin tendiert.

Nordpol Der Nordpol ist Symbol eines ehrgeizigen Zieles, dass nur unter Aufbietung aller Ihnen zur Verfügung stehenden Ressourcen erreicht werden kann. Der Traum drückt Motivation und hohe Ansprüche aus, kann aber auch auf einen ungesunden Fanatismus aufmerksam machen.

Notizbuch Gedanken, die man seinem Notizbuch anvertraut, sind meist nicht für die Augen anderer bestimmt. Hüten Sie sich vor übertriebener Heimlichtuerei und überprüfen Sie Ihre Gedanken und Ideen stattdessen im Gespräch mit anderen Menschen.

Nudeln Teigwaren sind nahrhaft und sättigend. Vermutlich leiden Sie an einem Mangel, vielleicht ist es ein körperlicher, der durch eine Krankheit bedingt ist. Unser Unbewusstes nimmt erste Anzeichen von Krankheit viel eher wahr als unser Bewusstsein und versucht dann, uns im Traum zu warnen. Dies gilt vor allem, wenn dies Bild im Traum das Wichtigste war. Andere Deutungen sehen in Nudeln auch sexuelle Bedürfnisse verkörpert. Es kann sonst auch nur eine Erinnerung an ein besonderes Essen sein, an einen Italienurlaub oder Ähnliches. Dann hat es keine besondere Bedeutung.

Null Der Träumende fühlt sich unbedeutend und wertlos. Es kann sich aber auch die Leere andeuten als Möglichkeit zu einem Neuanfang oder ein lange andauernder Vorgang, der sich dem glücklichen Ende zuneigt.

Nuss So wird oft in der Traumsymbolik der innerste Kern eines Menschen gesehen. Die Nuss kann aber auch für Trottel und Idiot stehen. Aber auch für ein schwieriges Problem, an dem Sie ganz schön zu knacken haben.

Oase Träumt man von einer Oase, so wird man nach langer Suche endlich zu einem Frieden mit den eigenen Gefühlen kommen oder man findet die große Liebe. Natürlich kann es auch eine schöne Erinnerung an eine Reise sein oder die Reiselust ausdrücken.

Obst Früchte im Traum verdeutlichen sexuelle Bedürfnisse, reifes Obst steht für Selbstbewusstsein und Lebensfreude, entweder man hat sie oder wünscht sie sich. Entsprechend negativ ist verfaultes Obst zu sehen.

Obstgarten → Garten, noch etwas abwechslungsreicher und üppiger.

Ochse Harte Arbeit und schwere Zeiten kündigen sich an. Der Träumende denkt deswegen, dass er seine sexuellen Gefühle zurückstellen sollte. Andere Deutungen sehen im Ochsen ein Sinnbild für Schwerfälligkeit, Plumpheit und Sturheit.

Ödnis Der Träumende leidet unter seiner gefühlsmäßigen Verkümmerung. Woher sie kommt und wie sie zu ändern ist, sagt der Traumzusammenhang.

Öl Anstehende Unternehmungen werden glatt laufen dank der geistigen Kraft und Energie, die man mitbringt. Der Erfolg sind Ruhe und Zufriedenheit. In vielen Religionen (zum Beispiel Judentum, Christentum) wird das Öl auch mit der Kraft Gottes gleichgesetzt, die den Menschen auf eine höhere (mysthische) Bewusstseinsstufe hebt.

Ofen Er symbolisiert oft den Stand unserer Angelegenheiten, unsere berufliche und finanzielle Lage. Ein besonders heißer Ofen ist nicht unbedingt günstig, denn er verbraucht das Brennmaterial schnell. Vergeuden Sie Ihre Mittel nicht, sonst müssen Sie um so schneller neue Kohlen, sprich Geld, heranschaffen. Deshalb ist ein schwach brennender Ofen auch vorteilhafter. Er zeigt an, dass Sie haushalten und an die Zukunft denken.

Offizier Selbstbeherrschung, Disziplin und das Überich, also jene seelische Instanz, die für Gewissen, moralische und gesellschaftliche Regeln und Normen steht, symbolisiert dieses Traumbild. Der Offizier im Traum kann auch bedeuten, dass der Intellekt die Gefühle kontrollieren will.

Ohr Der Träumende schenkt seinen Gefühlen eine große Aufmerksamkeit, er ist sehr sensibel für sie. Er kann aber auch sehr empfänglich für Einflüsterungen durch andere Menschen sein. Oder ist es etwa das Gegenteil, sind Sie verschlossen, so dass der Traum ermahnt, manchen Problemen und Menschen mehr „Ohr" zu schenken?

Olive Oliven wird eine erotische Bedeutung zugeschrieben. Sie stehen auch für (weibliche) Güte und Sanftmut und die Eigenschaft, den Frieden zu fördern.

Oper Das dramatische Geschehen in der Psyche des Träumenden sucht eine Ebene, um dies alles in das Bewusstsein zu bringen. Eine Oper kann aber auch bedeuten, dass der Träumende in seinen Gefühlsäußerungen etwas zu pathetisch und kitschig ist.

Omnibus In Gemeinschaft kommt man besser voran. Wer hat aber das Steuer in der Hand? Sind Sie mit dem Fahrer einverstanden, haben Sie Vertrauen zu ihm? Wenn Sie der Fahrer sind dann fragen Sie sich, sind die anderen mit Ihrem Kurs einverstanden oder überfahren Sie die Wünsche anderer? Allgemein geht es um Ihre Fähigkeit, in einer Gruppe zu arbeiten und sich mit Führungsansprüchen auseinanderzusetzen.

Oliven

Operation Ein Störfaktor in Ihrer Seele muss entfernt werden. Sie haben das bereits erkannt und sind auf dem letzten Weg der Veränderung.

Opfer Um in seinem Leben endgültig etwas erreichen zu können, ist es nötig, von liebgewonnenen Ideen und Vorstellungen Abschied zu nehmen, sie sind nur hinderlich. Träume, in denen ein Opfer vorkommt, haben sicherlich einen deutlichen Signalcharakter, sie sollten ernstgenommen und sorgfältig analysiert werden.

Opium Taucht Opium im Traum auf, so hat der Träumende einen sehr tiefen Schmerz erlitten, den er nun zu betäuben sucht, statt sich mit ihm auseinanderzusetzen. Es kann aber auch sein, dass er sich vor den Alltagsproblemen in eine Traumwelt flüchtet.

Orange (Farbe) Ähnlich wie die Farbe Rot weist Orange auf Aktivität und Tatendrang hin. Der Träumende durchlebt gerade eine Zeit, die ihn besonders dazu herausfordert, sein Leben in die eigenen Hände zu nehmen und etwas zu tun.

Orchester Wenn Sie Mitglied eines Orchesters waren, heißt das, die Zusammenarbeit mit anderen Menschen wird sich als äußerst fruchtbar erweisen. Harmonie breitet sich in Ihrem Alltag aus. Aber hüten Sie sich vor Selbstüberschätzung, sonst gibt es Misstöne.

Orden Sie möchten mehr Anerkennung für die geleistete Arbeit, möchten mehr beachtet werden. Oder sind Sie etwa gerade für Ihre Leistungen gewürdigt worden?

Orgel Ihre Klänge können uns seelische Ruhe und geistige Tiefe verspüren lassen. Sie scheinen ein Bedürfnis nach Erholung und Besinnung zu haben. Laufen Sie einmal nicht den Alltagsgeschäften hinterher, gönnen Sie sich Muße und bedenken Sie noch einmal gründlich Ihre Lebenseinstellung.

Orgie Der Träumende hat seine sexuellen Begierden aus was für Gründen auch immer unterdrückt. Nun wollen diese sich ausleben. Aber auch das Gegenteil kann stimmen und der Traum deutet Mäßigung an.

Orkan Der Träumende befindet sich in erheblichen Schwierigkeiten, die aber nicht allzu lange anhalten werden. Auch unbewusste Inhalte können in ihm toben und für Unruhe sorgen. Sie sollten schnellstens analysiert werden.

Osten Ex Oriente Lux – Licht aus dem Osten; da die Sonne im Osten aufgeht, symbolisiert der Osten im Traum eine heraufdämmernde Erkenntnis, dargestellt durch die Sonne (Licht). Schon seit alten Zeiten gilt der Osten zudem als der Sitz der Weisheit. Er ist ein archetypisches Symbol.

Ostern Träumt man von Ostern, dann „ist Licht am Ende des Tunnels zu sehen", es geht aufwärts. Sie können ein neues Leben beginnen.

Paket Auspacken tun wir meistens zum Geburtstag oder zu Weihnachten. Hinter diesem Bild steht also der Wunsch zu schenken oder beschenkt zu werden. Das „Auspacken" hat aber auch eine erotische Bedeutung. Oft drückt das Motiv Vorfreude auf ein Liebesabenteuer aus. Einpacken bedeutet eher das Gegenteil, nämlich etwas zu verstecken. Schicken Sie dagegen ein Paket weg, wollen Sie wohl etwas loswerden.

Palast Der Träumende leidet unter Minderwertigkeitsgefühlen und möchte größer und bedeutender erscheinen, als er ist.

Palme Dazu Strand und blauer Himmel – es ist der Standardtraum vom friedlichen und paradiesischen Urlaub. Das Unbewusste von Frauen kleidet den Wunsch nach Nähe und Wärme besonders gerne in dieses Bild.

Panther Er ist immer als Anzeichen drohender Gefahr zu deuten. Der Träumende verkehrt mit gefährlichen Menschen. Zwar ist er sich dessen bewusst, er wird aber von der Stärke und Wildheit fasziniert. Die große Frage, die er sich stellen sollte, ist, ob er dieser Kraft wirklich gewachsen ist.

Panzer Der Panzer als Fahrzeug gilt als Symbol übersteigerter, männlicher Aggression und rücksichtslosen Machtstrebens. Was wollen Sie mit Gewalt durchsetzen? Oder werden Sie von etwas überrollt? Ein Panzer als Rüstung dient als Schutz gegen Aggression von anderen. Auf jeden Fall ist Gefahr im Verzuge.

Papagei Der Träumende glaubt von sich, dass er zu keiner eigenständigen Leistung in der Lage ist. Er wiederholt alles und jedes ohne Sinn und Verstand. Andererseits kann der Traum auch vor zuviel Geschwätzigkeit und Nachahmung von anderen warnen.

Palme

Papier Der Träumende beschäftigt sich zu sehr mit Unwichtigem und Nichtigkeiten. Es ist aber auch möglich, dass er über eine ausgezeichnete Aufnahmebereitschaft für Ideen und Pläne anderer verfügt.

Paprika Ob scharf oder mild, Paprika verkündet Unfrieden und Misstrauen in Familie und Partnerschaft.

Papst Als Symbol für Gläubigkeit und Autorität steht der Papst sowohl für den Wunsch nach spiritueller Selbstfindung als auch für die Auflehnung gegen einen als ungerecht und willkürlich streng empfundenen (väterlichen) Willen. Sich selbst als Papst zu sehen, deutet auf Selbstüberschätzung.

Paradies → Eden

Parfüm Parfüms und angenehme Düfte sind positive Vorzeichen für Liebhaber und Kaufleute. Sie symbolisieren gutes Gelingen und partnerschaftlichen Erfolg. Trägt man selbst größere Mengen Parfüm auf, so kann das darauf hindeuten, dass man etwas zu verbergen versucht.

Parlament Der Träumer ist
bemüht, sein soziales Engagement
in Einklang mit seinem Umfeld zu
bringen. Beobachtet man eine
scharfe Parlamentsdebatte, wird dieses Vorhaben mit großen Schwierigkeiten verbunden sein.

Party Der Wunsch nach fröhli-
chem Beisammensein und Feiern.
Zu solchen Anlässen pflegen wir alte
Bekanntschaften und schließen
neue. Als Traumbild zeigt uns die
Party, wie wir mit unseren Beziehungen in Wirklichkeit umgehen oder
wie wir uns am liebsten darstellen
würden. Wichtige Fragen sind folgende: Wie gehen Sie mit den anderen Gästen um? Wie empfinden Sie
deren Anwesenheit? Reden Sie mit
vielen oder schauen Sie eher zu?

Pass (Ausweis) Der Träumende hat
vielleicht Identitätsprobleme; er
weiß nicht mehr genau, wer er ist,
ihm fehlt Selbstbewusstsein.

Pass (Berg) Endlich ist es gelungen
einen Ausweg aus den Schwierigkeiten zu finden. Es geht bergauf.

Peitsche Peitschen im Traum weisen vielleicht auf eine Tendenz zum
Sadomasochismus hin. Des Weiteren symbolisieren sie Aggression im
allgemeinen Sinne und Verachtung
für die Mitmenschen.

Pelz Oft ist es wirkliche Kälte im
Schlafzimmer, die sich so in den
Traum drängt. Dann hilft nur eine
dickere Decke oder Sie schließen
das Fenster. Im übertragenen Sinn
kann er den Wunsch nach Schutz
und Geborgenheit ausdrücken.

Perlen Perlen sind etwas Schönes
und Kostbares. Wegen ihrer Form
und ihrem matten Schimmer sind
sie seit alters her auch der Schmuck,
der dem Mond zugeordnet ist. Wie
dieser stehen sie für das Weibliche
im Allgemeinen und die Mutter im
Besonderen (→ Mutter). Sie haben
darüber hinaus auch etwas von Täuschung und schönem Schein an
sich. Eine Erwartung von Ihnen
könnte enttäuscht werden.

Perücke Eine Perücke verändert
und verleiht manchmal mehr Ansehen. Der Träumende möchte ein
Anderer sein als er ist. Außerdem
kann es sein, dass er Ansichten und
Ideen hat, die von Grund auf falsch
und verlogen sind.

Pfarrer In Träumen von Frauen ist
der Pfarrer oft ein Wunschbild. Es
drückt die Sehnsucht nach einem
Mann aus, der sie nicht nur als Objekt seiner Begierde ansieht, sondern sie auch als menschliche Person wahrnimmt und respektiert.
Außerdem verkörpert er Weisheit

und Trost. In Männerträumen hingegen deutet sein Erscheinen auf Unsicherheit hin. Man hat Angst vor seinen fordernden Begierden und neigt dazu, sich in scheinbar höhere geistige Welten zu flüchten. Verdrängte Bedürfnisse können aber gefährlich werden, denn man kann sie nicht auf Dauer unterdrücken und beherrschen.

Pfau Der Träumende ist sehr von sich überzeugt. Er ist eitel und legt eine große Prahlsucht an den Tag. Positiv gedeutet kann man sich auch vor anderen durch gute Leistungen hervortun. Alte Deutungen sehen im Pfau ein Symbol der Wiedergeburt, das alle Gegensätze (in verschiedenen Farben) in sich vereint.

Pfeffer Der Träumende wurde aus seiner Lethargie gerissen. Es geschieht etwas, was seinem Leben neuen Schwung verleiht. Vielleicht hat ihm bisher die besondere Würze gefehlt.

Pfeife Bei Männern weist der Pfeifentraum oft auf eine Unsicherheit bezüglich ihres Männerbildes hin. Sie fühlen sich in ihrer Rolle nicht wohl und streben nach Scheinlösungen, um dieses Defizit auszugleichen. Umgekehrt kann man die Pfeife auch als Symbol der Ruhe und Überlegenheit deuten.

Pfeil Der Pfeil steht für zielstrebiges Handeln, eine aggressive Einstellung zur Sexualität. Auch die Absicht andere Menschen gefühlsmäßig zu verletzen, kann dahinterstehen. Umgekehrt kann der Pfeil auch die Gefahr, die durch andere droht, symbolisieren.

Pferd Das Pferd symbolisiert die Kräfte, die das Unbewusste freisetzen kann, und die, wenn sie gemeistert werden können, dem Träumenden den Weg zu seiner Heilung oder Ganzwerdung weisen können. Lebenskraft, Schnelligkeit und Ausdauer stellt das Pferd außerdem dar sowie körperliche Begierden und Sexualität. Ältere Deutungen sehen im Pferd einen Todesboten.

Pfirsich Der Pfirsich ist ein offensichtliches Sexualsymbol, das Freude am Genuss ausdrückt. Dies kann sich sowohl auf eine gereifte Partnerschaft als auch auf ein flüchtiges Abenteuer beziehen.

Pflug Das, was der Träumende im Augenblick in seinem Leben tut, bewirkt eine Umwälzung, aus der Furchtbares und Neues entstehen kann.

Pilger Der Pilger im Traum steht dafür, dass man sich noch auf der Suche nach Erkenntnis und dem

Pferd

Sinn des Lebens befindet. Er kann aber auch Schuldgefühle und Reue versinnbildlichen.

Pilze Mit großer Kraft und Schnelligkeit schießen sie aus dem Boden. Vor allem an dunklen, manchmal unheimlichen Plätzen sind sie zu Hause. So stehen sie für die rein triebhafte, unkontrollierte Seite der Sexualität. Auch weil ihr Gift oft wie ein Rauschmittel wirkt, deuten sie auf Ekstase. Sie deuten an, dass sich der Träumende mit seinen verschiedenen Begierden noch nicht richtig angefreundet hat.

Pinsel Für sich alleine genommen ist er ein erotisches Symbol und steht für ein Verlangen, das nicht offen eingestanden wird. Es kann aber auch die Beziehung zu einem einfältigen Menschen („Einfaltspinsel") gemeint sein. → Malen

Pirat Im Traum einen Piraten zu sehen, drückt den Wunsch nach mehr Freiheit und eine kindliche Abenteuerlust aus. Der Träumer erlebt den Alltag als bedrückende Abfolge von Verpflichtungen und Demütigungen „von oben".

plündern Schlechte Zeiten kündigen sich an. Der Träumende soll sich besser ruhig verhalten, bis sie vorüber sind. Vorsicht vor Habgier.

Politik Vorsicht, dunkle oder schwer zu durchschauende Kräfte zeichnen sich ab. Oft fühlt sich der Träumende als ein Spielball nicht zu kontrollierender Energien. Man kann darin aber durchaus auch den Ausdruck sozialen Engagements mit vermehrter Geltungssucht sehen.

Politiker Wenn man von einem Politiker träumt, dann ist größte Vorsicht geboten. Jemand in Ihrer Nähe macht Ihnen falsche oder halbwahre Versprechungen und möchte Sie am Ende doch nur „über den Tisch ziehen", da er in der Regel zuerst einmal an seinen eigenen Vorteil denkt.

Polizei Ist man selbst bei der Polizei, hat man Probleme mit dem Verhalten und den Normen, die die Gesellschaft erwartet. Deshalb fühlt man sich beobachtet und kontrolliert, hat Angst aufzufallen. Andererseits verkörpert die Polizei Autorität (Staatsgewalt) und überträgt das Gewissen.

Porzellan Porzellan verkörpert Luxus und finanziellen Gewinn, der auf ehrlichem Wege erlangt wird. Zerschlagenes Porzellan zeigt eine anstehende Feierlichkeit an, während eine Porzellansammlung in einer Vitrine Stagnation und Bequemlichkeit signalisiert.

Post Die Post bringt Briefe mit Nachrichten und Mitteilungen, die man beachten sollte. Oder erwarten Sie ganz einfach einen wichtigen Brief?

Prämie Der Versuch, sich mit sich selbst auseinanderzusetzen zeigt Früchte.

Prinz Der Prinz im Traum ist ein Symbol für Verstand, Vernunft und Männlichkeit. Da der Prinz im Märchen oft auf der Suche nach einer geeigneten Prinzessin viele Abenteuer bestehen muss, weist er auch darauf hin, dass man mutig Neuland betreten und erkunden soll, denn letzten Endes zahlt es sich aus. Die Wünsche werden erfüllt.

Prinzessin Die Prinzessin im Traum ist ein Symbol für Sanftmut, Mitgefühl und Weiblichkeit. Sie ist außerdem ein Zeichen für die Schönheit und die angenehmen Gefühle des Lebens. Im Traum eines Mannes deutet sie an, dass er zu seinen weiblichen Seiten stehen sollte.

Propeller Der Träumende hat eine große Kraft zur Verfügung, die ihn auf seinem Weg vorantreibt. Vor allem seine Gefühle, die er gut „im Griff hat", unterstützen ihn dabei.

Prostituierte → Dirne

Prozess In diesem Bild kann sich eine Auseinandersetzung mit Freunden widerspiegeln, die Sie bis in Ihre Träume verfolgt. Es kann sich aber auch um ein Problem mit Ihrem Über-Ich handeln (siehe Seite 22): Sie befinden sich in einem inneren Streit um die Anforderungen, die die Gesellschaft an Sie stellt. Ein Teil von Ihnen glaubt, Sie sollten den allgemeinen Regeln gehorchen, ein anderer Teil versucht, dagegen aufzubegehren. Sie sollten prüfen, ob Sie sich zu Recht auflehnen oder ob es nur kindlicher Trotz gegen die Notwendigkeiten des Zusammenlebens ist.

Prozession Sie ist im Traum einem Demonstrationszug vergleichbar, in dem Sie Ihre Überzeugungen vor sich her tragen und damit anderen aufdrängen. Hinter dieser Selbstbestätigung scheint aber doch eine tiefe Unsicherheit zu stecken, die der Traum in einem Wunschbild zu überdecken versucht. Wenn Sie in Ihrem Tagesleben an einer Prozession teilnehmen, kann das Bild anders zu deuten sein. Fragen Sie sich dann nach den Einzelheiten und Gefühlen des Traums. Knüpft er an bestimmte Erinnerungen an? Alte Deutungen sprechen dabei von häuslicher Harmonie oder dem allzu kritiklosen Anpassen an die allgemeine Meinung.

Prüfung Der Träumende hat große Versagensängste. Er glaubt, dass er dem Leben nicht gewachsen sei und in jeder Hinsicht und auf allen Gebieten ein Versager sei. Auch eine anstehende Prüfungssituation kann in solch einem Traum vorweggenommen werden.

Pumpe Dieses Traumbild steht für Neuigkeiten und veränderte Ausgangspositionen. Fördert die Pumpe klares Wasser zu Tage, sind die Absichten des Träumers rechtschaffen und untadelig. Verschmutztes oder lehmiges Wasser deutet auf unsaubere Absichten hin.

Punkt Der Punkt als Satzzeichen bedeutet eine Aussage. Der Punkt im Kreis ist ein esoterisches Zeichen für das Wesentliche, die Mitte, das Zentrum. Übertragen konzentriert sich im Punkt die Energie, die man aufwendet, um etwas zu Ende (ans Ziel) zu bringen. Was der Punkt in Ihrem Traum bedeutet, verrät Ihnen der Traumzusammenhang.

Puppe Ein Spielzeug aus der Kinderzeit. Der Träumende möchte sich Teile seiner Kindheit erhalten. Andererseits können wir mit einer Puppe tun, was wir wollen. Es ist nicht schlimm, sie im Traum zu misshandeln. Es ist besser, das hier zu tun als im Wachzustand. So können Sie

Dampf ablassen, ohne jemandem zu schaden. Sie sollten sich aber über Ihre Gefühle bewusst werden, denn verdrängte Wut kann in Jähzorn enden.Das harmlose Spielen mit Puppen kann auf einen Mangel an menschlichen Beziehungen hindeuten. Haben Sie Schwierigkeiten im Umgang mit anderen Menschen? Lassen Sie sich von Ihren Mitmenschen zu schnell verunsichern und ziehen Sie sich dann zurück? Oder spielen Sie mit den Gefühlen Ihrer Mitmenschen?

Purpur Da die Farbe Purpur früher nur von Königen getragen werden durfte, deutet sie im Traum an, dass der Träumende erhaben und wichtig erscheinen möchte.

Puzzle Ein Puzzle besteht aus vielen Einzelteilen, die zusammengefügt werden müssen, um ein vollständiges Bild zu ergeben. Fehlt Ihrem Puzzle im Traum ein Teil oder ist es vollständig? Sie haben eine Sache erfolgreich abgeschlossen, mit viel Mühe. Wurde die Mühe gebührend gewürdigt? Vielleicht soll der Puzzletraum auch davor warnen, zu ungeduldig zu sein.

Pyramide Die Pyramide ist ein sehr vielfältiges Traumsymbol. Schon seit der Antike steht sie für Feuer und Licht (→ Jung, Archetyp), für Kreativität, Energie und Erkenntnis. Göttliche Kräfte haben eine direkte und nachhaltige Wirkung auf die Menschen. Eine Pyramide, die man im Traum sieht, ist demnach ein Hinweis auf wichtige Erfahrungen und Erkenntnisse, die sich auch in das Alltagsleben einbringen lassen. Da die ägyptischen Pyramiden auch Grabmäler der Pharaonen gewesen sein sollen, können sie ebenfalls als Todessymbol gesehen werden, also als eine Art Neuanfang.

Qualle Die Qualle symbolisiert ein Gefühl, das aus dem Unbewussten aufsteigt und sehr schmerzhaft sein kann.

Qualm Ein seelisches Problem des Träumenden beginnt offenkundig zu werden.

Quelle Ein positives Traumsymbol. Der Träumende entdeckt ein neues Gefühl, es taucht plötzlich auf. In anderen Deutungen gilt die Quelle als Fruchtbarkeitssymbol.

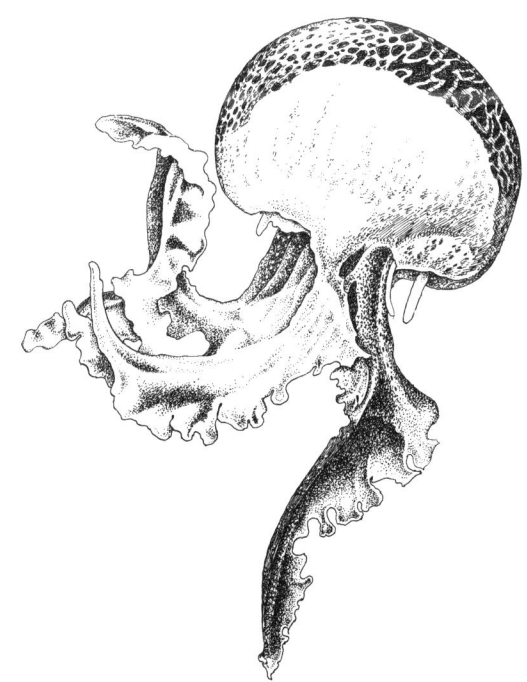

Qualle

Rabe Der Rabe ist ein klassisches Symbol des Todes. Er wird auch mit Neugierde in Verbindung gebracht.

Rad Es ist das Zeichen der Bewegung und des leichten Vorankommens. Sie schaffen Ihren Weg aus eigener Kraft und zeigen Selbstvertrauen. Ein zerbrochenes Rad deutet auf das Gegenteil: Sie scheinen den Mut verloren zu haben, ein bestimmtes Ziel ohne Hilfe noch erreichen zu können. Nehmen Sie die Unterstützung von anderen an.

Radio Der Träumende will immer auf dem neuesten Stand sein. Außerdem braucht er allem Anschein nach eine Dauerberieselung (Ablenkung), die ihn davor bewahren soll, sich intensiv mit sich selbst zu beschäftigen.

Rätsel Reale Probleme und Hindernisse erscheinen im Traum in verschlüsselter Form als Rätsel. Gelingt dem Träumer die Lösung, können auch die wirklichen Probleme gelöst werden. Rätsel signalisieren generell den Wunsch nach klaren und eindeutigen Lösungen.

Rahmen Rahmen symbolisieren Einschränkungen und Grenzen, die man im eigenen Interesse akzeptieren sollte. Im Einzelfall kann es allerdings empfehlenswert sein, „den Rahmen zu sprengen" und sich neu zu orientieren. Das Material des Rahmens und Details des eingerahmten Bildes eröffnen zusätzliche Deutungsmöglichkeiten.

Rakete Der Träumende möchte die Schwere der Erde hinter sich lassen. Er strebt nach Geistigem und Spirituellem. Vielleicht möchte er seine Umgebung wechseln.

Rasen Der Träumende darf bestimmte Züge seines Wesens nicht vernachlässigen, da sie sonst verwahrlosen.

Rasiermesser Träumt man von einem Rasiermesser, so ist dies ein

Hinweis auf messerscharfe Logik. Das Rasiermesser symbolisiert auch die Wanderung auf dem schmalen Grad zwischen Genie und Wahnsinn, Gut und Böse, Leben und Tod.

Rathaus Der Träumer hat das Gefühl, dass ihm die Kontrolle über seine Angelegenheiten entgleitet. Um dies zu verhindern, sollten Sie Rat und Hilfe, die man Ihnen anbietet, nicht ausschlagen.

Ratte Zweifel nagen im Innern des Träumenden oder eine ernsthafte Krankheit. Oder: In der Umgebung des Träumenden befindet sich ein Mensch, der alles andere als vertrauenswürdig ist. Er wird ihn wahrscheinlich hintergehen. Die Ratte symbolisiert aber außerdem die zähen Lebenskräfte, die trotz aller Schwierigkeiten und schier unüberwindlichen Hindernissen die Oberhand behalten.

Raubtier Verwandeln Sie sich im Traum in ein Raubtier, dann sind Sie wahrscheinlich im Einklang mit Ihren Trieben. Genießen Sie Ihre Kraft. Es ist gut, dies Gefühl auch im Alltag verwirklichen zu können. Dazu gehört aber auch eine Portion Zurückhaltung, denn die Welt ist nicht nur dazu da, Beute zu machen. Werden Sie von einem Raubtier verfolgt und bedroht, gilt das Ge-

genteil. Sie haben Angst vor Ihrer triebhaften Natur und spalten sie von sich ab. Es sind aber keine bösen Dämonen oder schlechte Menschen, die Sie bedrohen, es ist die Angst vor den unbekannten Seiten der Seele. Seine Träume zu beachten ist aber schon ein guter Schritt dahin, sich mit dieser dunklen Seite bekannt zu machen.

Raupe Die Raupe symbolisiert den Geschlechtsverkehr und die Sexualität im Allgemeinen.

Regen Regen ist ein Symbol für Fruchtbarkeit, vor allem geistige. Neue Ideen kündigen sich an. Andere Deutungen sehen im Regen ein Zeichen für Gefühle.

Regenbogen Ein extrem gutes Vorzeichen, dem Träumenden wird alles glatt von der Hand gehen, er hat Erfolg auf allen Ebenen. Tiefenpsychologisch stellt er seelische Harmonie und Ganzheit dar. Bei vielen Stämmen der nordamerikanischen Indianer gilt der Regenbogen, im Gegensatz zu Westeuropa, als ein Unglückssymbol.

Regenmantel Er symbolisiert Schutz vor der Fruchtbarkeit jedweder Art. Oder ein Schutz vor Gefühlen, den eigenen und denen anderer Menschen. (→ Regen)

Reh Die Psyche des Träumenden ist momentan sehr verletzlich, Vorsicht ist geboten. Auch Realitätsferne und starke romantische Gefühle können hier aus der Seele sprechen.

Reis Traditionell verheißt Reis eine gesicherte Zukunft und langes Leben. Ist der Traum von Hungergefühlen begleitet, kann darin auch ein Zeichen von Kummer und Entbehrungen gesehen werden. Nicht ausschließen lässt sich aber auch, dass Sie tatsächlich Hunger haben.

Reise Der Traum von einer Reise ist ein gutes Omen dafür, neue Unternehmungen zu beginnen. Übertragen bedeutet sie das Leben des Träumenden, seine individuelle Reise. Die Zusammenhänge im Traum sind zu beachten.

reiten Der Reiter hat das → Pferd, also die Kräfte seines Unbewussten, unter Kontrolle. Harmonisch arbeitet er mit ihnen zusammen. Solche Träume sind ein Anzeichen für eine gesunde Seele. Die genannten Kräfte haben auch einen großen erotischen Anteil. Besonders für Frauen ist das Pferd ein sexuelles Symbol. Der Traum spricht deshalb auch für eine gesunde und leidenschaftliche Erotik.

Restaurant Ist man im Traum in einem Restaurant, so braucht der Träumende gerade jetzt Kontakte (→ Café) zu anderen Menschen. Er sucht nach Geselligkeit, um sich wohl fühlen zu können.

Revolution Die Gefühlswelt des Träumenden befindet sich offenbar in Wallung. Tief einschneidende Veränderungen kündigen sich an. Wie bei den meisten Revolutionen ist ungewiss, ob der Ausgang zu positiven oder negativen Auswirkungen (oder einer Mischung aus beidem) führt. Bewahren Sie kühlen Kopf und prüfen Sie Ihre Möglichkeiten behutsam.

Richter Der Träumende muss überprüfen, ob das, was er gemacht hat, wirklich in Übereinstimmung mit seinem wahren Wesen gewesen ist.

Riese Ein Traum, in dem man ein Riese ist, ist typisch für Menschen mit erheblichen Minderwertigkeitsgefühlen. Sie halten sich für unbedeutend und glauben, dass ihre Mitmenschen mit Verachtung auf Sie herabsehen. Das versucht dieser Traum auszugleichen. Ist aber letzten Endes der falsche Weg, der Träumende muss daran arbeiten, sein Selbstwertgefühl zu stärken.

Rinde Die Rinde eines Baumes symbolisiert, ähnlich einer → Rüstung, die Abschottung der eigenen Person nach außen. Bröckelt sie ab, fühlt man sich schutzlos. Ritzt man Herzen in Baumrinde ein, sehnt man sich nach einer Romanze.

Ring Zur Verlobung oder Hochzeit tauscht man Ringe, auch Freundschaften werden so besiegelt. Je nachdem, welches Gefühl den Traum beherrschte, machen Sie sich Sorgen über eine Beziehung oder den Wunsch nach kindlichem Vergnügen. Auch wenn Sie nicht zu viel Wert auf oberflächlichen Spaß legen, gönnen Sie sich doch die kleinen Freuden des Alltags. War der Traum mit Ängsten verbunden, weist er aber auf tiefe Unsicherheiten hin. Es geht abwärts und Sie haben keine Kontrolle mehr. Alltags- und berufliche Ängste können Sie so bis in den Traum verfolgen. Vielleicht sollten Sie auch über Ihre Ziele und Prinzipien bewusster nachdenken.

Ritter Der Träumer sucht Schutz und Geborgenheit (→ Rüstung). Sieht man sich selbst als Ritter, bedeutet dies gelassenes Selbstbewusstsein und Loyalität.

Rose Rote Rosen sind ein archetypisches Symbol der Verehrung und Liebe. Schwarze Rosen dagegen deuten auf absterbende Gefühle hin.

Rosine Die getrocknete Traube steht für die Erfüllung von Sehnsüchten, schlechthin brauchen Sie dazu etwas Beharrlichkeit.

Rost Der Träumende hat Teile seiner Seele vernachlässigt, nun zeigen sich die ersten Schäden.

Rot Herrscht die Farbe Rot im Traum vor, so bedeutet sie Leidenschaft, Liebe, Hass und Wut, je nach dem Zusammenhang, in dem sie auftritt.

Rucksack Der Träumende schleppt noch viele unbewältigte Probleme aus der Vergangenheit mit sich herum. Es kann aber auch sein, dass er mit seinem derzeitigen Leben unzufrieden ist. Er will das Nötigste zusammenpacken und ganz neu anfangen.

Ruder Der Träumende sucht nach einem Mittel, seinen Kurs/Weg beizubehalten. Er hat Angst, die Orientierung zu verlieren.

Rüssel Er ist der empfindlichste Teil eines mächtigen und starken Tieres. Vermutlich steht der Elefant für einen nahen Freund oder Geliebten, der viel Einfluss auf Sie hat.

Wie der Rüssel mit Ihnen umgeht und Sie mit ihm, zeigt an, in welchem Maß Sie Vertrauen zu diesem Menschen haben.

Rüstung Der Träumende kommt sich schwach und verletzlich vor und will sich gegen die Außenwelt abschirmen. Gleichzeitig möchte er aber auch, dass von seinen Gefühlen so wenig wie möglich nach Außen dringt. In einigen Fällen steht eine Rüstung auch für Kampf und Aggressivität. (→ Ritter)

Ruine Im Traum Ruinen zu sehen, verweist auf eine intensive Beschäftigung mit der eigenen Vergangenheit. Dabei ist die Einstellung des Träumenden von entscheidender Bedeutung. Lernen Sie aus Ihrer Vergangenheit statt sich von nostalgischen Gefühlen oder von Selbstmitleid lähmen zu lassen.

Rucksack

Sackgasse Taucht im Traum eine Sackgasse auf, so kann der Traum sexueller Natur sein. Die Sackgasse korrespondiert mit den Innenseiten weiblicher Schenkel – befindet sich am Ende der Sackgasse noch eine Tür, wird das Symbol noch offenkundiger. Ein solcher Traum weist darauf hin, dass der Träumende Angst vor dem Geschlechtsakt hat und dieser mit Schuldgefühlen belastet ist. Andere Deutungen sagen, die Sackgasse zeigt an, dass man sich in etwas verrannt hat und keinen Ausweg sieht. Dann sollte man besser umkehren.

Säbel Wie alle Waffen steht er für die männliche Sexualität. Hier ist aber nicht das Eindringen beim Geschlechtsakt gemeint. Vor allem bei jungen Menschen symbolisiert er das Abenteuer, die Welt der erotischen Gefühle zu erforschen.

Säge Analyse und scharfe Kritik sind angesagt, wenn eine Säge im Traum vorkommt.

Säule Eine Säule verkörpert felsenfeste Gewissheit und Loyalität. Eine umgestürzte Säule deutet dementsprechend auf einen fundamentalen Vertrauensbruch oder eine Erschütterung des Weltbildes hin.

Safari Begibt man sich im Traum auf Safari, so ist das als eine Art Aufforderung zu verstehen, sich mehr mit seinen Instinkten und ihrer Funktion zu befassen.

Salat Der Träumende soll sich vorrangig um die Dinge kümmern, die in ihm reifen und nicht mit den toten Dingen außerhalb von ihm.

Salz Salz kann je nach Zusammenhang Glück oder Missgeschick bedeuten.

Samen Wie das → Korn steht er für die Lebenskraft im Allgemeinen und die seelische Energie, die Fähigkeit, Neues zu entwickeln und schöpferisch tätig zu sein. Im Traum ist jeder Umgang mit ihm in dieser Weise zu deuten. Ausnahmsweise hat dieses Traumbild keine erotische Bedeutung, selbst wenn zusätzlich erotische Bilder auftauchen.

Samt Ein edler und teurer Stoff. Man putzt sich heraus mit ihm und unterstreicht die eigene Bedeutung. Neigen Sie zu Eitelkeit und überheblichem Gebaren? Vielleicht lieben Sie aber auch nur die Schönheit und das sinnliche Vergnügen, das edle Kleidung bereiten kann. Versuchen Sie, sich selbst gegenüber ehrlich zu sein.

Sand Sand gilt gemeinhin im Traum als ein Symbol für Zeit. Alles zerfällt früher oder später und wird zu Sand.

Sarg Er ist ein Symbol des Todes (→Tod), aber auch des Neubeginns. (→ Beerdigung)

Satan → Teufel

Sattel Der Träumende möchte einen großen Einfluss auf andere Menschen haben und sie dazu bringen, das zu tun, was er will.

Schach Die analytischen Fähigkeiten des Träumers sind gefragt, da die bestehenden Probleme nicht durch emotionale Entscheidungen zu lösen sind. Schach symbolisiert darüber

hinaus Kreativität, Geduld und die Gabe weit voraus zu denken.

Schaf Der Träumende denkt, er sei sehr manipulierbar.

Schatten Der Träumende fühlt sich vom Leben benachteiligt. Jemand stellt ihn in den Schatten oder er stellt sich selbst dorthin. Er ist ein „Schatten seiner selbst". Es kann auch sein, dass der Schatten kommende Schwierigkeiten andeutet. Wirft etwas einen schlechten Schatten auf Sie? Was ist es?

Schatz Im Traum auf einmal einen Schatz zu finden ist immer ein gutes Zeichen. Das Motiv bezieht sich nur selten auf materiellen Gewinn. Meist ist es eine bislang vernachlässigte Fähigkeit des Träumenden, die es zu entdecken gilt. Für die Deutung ist wichtig, wie Sie den Schatz finden und woraus er besteht.

Schaufel → Spaten

Schaukel Das Schaukeln kann ein Wunsch nach kindlich-harmlosem Vergnügen sein. Öfter aber steckt ein erotischer Wunschtraum dahinter. Vor allem in Träumen von Frauen kann es ein erotisches Angebot darstellen. Bekennen Sie sich offen zu Ihren Wünschen, zumindest sich selbst gegenüber.

Schildkröte

Schauspieler Der Träumende ist nicht echt in seinen Gefühlsäußerungen, und andere Menschen geben ihm das zu verstehen.

Scheiterhaufen Droht Ihnen selbst im Traum der Feuertod, kann ein sehr schlechtes Gewissen dahinterstecken. Sie haben Angst, man könnte Ihnen eine Verfehlung heimzahlen. Eine Märtyrerrolle anzunehmen hilft da auch nicht weiter, Sie wirken nur arrogant. Steht jemand anderes im Feuer, so hassen Sie wahrscheinlich geradezu einen Teil Ihrer eigenen Persönlichkeit und versuchen, sich durch Feuer davon zu reinigen. Achten Sie genau auf die Einzelheiten des Bildes, wenn Ihnen nicht klar ist, welchen

Teil von sich Sie selbst nicht akzeptieren. In selteneren Fällen kann aber auch ein wirklicher Mensch Ihrer Umgebung Ihren Zorn und Widerspruch erregt haben.

Schere Sie symbolisiert den endgültigen Schnitt, das Ende. Vielleicht haben Sie etwas getan, was Sie heute nicht mehr vertreten können und wollen sich im Traum davon distanzieren. Auch das Ende einer Beziehung kann dadurch ausgedrückt werden, sei es, dass Sie eine Verbindung beenden wollen und es sich noch nicht eingestehen wollen, oder dass Sie fürchten, Ihr Partner könnte die Beziehung beenden. Andere Deutungen sehen in der Schere auch ein Werkzeug, das Aggressivität und männliche Sexualität bedeutet.

Schiff Bald wird sich etwas Neues im Leben des Träumenden ereignen. (→ Jacht)

Schild → Rüstung

Schildkröte Eine Schildkröte im Traum hat eine ähnliche Bedeutung wie die → Auster. Harte Schale, weicher Kern: Sensibilität und Verletzbarkeit werden hinter einem dicken Panzer verborgen. Vielleicht ist der Träumende auch sehr langsam in allem, was er tut.

Schimmel (Pilz) Der Träumer fühlt sich an die Vergänglichkeit aller Dinge erinnert. Dies ist ein durchaus angenehmes Traumbild, da es bestehenden Kummer relativiert. Eine andere Deutung betont die Existenz einer schleichenden Gefahr, die dem Träumer nur halb bewusst wird.

Schimmel (weißes Pferd) Ähnlich dem → Einhorn steht ein Schimmel für das Streben nach Reinheit und Unschuld. Dazu kommt je nach Traum ein Gefühl des Ausgestossenseins und der Isolation.

Schirm Er schützt uns vor Regen oder zu greller Sonne, bewahrt uns also vor unangenehmen Dingen. Flüchten Sie im Traum unter den Schirm eines Anderen oder geben Sie Schutz? Im ersten Fall kann das auf Lebensängste und Unsicherheiten des Träumenden hinweisen. Im zweiten Fall steht er mit beiden Beinen fest im Leben und hat noch Kraft genug, anderen beizustehen.

Schlange Das klassische Symbol des männlichen Gliedes; sie symbolisiert Lebenskraft und Erneuerung.

Schleier Er trübt den Blick und man kann nur noch ahnen, was sich auf der anderen Seite befindet. Wohl ein Hinweis, dass Sie in Gefahr sind, etwas weltfremd zu werden. Haben Sie im Traum hinter den Schleier geblickt, dann haben Sie einen Hinweis darauf, wo Ihnen die klare Sicht fehlt.

Schloss (Gebäude) Gebäude stellen meist die gesamte Persönlichkeit des Träumenden dar. Wenn Sie sich im Traum im Schloss sehen, dann scheinen Sie ja sehr viel von sich zu halten. Sind Sie nicht etwas hochmütig? Oder bauen Sie Luftschlösser, weil es Ihnen zu schwierig erscheint, sich durch Arbeit weiter zu entwickeln? Auf jeden Fall sollten Sie wieder auf die Erde herabsteigen und sich mehr um die Anforderungen des Alltags kümmern.

Schloss (Schlüssel) In manchen Märchen wird die Sexualität durch Schloss und Schlüssel umschrieben. In gleicher Weise benutzt der Traum diese Gegenstände. Er deutet so aber auch an, dass die Gefühle nicht frei gelebt werden können, man ist „zu", nicht empfänglich für die Liebe. Erst wenn beide zusammenkommen, kann gemeinsam eine glückliche Entwicklung eingeleitet werden.

Schmeicheleien Im Alltag freut man sich zwar über Schmeicheleien, aber trotzdem sollte man sie nicht schätzen. Sie haben etwas Erniedrigendes an sich und nutzen letztlich niemandem. Erfährt man im Traum Schmeicheleien von einem Freund oder Bekannten, sollte man sich vorsehen, er wird einem untreu werden.

Schmetterling Etwas, das zu Beginn hässlich war, wird sich bald zu etwas Schönem entwickeln. Eine erst unscheinbare Sache wird Glück und Erfolg bringen.

Schmied Die kreative Kraft des Träumenden hat ein gutes Medium gefunden, um sich auszudrücken. Männliche Kraft wird auch durch den Schmied symbolisiert.

Schnecke Man sagt von einem Menschen, der nicht gern in Gesell-

schaft ist und sich zurückzieht, er lebt in einem Schneckenhaus. Der Träumende scheint langsam, überempfindlich und menschenscheu. Es wäre für ihn sehr wichtig, mehr aus sich herauszugehen. Kontaktfreudigkeit kann man bis zu einem gewissen Grad erlernen, so schwierig ist das gar nicht, wenn man erst einmal sein Problem erkannt hat und den festen Willen entwickelt, es zu überwinden.

Schnee → Eis

Schneider Ein Schneider im Traum symbolisiert die Fähigkeit, sich selbst zu ändern und das auch bei anderen Menschen in die Wege zu leiten.

Schokolade Schokolade symbolisiert Sinneslust, Freude am Genuss und die Aussicht auf gute Gesundheit, zeugt dies von Großzügigkeit.

schreiben In der falschen Richtung zu schreiben, also von rechts nach links, zeigt an, dass man auf unehrenhafte Weise sein Geld verdienen wird. Artemidor schreibt, er hätte dies erlebt: Nach so einem Traum sei ein Bekannter Verfasser von Protestliedern geworden.

Schuh Er beschreibt zunächst unsere Stellung in der Gesellschaft, die wir einnehmen, sobald wir den Kinderschuhen entwachsen, also selbstständig geworden sind. Deuten Sie die Schuhe, wie Sie es im normalen Leben tun würden. Achten Sie also darauf, wie gepflegt Sie sind, und lassen Sie sich nicht von der übrigen Kleidung blenden. In den Schuhen zeigt sich die Grundlage der Persönlichkeit. Sie sind auch Herrschaftszeichen. Sicher kennen Sie die Redensart „er steht unter dem Pantoffel" für einen Mann, den seine Ehefrau beherrscht. Wenn der Traumzusammenhang es nahelegt, kann man also auch Schlüsse auf das Verhältnis von Ehepartnern zueinander ziehen. Darüber hinaus stellt ein Schuh gelegentlich ein stark verschlüsseltes erotisches Symbol (man schlüpft in ihn hinein) dar. Sie scheinen sexuelle Wünsche im Moment so stark zu verdrängen, dass Sie es sich nicht einmal im Traum gestatten, Ihren Fantasien freien Lauf zu lassen.

Schule Das ganze Leben hindurch müssen wir fortwährend lernen. Außerdem ist die Schule ein Gebäude und damit ist dies Motiv gleich ein doppelter Hinweis auf Ihren Lebensweg. Da das Lernen hier im Vordergrund steht, kann man vermuten, dass größere Veränderungen auf Sie zukommen. Sie müssen sich wieder einmal umstellen und sich

mit neuen Seiten der Welt vertraut machen.

Schwalbe Glaubt man alten Sagen, so bedeutet der Traum von einer Schwalbe, dass großes Unglück droht, sogar der Tod eines jungen Menschen. Andere alte Deutungen dagegen besagen, dass diese Vögel nur dann Übel vorhersagen, wenn sie sich im Traum verändern. Sonst sind sie von guter Bedeutung für alles, was mit Arbeit zu tun hat, besonders aber auch das häusliche Glück betreffend.

Schwan Wie viele andere hat dieser Vogel eine erotische Bedeutung. Eine geheime Liebschaft scheint sich anzubahnen. Möglicherweise ist sich der Träumende selbst noch nicht bewusst, was gerade in seinem Gefühlsleben geschieht. Nach alten Traumbüchern zeigt er baldige Genesung an, wenn Kranke von ihm träumen.

Schwarz Der Träumende fürchtet sich vor Unbekanntem und weigert sich auch Neues auszuprobieren. Auch die unbekannten Teile der Persönlichkeit können gemeint sein, man sollte versuchen, sie anzunehmen. Todesfarbe.

Schwein Dies Tier deutet hemmungslose Triebhaftigkeit an. Es mag ein Wunschbild sein, wenn Sie im Alltag Ihre Bedürfnisse sehr im Zaum halten müssen. Haben Sie den starken Drang, sich einmal völlig gehen zu lassen? Das Bild kann sich auch auf einen Menschen Ihrer Umgebung beziehen, dessen lockeren Lebenswandel Sie gleichzeitig verachten und bewundern. Man kann das Schwein im Traum aber auch guten Gewissens als geselliges Tier sehen, das zusätzlich ein Glückssymbol darstellt.

Schwert Das Schwert ist ein männliches Sexualsymbol und steht für Kampf und Aggression. Im übertragenen Sinne symbolisiert das Schwert die Kräfte des Geistes (Analyse).

Schwester Nur selten bezieht sich das Bild auf die leibliche Schwester des Träumenden. Bei einer Frau symbolisiert sie die verdrängte Seite ihrer Weiblichkeit, ihren Schatten. Beim Mann stellt sie die weiblichen Anteile seiner Persönlichkeit dar.

schwimmen Man fühlt sich von einer Woge des Lebens getragen und im Einklang mit sich selbst und anderen. Schwimmt man jedoch in trübem Wasser, mahnt dies zur Vorsicht. (→ Wasser)

Sechs Herrscht im Traum die Zahl Sechs vor, so deutet sie Einklang und Harmonie an. Körper und Geist befinden sich im Augenblick im Zustand des Gleichgewichtes.

Seefahrt Eine Schiffsreise ist ein weiteres Symbol für das ganze Leben des Träumenden, wenn er auf dem Schiff arbeitet. Sein Rang – ist er Kapitän oder einfacher Matrose – zeigt an, wie weit der Träumende glaubt, selbst über sein Leben bestimmen zu können. Der Zustand des Schiffes deutet an, wie zufrieden er mit seiner Existenz ist. Stürme zeigen Gefahren und Schwierigkeiten an. Alle Einzelheiten sollten in diesem Sinne gedeutet werden.

Seide Der Träumende gibt sich der Geltungssucht und Eitelkeit hin. Dies kann von Schmeichlern ausgenutzt werden. Sie sollten daher dringend wieder auf den Boden der Tatsachen zurückkommen und sich um mehr Sachlichkeit bemühen.

Seife Der Träumende leidet unter starken Schuldgefühlen und möchte nun sein Gewissen reinigen.

Seifenblase Im Bewusstsein des Träumenden gibt es zu viele Illusionen. Er muss genau abwägen, welchen von ihnen er folgen soll, sonst wird er nur Enttäuschungen erleben.

Seil Nur gemeinsam mit anderen kann der Träumende sein Ziel verwirklichen. Alle müssen am gleichen Strick ziehen. Andere Deutung: Man glaubt sich in starker Abhängigkeit und hat Angst davor.

Sekt → Alkohol, Champagner

Seuche Die Schwierigkeiten und Probleme sind so massiv, dass sie den Träumenden bis in den Schlaf verfolgen. Oft glaubt er, es gebe äußere Ursachen dafür und deswegen leide er darunter, weil dies alles nur der Ausdruck einer gesellschaftlichen Gesamtsituation sei. Er hat somit eine Entschuldigung für sich selbst gefunden.

Sexualität Wundern Sie sich nicht, wenn so viele Traumbilder erotische oder sexuelle Anspielungen enthalten. Trotz der sexuellen Freiheiten, die wir heute haben, sind wir noch weit von einem entspannten Umgang mit ihr entfernt. Anstatt unsere wirklichen Bedürfnisse zu entwickeln oder gar zu leben, fühlen wir uns oft gezwungen, eine Leistungsfähigkeit oder Attraktivität zu beweisen, die mit uns eigentlich nichts zu tun hat. Sexualität dient oft mehr dazu, anderen etwas zu beweisen als sich und den Partner zu befriedigen. So braucht es einen nicht zu wundern, dass ein großer Teil unserer Träume immer noch um die schönste Sache der Welt kreist, denn im Alltag können wir unsere Gefühle und Wünsche oft genug nicht äußern.

Sieben Sieben ist wie neun eine Zahl, die stark religiös gefärbt ist. Sieben Sakramente gibt es im Katholizismus, im Judentum gibt es die Menora (den siebenarmigen Leuchter); sieben war die Anzahl der Planeten im Altertum, sieben Tage hat die Woche. Sieben ist zudem die Zahl, die der Venus heilig ist. Sieben ist ein archetypisches Symbol. Die Sieben im Traum steht für Freude, Harmonie und sexuelle Erfüllung.

Siegel Etwas in Ihrem Leben ist unwiederbringlich vorbei und abgeschlossen. Dies kann ein Grund zur Trauer sein oder aber eine Voraussetzung dafür optimistisch in die Zukunft zu schauen. Das Erbrechen eines Siegels weist auf die bevorstehende Änderung alter Gewohnheiten hin.

Silber Silber ist im Traum ein Symbol des Mondes, also der Weiblichkeit und der Psyche. Als Edelmetall bedeutet es auch Reichtum, hier vor allem auf der Gefühlsebene.

singen Ein erfreulicher Traum. Sie widmen sich gerne Ihren Freunden und haben den Wunsch, öfter mit ihnen zu feiern. Nehmen Sie sich die Zeit dafür.

Skorpion Bemerkungen der Mitmenschen haben den Träumenden verletzt. Er meint, die ganze Welt sei so und möchte es ihr mit gleicher Münze (Stachel) heimzahlen.

Smaragd Der Träumende wird bald zu einer Art geistigem Höhenflug ansetzen, der ihn auf spirituellem und materiellem Gebiet wesentlich weiterbringen wird.

Socken Socken fordern den Träumenden dazu auf, sich intensiv um die banalen Dinge des Lebens zu kümmern, die auch sehr wichtig sein können.

Soldat Zwei Seiten hat dieses Bild: Zum einen ist er der Kämpfer, der sich mit all seiner Kraft der Durchsetzung seiner Ziele widmet. Zum anderen muss er sich einer Disziplin unterwerfen, er kann nicht tun, was er will, sondern er muss sich unterordnen. Der Traum will Sie darauf hinweisen, dass Sie sich beherrschen und mehr auf Ihren Verstand hören müssen.

Sommersprossen Da heute die meisten ein glattes Standardgesicht mögen, gelten Sommersprossen als

Makel, der überschminkt wird. Im Traum weisen sie deshalb auf kleine Fehler hin, die man an sich sieht und am liebsten vor den anderen verstecken möchte.

Sonne Entweder ein Symbol Gottes oder des Verstandes. Das Zentrum um das das Leben des Träumenden kreist. Aber Vorsicht, wer zu sehr von sich überzeugt ist und zu sehr im Licht der Öffentlichkeit steht, kann tief enttäuscht werden.

Spaten Der Spaten, der im Traum zu sehen ist, stellt eine Aufforderung an den Träumenden dar, nachzuforschen, was sich unter der dünnen Decke seines Bewusstseins befindet.

Speer Wie alle Waffen ist der Speer ein Symbol des männlichen Geschlechtsteils und der Aggression.

Speichel Der Träumer durchlebt einen Heilungsprozess an Körper und Geist, der durch die Körperflüssigkeit Speichel versinnbildlicht wird. Wird man von anderen angespuckt, sollte man sich vor Neidern in Acht nehmen.

Sperling Diese allgegenwärtigen, lustigen und frechen kleinen Vögel erinnern an Straßenkinder. Über Sie wird geredet, doch Sie nehmen das zu Recht nicht sehr ernst und halten es für eine bloße Belästigung. Halten Sie mehr Abstand zu Menschen, die Sie nicht achten können.

Spiegel Der Spiegel ist ein Symbol der Seele und des Ichs. Der Träumende wird mit beidem direkt konfrontiert. Gefällt ihm das, was er sieht, nicht, sollte er vielleicht daran denken, sein Leben von Grund auf zu ändern. Spätestens seit dem Mittelalter gilt der Spiegel auch als ein Symbol der Eitelkeit.

Spielkarten Entweder ist es eine Erinnerung an anregende Stunden mit Freunden, dann ist es ein harmloser und freundlicher Traum. Es kann aber auch sein, dass Sie das Leben nicht ernst genug nehmen. Nicht alle Probleme und Aufgaben des Lebens kann man spielerisch bewältigen.

Spielzeug Der Träumende ist noch nicht voll erwachsen. Er hängt noch zu sehr an seiner Kindheit. Vielleicht hat er aber auch den Zustand des Bewusstseins erreicht, in dem das Leben für ihn nur noch ein einziges Spiel ist.

Spindel Heutzutage wird es wohl kaum noch jemanden geben, der zu Hause Wolle verspinnt. Doch das Motiv ist noch höchst lebendig, denn jedes Kind hört das Märchen von Dornröschen, das sich an der Spindel stach und durch den Fluch der bösen Fee in einen hundertjährigen Schlaf fiel. In Träumen von jungen Frauen deutet es darauf hin, dass die monatliche Regel Widerwillen hervorruft. Das Traummotiv taucht meist nur während der Pubertät auf.

Spinne Alte Deutungen sehen in ihr den Konflikt der Tochter mit der Mutter. Für andere gilt die Spinne als ein Symbol des Orgasmus. Der Träumende befürchtet, dass ihm Kraft und Energie ausgesaugt werden, nicht nur beim Sex. Vielleicht hat er sich auch in eine Sache verrannt, aus der er jetzt nicht mehr herauskommt. Oder werden um ihn herum Intrigen gesponnen?

Spirale Sie ist eines der ersten Symbole, das unsere Vorfahren an die Wände ihrer Höhlen malten oder auf Steine ritzten. Es ist ein überaus positives Symbol. Die Kräfte sind konzentriert, aber sie weisen gleichzeitig nach außen. Sie befinden sich in einer Zeit gesunden Wachstums.

Spritze Ein Symbol des männlichen Gliedes, kann aber auch die Bedeutung von zupackender Tatkraft haben.

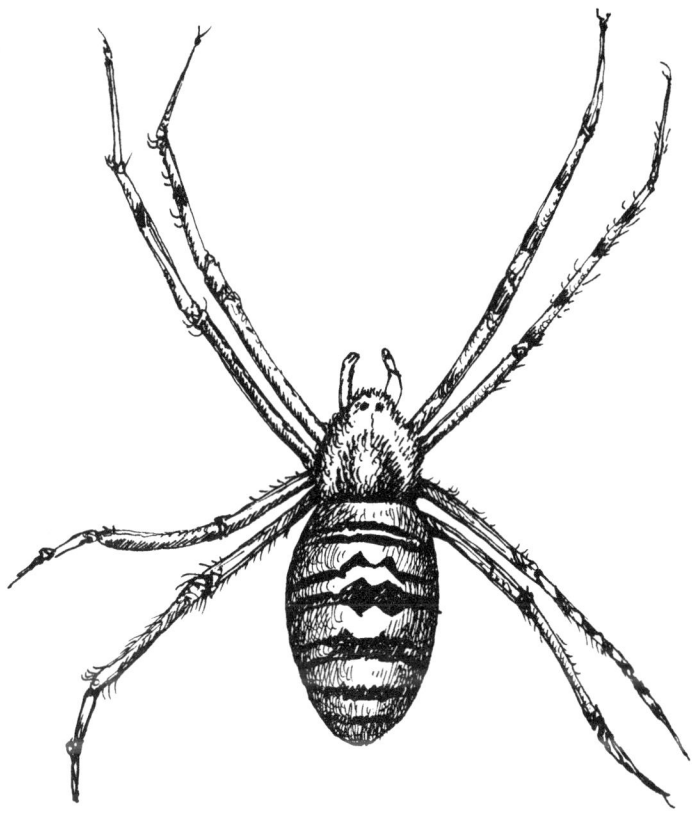

Spinne

Stadt Im Traum beschreibt sie die weiteren Interessen und Fähigkeiten eines Menschen, vor allem in Bezug auf die Gesellschaft, in der er lebt. Gemeint sind zum Beispiel sein Umgang mit Bekannten, Arbeitskollegen und so weiter. Achten Sie auf den Zustand der Stadt, ob sie gepflegt ist oder heruntergekommen. Mit welchem Gefühl bewegen Sie sich durch die Straßen? Betreten Sie fremde Häuser?

Star (Vogel) Diese Vögel treten gerne in großer Anzahl auf. Deswegen bedeuten sie meist Menschenansammlungen, denen sich der Träumende aussetzen muss.

Statue Eine Statue bedeutet Gefühllosigkeit, Gleichgültigkeit und oft auch Überheblichkeit. Dagegen sollten Sie etwas tun. → Stein

Staub Dinge aus der Vergangenheit, die allmählich wieder auftauchen, stellen sich hier dar. Ob gut oder schlecht, müssen Sie entscheiden.

Stein Ähnlich wie → Fels symbolisiert der Stein ein Hindernis, aber auch „steinharte" Menschen, die stur, hartherzig und gefühlskalt sind.

Steine werfen Wird man beworfen, so reden Leute schlecht über einen. Tut man es selber, dann redet man selbst ohne Grund schlecht über andere. Manchmal kündigt es auch eine Reise an, denn wer mit Steinen beworfen wird, läuft selbstverständlich davon.

Stelzen Stelzen werden an den Füßen festgeschnallt und behindern so die Bewegung. Im Traum auf Stelzen zu laufen sagt Krankheit oder ein Leben in Fremde voraus. Aber auch sich über andere hinwegzusetzen, eitel und überheblich zu sein, kann der Traum meinen.

Sterben Im Traum ist der Tod in allen Erscheinungsformen immer ein Hinweis auf einen neuen Lebensabschnitt. Irgendetwas aus Ihrer Vergangenheit müssen Sie nun endgültig hinter sich lassen, damit Sie sich unbelastet neuen Aufgaben oder Menschen widmen können.

Stern Ein Stern im Traum symbolisiert, dass eine neue Hoffnung in Ihnen keimt. Glaube und Zuversicht gesellen sich dazu.

Steuerrad Der Träumende hat die Absicht sein Leben in die eigenen Hände zu nehmen, es nach seinem Willen zu gestalten.

Stier Wie das Pferd ist dieses starke Tier ein Symbol für Ihr erotisches Gefühlsleben. Sie haben den Wunsch nach wilder Leidenschaft, die keine moralischen Schranken kennt.

Storch Wir wissen zwar inzwischen, dass er doch nicht die Babys bringt, aber unsere Träume bedienen sich trotzdem des Storches, um den Wunsch nach Kindern auszudrücken. Er kann auch ganz allgemein ein Fruchtbarkeitssymbol sein. Dann steht er für das Bedürfnis, etwas zu leisten, was auch für andere Menschen wichtig ist.

Sträfling Der Träumende fürchtet, dass die verdrängten, ungezügelten Triebregungen in ihm eine nicht unerhebliche Strafe nach sich ziehen werden. Ansonsten bedeutet dieses Symbol Glück und Erfolg.

Straße Sie ist ein generelles Symbol für den Lebensweg des Träumenden. Aus diesem Grund muss die Deutung hier in erster Linie durch den Träumenden selbst geschehen (wie auch bei anderen Symbolen). Art, Zustand und der Zusammenhang mit dem anderen Traumgeschehen sind hierbei sehr wichtig.

Strick Dieses Bild ist zu deuten wie Kette, nur in etwas abgeschwächter Form.

Stroh Sie kennen die Redensart „leeres Stroh dreschen"? Man will damit ausdrücken, dass unnütz und ohne Verstand über eine Sache ohne Bedeutung geredet wird. In gleicher Weise benutzt der Traum das Bild. Sie regen sich sinnlos über etwas auf oder hängen an Nebensächlichkeiten. Wollen Sie einem ernsten Problem ausweichen? Sehen Sie lieber den Tatsachen ins Auge.

Strümpfe Man schlüpft hinein, ähnlich wie in → Schuhe. Sie haben deshalb die gleiche erotische Bedeutung. Vermutlich ist es ein Wunsch-

traum, in dem Sie sich Hoffnungen erfüllen, die Sie sich nicht einmal im Traum ganz eingestehen können.

Sturm den Träumenden erwartet ein extrem starker Gefühlsausbruch. All das, was sich im Laufe der letzten Zeit aufgestaut hat, „stürmt" an die Oberfläche.

Sumpf Eine fruchtbare Gegend ist dies, alles wuchert wild. Er ist aber auch gefährlich, leicht verliert man den Weg und kann dann im Sumpf versinken. Der Traum beschreibt so die Welt unserer Fantasien. Hier kann alles gefunden werden. Wichtig ist, sich in seinen Fantasien nicht zu verlieren.

Suppe Man ist aufgefordert, sich einer unangenehmen Pflicht zu stellen und mehr Verantwortung zu übernehmen. Vergossene Suppe ist ein Hinweis auf verpasste Gelegenheiten. Eine Suppe zu schlürfen, deutet auf Schwierigkeiten im gesellschaftlichen Umgang hin.

Tabak In allen Formen ist er ein Zeichen von Männlichkeit und Durchsetzungskraft. Bei der Zigarre tritt ein erotischer Aspekt hinzu.

Tal Das Tal symbolisiert, dass der Träumende unter einem Werteverlust leidet. Eine allgemeine Krise mit Depressionen kündigt sich an.

Tanz → Ballett

Tanzveranstaltung → Ball

Tapete Der Träumende schafft sich einen Schutz vor Anderen. Dieser Schutz soll zwar einen guten Eindruck machen und ist nicht sehr stabil, stört trotzdem aber seine Beziehungen zu seinem Umfeld.

Taschenspieler Tritt man im Traum selbst als solcher auf, so sind die eigenen Motive nicht aufrichtig. Man versucht, andere zu übervorteilen. Zum Schaden der Moral scheint man auch noch Erfolg damit zu haben. Sieht man hingegen andere als Taschenspieler, so droht einem selbst die Gefahr hereingelegt zu werden.

Taube Sie ist international das Zeichen für Frieden und Versöhnung. Wenn Sie im Streit mit jemandem sind, dann will Sie der Traum ermahnen, mehr Rücksicht auf ihn zu nehmen und sich auch einmal in seine Lage zu versetzen. Nur so können Sie die Feindschaft überwinden. Eigentlich wollten Sie ja gar nicht streiten. Die Taube hat außerdem wie viele Vögel auch eine erotische Bedeutung. Der Traumzusammenhang wird Ihnen anzeigen, in welche Richtung Sie das Bild der Taube deuten sollten.

tauchen Der Träumende stößt in sein eigenes Unbewusstes vor, vielleicht bis in seine Kindheit. Welche Gefühle begleiten dieses Unterwassererlebnis?

Taufe Der Träumende möchte den Geist Gottes erfahren oder in eine spirituelle Gemeinschaft aufgenommen werden. Da Wasser ein Symbol des Gefühls ist, kann es auch sein, dass er nach neuen Gefühlen sucht oder neue kennengelernt hat.

Teddybär → Spielzeug

Teiche Gefühle, die der Träumende sich und anderen nicht offenbaren will, auch geheime Wünsche und Leidenschaften liegen im Teich verborgen.

Teufel Alle inneren Triebe und Lüste werden durch das Traumsymbol Teufel dargestellt. Kurz: alles, was eine streng moralische Erziehung „verteufelt". Der Träumende entwickelt daraus Angst und Schuldgefühle. Am Ende glaubt er, dem Teufel machtlos ausgeliefert zu sein. Wenn er sich mit den Inhalten seiner Seele auseinandersetzt, sollte er versuchen, sich von religiösen und gesellschaftlichen Zwängen so weit wie möglich frei zu machen. Lassen seine Schuldgefühle und Ängste (der Teufel) nach, gelingt es ihm vielleicht zu einem produktiven Umgang mit all dem zu kommen, was ihn im Augenblick belastet.

Theater Auf der Bühne zu stehen und die Aufmerksamkeit vieler Menschen zu genießen ist schon ein erhebendes Gefühl. Aber Sie sind nicht Sie selbst, spielen nur eine Rolle. Warum trauen Sie sich nicht, sich so darzustellen, wie Sie in Wirklichkeit sind? Sie verwirren andere nur. So können Sie Ihre Ziele nur schwer verwirklichen. Sind Sie im Theater nur Zuschauer, dann sehen Sie das Leben im Moment aus der Entfernung. Es ist nicht verkehrt, manchmal zurückzutreten und nur hinzuschauen, man kann einiges dabei lernen. Was für ein Stück wird gespielt? Sehen Sie Ihr Leben als Komödie oder Tragödie.

Tinte Eine Erfahrung, die der Träumende gemacht hat, hat einen nicht unerheblichen Eindruck in seiner Seele hinterlassen.

Tod Tod im Traum hat nichts mit dem physischen Tod zu tun. Er symbolisiert vielmehr das Ende eines bestimmten Lebensabschnittes. Eine Beziehung endet, eine alte Vorstellung wird aufgegeben oder ein störendes Gefühl verschwindet. Der Tod ist auch kein Symbol des endgültigen Endes. Auf ihn folgt immer etwas Neues. Tod kann auch auf Freunde hinweisen, die in Schwierigkeiten stecken und vielleicht Hilfe brauchen.

Toilette Wir laden dort ab, was wir verdaut haben und nicht mehr brauchen. Auch im Traum entlasten wir

Taube

uns an diesem Ort von den unverdaulichen und überflüssigen Resten der Vergangenheit.

Topf Als Bild steht er für den Bauch der Mutter. Es ist der Ort, wo im Verborgenen etwas Neues heranwächst. Im Traum will er andeuten, dass in den Tiefen unserer Seele etwas gedeiht, von dem wir noch nichts wissen.

Tor Der Träumende wird bald eine neue Arbeit oder ein neues Hobby finden.

Traube Die Pläne, die der Träumende hegt, sind nicht schlecht, aber noch unausgegoren. Vieles ist für ihre Verwirklichung noch zu tun.

Treppe Aus eigener Kraft verfolgen Sie Ihr Ziel. Sie sind guten Mutes, denn es geht aufwärts, sicher werden Sie Erfolg haben. Wie viele Stufen liegen noch vor Ihnen? So lang ist der Weg zu Ihrem Ziel. Gehen Sie treppab, haben Sie entweder schon Erfolg gehabt und sind auf dem Weg zu neuen Aufgaben, oder aber Sie beginnen, mutlos zu werden. Mit welchen Gefühlen steigen Sie herab, was geschieht unterwegs und was erwartet Sie unten?

trinken In den meisten Fällen ist Durst im Traum ein Anzeichen dafür, dass Sie vor dem Schlafengehen nicht genug getrunken haben. Ihr Körper versucht, Sie nun ganz sanft aufzuwecken. Am liebsten würden Sie aber weiter schlafen, deshalb trinken Sie im Traum. Leider hilft das nicht auf Dauer. Der Traum hat damit nicht unbedingt eine tiefere Bedeutung. Es kann aber auch sein, dass der Traum Sie warnen möchte, zu sehr auf Freundschaften zu bauen, die vom Alkohol bestimmt sind. Wenn Sie dem nachgehen wollen, so vergleichen Sie den Traum mit Ihren wirklichen Erinnerungen und achten Sie besonders auf die Unterschiede.

Trommel Sie symbolisiert im Traum eine antreibende Kraft und steht auch für das physische Herz des Träumenden. Trommeln Sie im Traum selbst? Dann sollten Sie etwas zurückstecken. Sie nehmen sich zu wichtig. Die Trommel ist außerdem ein Symbol für Masturbation.

Tulpen Wie alle Blütenpflanzen ist sie ein erotisches Symbol. Diese elegante klassische Blume steht aber weniger für wilde Leidenschaft, sondern spielt eher auf eine vertraute und ruhige Beziehung an. Es ist aber eine glückliche Verbindung, mit der Sie sehr zufrieden sind.

Tunnel Der Weg führt ins Dunkle, ins Unbewusste. Sie sind sich unsicher, wohin Ihr Leben Sie in der nächsten Zeit führen wird. Macht es Ihnen Angst oder eher nicht? Der Pfad in den Bauch der Erde hat aber auch eine Beziehung zum Mutterleib. Der Traum deutet dann darauf hin, dass Sie sich am liebsten verstecken würden vor den Schwierigkeiten des Lebens. Neue Deutungen sprechen bei der Einfahrt eines Zuges in einen Tunnel auch von einem sexuellen Symbol. In welcher Weise Ihr Unbewusstes das Bild benutzt, kann Ihnen letztendlich nur der Zusammenhang verraten.

Turm Hoch erhebt er sich über die umgebende Landschaft. Meist steht er getrennt von anderen Gebäuden. Sie laufen Gefahr, sich durch Hochmut und Selbstüberschätzung von Ihren Mitmenschen zu entfernen, wenn Sie im Traum oben auf dem Turm stehen. Blicken Sie von unten an ihm empor, deutet dies im Gegenteil auf mangelndes Selbstvertrauen hin, Probleme drohen Ihnen über den Kopf zu wachsen.

U-Bahn Fährt man im Traum
U-Bahn, so verfolgt man interessiert
die Entwicklungen, die aus dem Unbewussten kommen.

Überfall Sie fühlen sich überlastet.
Sie fühlen sich von den wechselhaf-
ten Geschehnissen des Alltags geradezu überfallen. Gegen die dauernde
Anspannung sollten Sie etwas unternehmen. Vielleicht können Sie
Urlaub machen und sich einmal
richtig ausspannen.

Übermensch In Wunschträumen,
vor allem bei jungen Menschen,
taucht Supermann regelmäßig auf.
Man versteht die Welt noch nicht
recht und fühlt sich dauernd unter-
legen. Da träumt man schon mal
von Superkräften, mit denen man
alle Probleme einfach hinwegfegen
kann. Wenn Erwachsene noch solche Träume haben, deutet das meist
auf eine ernste seelische Störung
hin. Ein tiefes Gefühl der Unzuläng-
lichkeit soll durch Größenwahn
ausgeglichen werden. Häufen sich

solche Träume, sollte man sich an
einen Psychologen wenden.

Überschwemmung Ein Symbol
mit negativer (alles zerstören) und
positiver (fruchtbarer) Bedeutung.
Entweder Sie überschwemmen Ihre
Umgebung maßlos mit Ihren über-
steigerten Ansprüchen, oder aber
Sie werden von den Fluten bedroht.
Die Gefahr kann einerseits von
außen kommen. Dann haben Sie
sich nicht genug abgegrenzt gegenüber zudringlichen Menschen Ihrer
Umgebung. Andererseits hat Wasser
eine Beziehung zum Unbewussten
und zum Gefühlsleben. Die Inhalte
des Unbewussten drohen Ihr Bewusstsein zu überschwemmen. Neue
Kräfte und Ideen können daraus erwachsen. Überlegen Sie genau, was
jetzt zu tun ist. Nichts überstürzen.

Ufer Das Ufer symbolisiert die
Grenze zwischen Bewusstem und
Unbewusstem. Gelangen Sie gerade
ans Ufer oder bewegen Sie sich davon weg. In welchem Zustand ist es?

Uhr Sie zeigt den unaufhaltsamen Ablauf der Zeit. Tun Sie jetzt, was nötig ist. Schieben Sie nichts auf, bald können Sie nicht mehr eingreifen, denn die Zeit läuft Ihnen davon.

Umarmung Das Zeichen der Zuneigung ist nicht unbedingt aufrichtig gemeint (→ Kuss). In Ihnen scheint ein Gefühl des Misstrauens gegen jemanden zu wachsen. Eine erotische Umarmung im Traum bedeutet hingegen genau das, einen erotischen Wunsch.

Unfall Durch einen unerwarteten Vorfall stürzen ungewohnte Gefühle auf den Träumenden ein. Dies wirft ihn kurzfristig aus der Bahn.

Ungeheuer Ungeheuer im Traum symbolisieren generell die Ängste und Befürchtungen, die man hat, zum Beispiel Todesangst, Schwäche, unkontrollierbare Aggressionen und Hassgefühle.

Ungeziefer Es trifft die gleiche Deutung zu wie beim Stichwort → Insekten. Ihnen drohen Unannehmlichkeiten und Verluste in finanziellen Angelegenheiten.

Uniform Trägt der Träumende im Traum eine Uniform, so ist er ein recht angepasster Mensch, der all-

mählich beginnt, Zweifel hinsichtlich dieser Haltung zu bekommen.

Universität Neben banalen eigenen Universitätserfahrungen steht die Universität im Traum für all die Lehren, die das Leben dem Träumenden vermittelt hat und noch vermitteln will.

Unkraut Unheilvolle Einflüsse beherrschen Ihr Leben. Sie haben den Eindruck, jemand lebt unberechtigt auf Ihre Kosten. Unkraut kann aber auch Gedanken und Wünsche symbolisieren, die aus Ihrem Inneren kommen. Sie lehnen sie ab, da sie Ihr wohlgeordnetes Leben durcheinander bringen könnten. Ob die Störungen von innen oder außen kommen, kann nur eine genaue Betrachtung des Traumzusammenhangs klären.

Unsichtbarkeit Das Motiv kann grundsätzlich auf zwei Weisen auftreten. Im ersten Fall wird der Träumende von anderen Traumfiguren nicht wahrgenommen und scheinbar ignoriert. Dies spiegelt den Eindruck wider, den er auch im Wachzustand hat, er fühlt sich von seinen Mitmenschen missachtet. Im zweiten Fall liegt der Schwerpunkt auf dem Gefühl des Träumenden, jetzt alles tun zu können, was er will, da ihn ja niemand zur Rechenschaft

Uhr

ziehen kann. Dies ist einer der häufigen Allmachtsträume. Vor allem, wenn man ein eher eintöniges Leben ohne große Bedeutung zu führen glaubt, entschädigt einen der Schlaf mit Supermannträumen. Kein Leben ist ohne Bedeutung. Interessieren Sie sich lieber mehr für andere Menschen als für sich selbst.

Urin Der Träumende leidet unter den Spannungen seiner Seele und sucht dringend nach Erleichterung. Urin kann auch sexuelle Empfindung symbolisieren. Naturvölker benutzen Urin schon immer als Heilmittel. Mittlerweile wird dem Urin auch bei uns heilende Wirkung zugeschrieben.

Vagabund Der Vagabund im Traum steht für all die Charakterzüge, die der Träumende weder an sich noch an anderen Menschen nicht leiden kann.

Vampir Der Träumende hat Angst, dass seine Kräfte von einer ihm bislang unbekannten Quelle aufgesogen werden. Vampire im Traum können auch oft eine sexuelle Komponente haben.

Vase Bei allen Dingen, in die man etwas hineintun kann, handelt es sich meist um sexuelle Anspielungen. Da die Bedeutung nur sehr indirekt erscheint, haben Sie anscheinend Schwierigkeiten, sich Ihre erotischen Wünsche einzugestehen. Wenigstens sich selbst gegenüber sollten Sie offen sein.

Vater Der Vater im Traum ist ein vielschichtiges Symbol. Einmal verkörpert er den wirklichen Vater beziehungsweise die Wesenszüge, die er weitergegeben hat an die Kinder.

Im Traum eines Mannes kann der Mann eine helfende, unterstützende Funktion haben. Im Traum einer Frau verdeutlicht er das Männerbild, das der Tochter mitgegeben wurde. Darüber hinaus kann die Vaterfigur im Traum auch Macht- und Autoritätspersonen wie Chef, Direktor oder Polizist darstellen. Gerade bei diesem Traumsymbol ist die individuelle Haltung des Träumenden zu seinem Vater für die Deutung besonders wichtig. (→ Mutter)

Vegetarier Sie möchten sich ganz einfach gesund ernähren. Übertragen wollen Sie die aggressiven und zerstörerischen Tendenzen in sich überwinden.

Veilchen Wie alle Träume von Blumen hat auch dieser eine erotische Bedeutung. Besonders angenehme erotische Erinnerungen haben Ihren Schlaf versüßt.

Verband Man ist verletzt oder schwer enttäuscht worden und hat große Schwierigkeiten, damit fertig zu werden. Ein blutiger Verband symbolisiert die Angst vor körperlicher oder seelischer Verletzung,

verbrühen Der Träumende hat ein starkes Verlangen danach, jemanden aus seiner nächsten Umgebung zu kritisieren.

Verfolgung Der Träumende hat Schuldgefühle, da er meint, einem anderen Menschen ungerechtfertigt seelischen oder körperlichen Kummer zugefügt zu haben. Es kann auch sein, dass ihn Probleme oder Alltagsbegebenheiten verfolgen, die er verdrängt hat, sozusagen abgeschoben. Es lohnt sich, sich den Tatsachen zu stellen.

Vergewaltigung Der Träumende hat die Gefühle und Bedürfnisse eines anderen Menschen auf das Gröbste missachtet und verletzt. Sein eigener Wille war ihm wichtiger als der des anderen.

Verhör Der Träumer geht mit sich selbst hart ins Gericht und hinterfragt die Richtigkeit seines Verhaltens. Neben dieser Selbstanalyse kann sich durch ein Verhör auch der Wunsch nach stärkerer Einbeziehung in eine Gemeinschaft ausdrücken: Man hat etwas zu sagen und braucht Zuhörer.

Verkleinerung Alles, was im Traum kleiner erscheint oder schrumpft, verliert für den Träumer an Bedeutung. Menschen werden uninteressant, Dinge unwichtig. Sieht man sich selbst verkleinert, ist dies ein Zeichen von zu geringem Selbstwertgefühl oder weist darauf hin, dass man sich und die eigenen Bedürfnisse nicht wichtig genug nimmt.

Verlassenheit Verlassenheit deutet meist darauf hin, dass man unfähig ist mit anderen Menschen Beziehungen einzugehen. Die Verlassenheit ist dabei aber oft nur das Resultat eigenen Handelns.

Verletzung Sie ahnen, dass eine gewaltsame Veränderung bevorsteht. Sind Sie verletzt, dann steht Ihnen der Umbruch bevor. Verletzen Sie hingegen jemand anderes, dann sind Sie im Begriff, drastisch in das Leben eines anderen einzugreifen. Sie scheinen nicht überzeugt, dass es eine Veränderung zum Besseren wird. Überdenken Sie die Angelegenheit noch einmal.

Verleumdung Verleumdet zu werden symbolisiert Ehre und Ruhm zumindest im Traum. Verleumdet man andere, ist das Gegenteil der Fall und man wird Geringschätzung und Hohn ernten.

Verlies Verliese und Kerker verkörpern unbewusste Isolation und Absonderung von der Gesellschaft. Der Träumer ist eingeschlossen in seine eigene Gedankenwelt und bekommt wenig oder nichts davon mit, was um ihn herum vorgeht. Sie sollten Ihren Mitmenschen mehr Aufmerksamkeit schenken und an ihren Freuden und Sorgen verstärkt Anteil nehmen.

Verlobung Von einer Verlobung zu träumen, steht immer im Zusammenhang mit Familie, Ehe oder Partnerschaft. Der Wunsch nach Harmonie und Sicherheit kann darin ebenso zum Ausdruck kommen, wie Angst vor oder Widerwillen gegen dauerhafte(n) Verpflichtungen und Bindungen.

Verschwendung Man sieht Freigebigkeit und Großzügigkeit als Mittel zu dem Zweck an, sich bei anderen beliebt zu machen. Dies mag funktionieren. Hüten Sie sich jedoch vor Schönwetterfreunden, die Sie im Stich lassen, sobald Sie einmal in Schwierigkeiten geraten.

Verspätung Eine besondere Gelegenheit haben Sie versäumt. Grämen Sie sich trotzdem nicht. Denken Sie lieber an die Zukunft, es werden sich sicher weitere Chancen bieten.

Villa Eine Villa zu sehen deutet auf eine gewisse Überbewertung materieller Dinge hin, was dazu führen kann, dass man sich in einem goldenen Käfig wiederfindet. Eine unbewohnte, verfallene Villa zu sehen, warnt vor einem drohenden finanziellen Desaster.

Violett Taucht diese Farbe in einem Traum auf, so deutet das auf einen inneren Widerspruch hin. In irgendeiner Form hat der Träumende Schwierigkeiten, seine körperlichen Ansprüche mit seinen geistigen Vorstellungen in Übereinstimmung zu bringen.

Vogel Der Vogel ist ein Symbol der Freiheit, vornehmlich der geistigen. Der Vogel im Traum steht dafür, dass der Träumende die Erdenschwere überwinden möchte und sich hin zu luftigeren, geistigeren Regionen aufschwingen möchte. Sitzt der Vogel im Käfig, so hat er einige Schwierigkeiten bei seinen Höhenflügen.

Vogelscheuche Träumt man von einer Vogelscheuche, ist man einer Illusion aufgesessen.

vollstopfen Wird man im Traum vollgestopft, so bedeutet dies, dass man körperlich und geistig träge ist. Im Augenblick ist man zu völliger Untätigkeit verdammt.

Vulkan

Vorfahren Verstorbene Vorfahren im Traum signalisieren Unglück und Sorgen, die ihren Grund in vergangenen Taten haben. Begegnen einem die Gestalten freundlich, so wird man das Übel schließlich zum Guten wenden können. Sind sie aber unfreundlich, so werden die Sorgen noch größer werden.

Vorhang Hinter ihm ist immer etwas verborgen. Sie werden es aber bald erfahren, ein Vorhang ist leicht zu öffnen. Wenn Sie im Traum den Vorhang öffnen und zahllose andere kommen dahinter zum Vorschein, dann befinden Sie sich mit Ihren Überlegungen entweder in einer → Sackgasse, oder Sie rühren an philosophische Probleme, die nicht einfach zu lösen sind.

Vorschrift Das Unbewusste signalisiert dem Bewussten, dass etwas bald passieren wird und in jedem Fall höchste Beachtung verdient, auch wenn es am Anfang mit Einschränkungen verbunden sein wird.

Vulkan Feuer bricht aus den Tiefen der Erde – ein kaum verschlüsseltes Bild von Leidenschaften, die urplötzlich und unerwartet hervorbrechen. Hier sind weniger die Erotik angesprochen als vielmehr innere Anspannung, Wut oder sogar Jähzorn. Sie sollten versuchen herauszubekommen, was Sie so fordert oder wütend macht, damit Sie sich zusammennehmen können, ehe Sie ungewollt Schaden anrichten beziehungsweise damit Sie die Lösung des Problems angehen können.

Waage Das klassische Symbol für die Ausgewogenheit, Harmonie, Gerechtigkeit. Der Träumende wird nachdrücklich darauf hingewiesen, dass er die nächsten Schritte, die er unternehmen will, sorgfältig abwägen sollte.

Wachs →Kerze

Wachteln Für Menschen, die diese Vögel mögen, bedeutet der Traum nichts. Allen anderen sagt er aber schlechte Nachrichten aus der Ferne voraus, dazu Streit und Gefahr durch Räuber. Wachteln kommen nämlich aus weit entfernten Ländern und sind untereinander überaus zänkisch.

Wächter Der Wächter im Traum ist ein Symbol dessen, was Freud als Überich bezeichnet, das heißt der Moral und der gesellschaftlichen Normen und Werte.

Wäsche Wäsche waschen signalisiert, dass man mit sich oder anderen nicht „im Reinen" ist. Große Mengen schmutziger Wäsche verweisen auf Ungerechtigkeiten, die andere einem zufügen. Saubere Wäsche und zum Trocknen aufgehängte Wäsche verheißen Glück und eine positive Lebenseinstellung, die oftmals Probleme zum Guten zu wenden vermag.

Waffen Alle Waffen haben eine erotische Bedeutung. Sie vertreten das männliche Prinzip: Kampf, Aggression und Eindringen.

Wahrsager Der Träumer hat seinen Horizont und sein Wissen erweitert und ist dadurch – auch über sich selbst – zu Erkenntnissen gelangt, die zu großen Hoffnungen berechtigen. Dies ist ein Traum, der Fortschritt und Erfolg verheißt, besonders wenn man sich selbst als Wahrsager sieht.

Waise Ein Traum, in dem eine Waise eine Rolle spielt, deutet die Angst des Träumenden davor an, dass ihm seine Freunde die Freundschaft kündigen beziehungsweise der Partner ihm die Liebe.

Wal Einen Wal zu sehen oder von einem verschluckt zu werden warnt davor, dass sich in Ihrem Unbewussten eine große Gefahr verbirgt. Um ihre negativen Auswirkungen abzuwenden, müssen Sie sie unbedingt ans Tageslicht bringen.

Wald Der Wald im Traum hat eine recht vielschichtige Bedeutung. Er steht für all das, was der Träumende in seinem Leben bislang gelernt hat, und er symbolisiert die Tiefen des Unbewussten. Der Träumende kann nur sehr schwer all diese Fakten und Informationen einordnen und fühlt sich verlassen. Es bereitet ihm Mühen, die Gesamtzusammenhänge zu erkennen und sich zu orientieren. Er fürchtet das Geheimnisvolle, Dämonische, das sich im Wald (Unbewussten) verbirgt.

Wand Der Träumende wird mit einem großen Problem konfrontiert, das ihm unlösbar vorkommt. Es stellt ein echtes Hindernis dar. Die Wand kann aber auch ein Symbol des Schutzes sein, das vor Schwierigkeiten bewahrt.

Wasser Das typische Traumsymbol für die Seele und die Gefühle. Es kommt auf die Beschaffenheit des Wassers an. Ist es tief, flach, trübe, klar. Entsprechend ist es um Ihr Innerstes bestellt.

Auf dem Wasser laufen Man hat das gefährliche Element bezwungen. So ist man bei Seereisen sicher. Aber auch sonst wird Glück vorhergesagt. In der Ehe wird man glücklich. Prozesse wird man leicht gewinnen, da man gute Argumente vorbringen kann. Besonders vorteilhaft ist der Traum für Politiker, da das Wasser die Bevölkerung des Landes symbolisiert.

Wasser trinken Wenn das Wasser kalt ist, hat dies eine gute Bedeutung. Der Träumende lebt in Einklang mit den Bedürfnissen seines Körpers und achtet auf seine Gesundheit. Ist das Wasser hingegen warm, kann das ein Anzeichen für Krankheit sein oder eine belastende, unausgewogene Lebensführung.

Webstuhl Das Hin und Her des Weberschiffchens, das immer in Bewegung ist, deutet auf eine Aufgabe hin, bei der der Träumende viel zu tun haben wird, vermutlich wird er auch reisen müssen. Wenn der Stoff bald fertig gewebt ist, so wird es eine kurze hektische Zeit. Ansonsten wird das Vorhaben eine längere Zeit in Anspruch nehmen. Geht während des Traums der Faden zur Neige oder reißt er gar, dann droht Misserfolg.

Weide Weidenbäume symbolisieren im positiven Fall Flexibilität und Belastbarkeit, im negativen Fall Labilität und fehlendes Rückgrat. Trauerweiden werden traditionell als unglückliches Vorzeichen gewertet.

Weihrauch Weihrauch symbolisiert im Traum die höheren, mystischen und religiösen Wünsche. Der Träumende möchte seine direkte Umgebung dahingehend verändern, dass sie ihm bei seinen Bestrebungen hilfreich ist.

Wein → Alkohol

weinen und klagen Trauern um einen Verstorbenen oder Unglücklichsein sagt auf jeden Fall Vergnügen und Erfolg voraus. In der Natur beobachten wir, dass nach jedem schlechten Wetter wieder Sonnenschein folgt. Alles ist im Wandel begriffen, also auch unsere Seele. Weinen wir nun im Traum, so muss notwendigerweise auch hier der Wandel folgen, wir werden also bald fröhlich werden und Glück haben.

Weiß Die Farbe Weiß verkörpert Reinheit, Unschuld und Jungfräulichkeit. In anderen Kulturkreisen,

zum Beispiel Indien, ist Weiß die Farbe des Todes und der Trauer.

Weltuntergang Der Träumer geht durch eine für ihn sehr schwierige Lebensphase, die ihn mit grundlegenden Entscheidungen konfrontiert. Weltuntergang bedeutet in diesem Zusammenhang auch, dass man sich von etwas oder von jemandem trennen muss, um etwas Neues beginnen zu können.

Werkzeug Bei der Lösung eines anstehenden Problems soll sich der Träumende auf seine praktischen Fähigkeiten verlassen.

Wespe Träumt man von einer Wespe, so verfügt man zur Zeit über ein großes Aggressionspotential, das bei der kleinsten Ursache ausbricht.

Westen Westen symbolisiert den Gegensatz von → Osten, also Tod, das Ende einer Handlung, Beziehung oder eines Geschäftes, ein Hinübergleiten in das Vergessen.

Wetzstein Die Messer werden mit ihm geschärft. Im Traum bedeutet er eine Aufmunterung, man soll schärfer werden und seine Angelegenheiten mit mehr Nachdruck vertreten. Häufig soll er auch die Frau oder Freunde bedeuten, die einen aufmuntern und zur Arbeit anhalten.

Wiederauferstehung Kommen die Toten aus den Gräbern, so stehen Verluste und Aufregungen bevor. Würden sie nämlich wirklich wiederkommen, so gäbe es tatsächlich ein großes Durcheinander. Sie wollten bestimmt ihre Häuser und ihren Besitz zurück, und viele würden ihr ererbtes Gut wieder verlieren.

Wiederholung Träumt man immer wieder das Gleiche in kurzen Zeitabständen, so bedeutet es immer auch die gleiche Sache. Man hat aber der Angelegenheit nicht genug Aufmerksamkeit geschenkt. Liegen aber größere Zeitabstände dazwischen, so wird es fast immer etwas anderes bedeuten. Man lebt nicht immer in den selben Verhältnissen und so werden sich die Traumbilder auch immer wieder auf die neuen Umstände beziehen. Zum Beispiel: Ein Parfümhändler träumte, er hätte keine Nase mehr. Daraufhin gab er sein Geschäft auf, denn ohne Nase, also ohne Geruchssinn, konnte er seinen Beruf nicht mehr ausüben. Nach dem Berufswechsel hatte er wieder diesen Traum. Diesmal aber wurde er bei der Fälschung von Urkunden erwischt und musste in ein fremdes Land fliehen. Diesmal bedeutete der Verlust der Nase, dass sein Gesicht hässlich wurde, er hatte gleichsam sein Gesicht verloren, also sein Ansehen. Es ist also immer wichtig, die Lebensumstände bei der Deutung zu berücksichtigen.

Wiege Hat man das Gefühl, gewiegt zu werden, drückt dies ein Gefühl von Geborgenheit aus. Sieht oder schaukelt man eine Wiege mit einem Kind darin, sollte man sich davor in Acht nehmen, von anderen getäuscht und ausgenutzt zu werden. Eine leere Wiege symbolisiert unerfüllte Versprechen und Hoffnungen.

Wiese Sie lädt zur Entspannung und Ruhe ein. Außerdem ist Grün auch die Farbe von Harmonie und Ausgleich. Zur Zeit scheinen Sie unter Stress und Nervosität zu leiden. Sie brauchen anscheinend dringend einen kleinen Erholungsurlaub.

Wind Unbewusste Vorgänge in der Psyche des Träumers drücken sich durch das Traumbild Wind aus. Ob sich dies gut oder schlecht auswirkt, hängt unter anderem von der Windrichtung ab: Gegenwind signalisiert Hindernisse, Rückenwind rasches Vorankommen. Wind ist außerdem ein Symbol von Unbeständigkeit.

Winter → Eis

Wirtshaus Ist Ihnen der Alltag im Augenblick zu langweilig? Sie scheinen einen starken Drang zur Ver-

Wiese

gnügung und Abwechslung zu haben.

Witwe Unbewusst sehnt sich der Träumende danach, allein gelassen zu werden. Es kann aber auch sein, dass sich der Träumende zu sehr von seinen Gefühlen und vernünftigen Vorstellungen leiten lässt.

Wolf Der Träumende möchte gerne seinen instinktmäßigen Bestrebungen nachgeben. Er will dem Tier in sich mehr Freiraum geben. Der Wolf steht aber auch für eine starke Gemeinschaft, die nur durch Führung und diszipliniertes Zusammenarbeiten erfolgreich sein kann.

Wolle Wolle symbolisiert all das, was angenehm, wärmend und schützend ist ohne auch nur im Geringsten zu verletzen.

Würfel Ein Würfel im Traum steht für Glück und Unglück und sonstige Wechselfälle des Lebens. Viele Würfel symbolisieren Glücksspiel.

Wüste Emotional ist der Träumende vertrocknet. Seine Gefühle existieren quasi nicht mehr. Ein anderer Aspekt der Wüste lässt sich daraus erklären, dass sie für viele Religionsstifter (Moses, Jesus, Mohammed zum Beispiel) eine große Rolle spielte. Dies war der Ort, an den sie sich zurückzogen, um direkte Zwiesprache mit Gott zu halten. Träumt man von einer Wüste, so kann dies auch bedeuten, dass man sich weit weg von allem Alltäglichen begeben will, um so in Einsamkeit und Kontemplation seine innere Bestimmung und seinen eigenen Weg zu Gott finden möchte.

Wunder Im Traum sind alle Arten von Wunder ein schlechtes Anzeichen. Dinge, die im normalen Leben nicht geschehen können, wecken nur falsche Hoffnungen. Ähnlich wie die Supermannträume (→ Unsichtbar, Übermensch) weisen sie auf eine Flucht vor der Wirklichkeit. Eine Ausnahme sind die Flugträume, siehe fliegen.

Wurm Belästigt Sie im Traum eine große Zahl Würmer, so sind sie zu deuten wie → Insekten. Ein einzelner Wurm kann bei Teenagern auf die beginnende Auseinandersetzung mit der Sexualität hinweisen. Er ist als kleine → Schlange zu verstehen.

Wurzel Wurzeln sind ein Symbol der Verbundenheit mit einem Ort oder auch mit Personen, Ideen oder Verhältnissen. Wurzeln auszugraben bedeutet, dass der Träumer sich „entwurzelt" und von anderen unverstanden fühlt. Essbare Wurzeln stehen für eine solide Gesundheit.

Zahlen Wer möchte nicht die Lottozahlen vorherträumen. Aber Wahrträume sind äußerst selten, wenn es sie denn überhaupt gibt, und die Gewinnzahlen hat sicher noch niemand „vorher geträumt". Meistens haben sie eine sehr persönliche Bedeutung. Versuchen Sie sich zu erinnern, ob die Zahlen schon einmal eine Bedeutung für Sie gehabt haben. Es kann aber auch sein, dass der Umriss und die Form einer Ziffer für etwas ganz anderes steht, zum Beispiel kann eine Fünf eine Sichel darstellen oder eine umgedrehte Vier einen Stuhl. Zahllose andere Deutungen sind möglich. Wollen Sie einer geträumten Zahl auf die Spur kommen, empfiehlt es sich, eine möglichst genaue Skizze des Traumbildes anzufertigen. Falls Ihnen eine Deutung so nicht gelingt, dann schauen Sie sich die Bedeutung an, die die Zahlen in der Magie haben. Ausführliche Deutungen schlagen Sie in Büchern zur Kabbalah nach, hier nur einige Hinweise: Die Zwei hat gelegentlich eine weibliche Bedeutung, meist steht sie für Gegensätze, gut – böse, weiblich – männlich, hell – dunkel usw. Sie spielt auch auf Vereinigung und das Paar an. Die Drei ist manchmal männlich. Mit ihr kann man Böses abwehren, indem man dreimal auf Holz klopft. Die Vier ist eine heilige Zahl, sie beschreibt die ganze Welt durch die vier Himmelsrichtungen. Die Fünf ist die Zahl des Menschen. Die Sieben ist die Zahlt der Zeit (7 Tage sind eine Woche, 4 x 7 Tage sind ein Monat). Die Acht ist die Zahl der Vollkommenheit. Die 11 und die 13 symbolisieren einen Neubeginn.

Zahn Laut Sigmund Freud haben Zähne einen sexuellen Symbolgehalt. Sie können aber auch bedeuten, dass der Träumende die Fähigkeit hat, sich hartnäckig mit einem Problem auseinanderzusetzen. Er kann sich durchbeißen. Die Zähne wachsen mit uns, so stehen sie auch für die Lebenskraft und das Durchsetzungsvermögen.

Zange Man befindet sich in einer misslichen Lage, die nur durch entschlossenes Vorgehen geklärt werden kann. Mit Zangen gezwickt zu werden, weist auf Geldnöte hin.

Zauberer Ein Zauberer, der im Traum zu sehen ist, steht für Eigenschaften, die dem Träumenden nicht bewusst sind und über die er nur durch die Intuition Zugang hat.

Zaun Sie errichten Hindernisse zwischen sich und anderen. Dahinter steht ein Sicherheitsbedürfnis, das zumeist durch Zweifel an den eigenen Fähigkeiten entsteht. Ein Stacheldrahtzaun drückt offene Feindseligkeit aus.

Zebra Der Träumer hat Schwierigkeiten, sich zwischen zwei gegensätzlichen Alternativen zu entscheiden. Nehmen Sie sich die Zeit, alle Konsequenzen sorgfältig abzuwägen und hüten Sie sich davor, alles nur als Schwarz oder Weiß wahrzunehmen.

Zeitung Der Träumende wird Neues gewahr. Die Zeitung steht für bewusste Gedankeninhalte im Gegensatz zu unbewussten.

Zelt Das, was errungen wurde, ist nicht von Dauer, da die solide Grundlage fehlt.

Zeppelin Der Zeppelin ist eindeutig sexuelles Symbol (männliches Geschlechtsteil). Da sich der Zeppelin durch die Luft bewegt, kann er im Traum bedeuten, dass die Sexualität die intellektuellen Fähigkeiten derzeit behindert.

zerbrechen Etwas zu zerbrechen ist grundsätzlich ein positives Symbol, das den Ausweg aus einer Krise oder einen gelungenen Neuanfang kennzeichnet. Besondere Bedeutung kommt dabei dem zerbrochenen Objekt zu (siehe dort).

Zeugnis Auslöser dieses Traums kann tatsächliche Angst vor einem Zeugnis oder einer Prüfung sein. Nicht selten drückt sich dadurch aber der Wunsch nach klar definierten Problemen und einfachen Lösungen aus. Man versucht auf diese Weise, sein Leben besser in den Griff zu bekommen.

Ziege Der Träumende empfindet sich als Opfer oder Sündenbock.

Zigeuner Der Traum von einem Zigeuner bedeutet, dass man sich mehr von seinen emotionalen und intuitiven Kräften leiten lassen sollte.

Zimmermann Überlegung und Planung führen zum Erfolg, Intuition ist hier fehl am Platz.

Zirkel Der Träumende befindet sich auf einer geistigen Entdeckungsreise, die ihn in unbekanntes Gebiet führt. Der Zirkel steht dabei für den Versuch, die Fülle der neuen Eindrücke sinnvoll zu verarbeiten.

Zirkus Alles, was den Träumenden momentan bewegt, steht unter seiner Kontrolle, da es sich in einer Manege (Kreis) befindet.

Zitrone Man wird enttäuscht von Menschen, mit denen man eine dauerhafte Freundschaft oder Beziehung anstrebte. In eine Zitrone zu beißen, symbolisiert einen geschäftlichen Misserfolg.

Zöllner Händlern bringt er Glück. Denn nur große Geschäfte mit dem Ausland müssen durch den Zoll, und wenn sie dort angemeldet werden, ist der Handel schon unter Dach und Fach. Kranken sagt das Traumbild aber eine Verschlimmerung des Leidens voraus, denn der Zöllner erinnert an den Wächter vor dem Totenreich. Reisenden sagt das Traumbild eine Verzögerung vorher.

Zoo Der Traum gibt zu verstehen, dass die animalischen Triebe vom Träumenden besser beherrscht werden sollten und das Gegenteil; dass er seine instruktiven Gefühle zu stark unterdrückt.

Zopf Die Redensart spricht von alten Zöpfen, wenn etwas überholt und nicht mehr zeitgemäß ist. Auch im Traum ist diese Bedeutung zutreffend. Entweder Sie hängen an überkommenen Vorstellungen und Handlungsweisen oder andere behindern Sie mit nicht mehr zeitgemäßen Einstellungen. Ihre weitere Entwicklung wird dadurch beeinträchtigt.

Zucker Zucker im Traum symbolisiert die angenehme Seite des Lebens. Vielleicht möchte der Träumende aber auch unangenehmen Erfahrungen die Bitterkeit nehmen.

Zug → Eisenbahn

Zunge Die Zunge ist ein Symbol des männlichen Geschlechtsorgans. Es kann auch sein, dass der Träumende unter einem starken Mitteilungsbedürfnis steht und der Traum mahnt, die Zunge besser im Zaum zu halten.

Zweig Belaubte und blühende Zweige können als positive Vorbedeutung in beruflichen Angelegenheiten gewertet werden. Abgestorbene, welke Zweige verkörpern dagegen das Scheitern von Plänen oder Projekten.

Zwerg

Zwerg Zwerge symbolisieren die lebensnotwendigen Kräfte des Unbewussten, die für ein richtiges Funktionieren des Träumenden eine herausragende Bedeutung haben. Sie anzunehmen kann damit zu einer besseren Umgehensweise führen.

Zwiebel Die Zwiebel symbolisiert im Traum die vielen Schichten der Persönlichkeit, die sich um den inneren Kern des Träumenden befinden. Außerdem kann sie aufgesetzte, nicht von Herzen kommende Trauer symbolisieren.